# Father Andreas

Muratsan

# ԱՆԴՐԵԱՍ ԵՐԵՑ

ՄՈՒՐԱՑԱՆ

**Father Andreas**

Contact:
IndoEuropeanPublishing@gmail.com

ISNB: 978-1-60444-782-8

**Անդրեաս երեց**

© Հնդեվրոպական Հրատարակչություն, 2014

Հրատարակված է Ամերիկայի Միացյալ Նահանգներում:

Կապ՝

IndoEuropeanPublishing@gmail.com

ISNB: 978-1-60444-782-8

# ԱՆԴՐԵԱՍ ԵՐԵՑ

## ՆԱԽԱԴՐՈՒԹՅՈՒՆ

Տասնևվեցերորդ դարու առաջին քառորդին Հայաստանի վրա ծանրացող թշվառությունները հասել էին իրենց գագաթնակետին: Պատճառը պարսից և օսմանցվոց անընդհատ պատերազմներն էին, որոնց թատր էր դարձել մեր անբախտ աշխարհը:

1596 թվականին պարսից Շահաբաս Ա. թագավորը, որ նոր էր յուր Խուդաբանդ հոր գահը ժառանգել, տակավին անզոր լինելով և, մանավանդ թե, օսմանցիներից վախենալով, ոչ միայն հետամուտ չեղավ նրանց՝ յուր հորից հափշտակված՝ Հայաստանի այն նահանգները ետ տանելու, որոնք իրեն էին պատկանում, այլև պատանդներ տալով հաշտություն խոսեց սուլթան Մուրադի հետ: Եվ այսպիսով 16-րդ դարու վերջին քառորդին Հայաստանը գրեթե ամբողջապես անցավ օսմանցվոց ձեռքը:

Օսմանցի կուսակալները ազատ զգալով իրենց պարսից կողմից գալիք վտանգներից, սկսան ծանր և անտանելի հարկերով նեղել և տանջել հայ ժողովուրդը, որն արդեն բազմամյա հարստահարություններից վերջին աղքատության էր հասել: Նույնպիսի ծանր հարկերի ենթարկեցին նրանք նաև Էջմիածնի կաթողիկոսական աթոռը, որ նույնպես խեղճ վիճակումն էր:

Առաքել կաթողիկոսը, որ ազգի ցավերին ի սրտե կարեկցող և Աթոռի համար կարի հոգատար մի հովիվ էր, շատ ջանք գործ դրավ ժողովրդի և Էջմիածնի վրա ծանրացող հարկերը փոքր ի շատե թեթևացնելու, բայց երբ տեսավ թե յուր ջանքերն ի դերև են ելնում և թե այդ հարկերից առաջացած Աթոռի պարտքերը զնալով ծանրանում են, և, մանավանդ թե, ժամանակի դառնության դիմադրելու չափ ուժ պակասում է իրեն, երկու տարի կաթողիկոսություն անելուց հետո հրաժարվեց գահից և Դավիթ Էջմիածնեցուն կաթողիկոս ձեռնադրելով՝ Աթոռը հանձնեց նրան և ինքը քաշվեց մի վանք, յուր ազգի ցավերը լռության մեջ ողբալու:

Դավիթ կաթողիկոսը յուր նախորդից ավելի զորեղ չգտնվեցավ: Օսմանցի կուսակալները նոր կաթողիկոսի համար ոչ միայն զիջումներ չարին, այլև ուրիշ նոր հարկեր էլ Աթոռի վրա բարձելով՝ պահանջեցին որ նա, իբրև ընդհանուր ազգի գլուխ, ժողովե ժողովրդից այդ հարկերը և վճարե իրենց: Կաթողիկոսը շատ աշխատեց, չարչարվեց, յուր վիճակը պտտեց և, շատ անգամ արտասուքն աչքերին աղքատացած ժողովրդի վերջին փողերը հավաքելով տվավ կուսակալներին, բայց երբ տեսավ որ նրանց անիրավ պահանջները գոհացնել չի կարողանում, փախուստ տվավ Աթոռից և սկսավ անծանոթ վայրերում ու խորշերում թաքստյամբ ապրել: Իսկ հետո տեսնելով որ այդպիսով բոլորովին հեռանում է Աթոռից և Էջմիածինը ավերման է ենթարկվում, իսկ Աթոռի պարտքերը նվազելու փոխարեն ավելի ևս աճում են, ետ դարձավ Էջմիածին և յուր միաբանների հետ խորհրդակցելով՝ Գառնեցի Մելիքսեթ եպիսկոպոսին ձեռնադրեց կաթողիկոս, իբրև իրեն օգնական (1593 թ.):

Երկու կաթողիկոսների միասնական ջանքերն էլ ոչինչ օգուտ չբերին Աթոռին: Նրանց հավաքածը հազիվ պարտքի մի տասանորդը ծածկեց: Ուստի սկսան տոկոսով պարտքեր վերցնել օտարներից: Բայց այդ միջոցը ավելի ևս վատթարացրեց նրանց դրությունը: Որովհետև քիչ ժամանակից հետո տերության կուսակալների հետ միասին այդ պարտատերերն սկսան նեղել և հալածել նրանց: Երկու կաթողիկոսները ստիպված էին դարձյալ փախուստ տալ, անծանոթ տեղեր թափառել, մինչև անգամ ցերեկով պտտել չէին համարձակվում, այլ գիշերներն էին շրջում գյուղից դեպի գյուղ, կամ մի վանքից դեպի մյուսը:

Այս տառապանքների օրերում վրա հասավ նաև մի սարսափելի սով, որ ավեր և ապականություն սփռեց ամբողջ Հայաստանի վրա:

Սովին հետևեց ժանտախտը, որ ճարակեց այդ երկրի բազմաթիվ գավառները:

Հազիվ այդ երկու բնական պատուհասները դադարեցին, և ահա՝ Ջելալիք կոչված ավազակախմբերը, որոնց առաջնորդում էին թուրք պաշտոնանկ փաշաներ և բդեշխներ, ողողեցին Հայաստանը և աննկարագրելի ավեր ու սրածություն սփռելով նրա մեջ՝ կողոպտեցին ու հափշտակեցին բնակիչների գույքն ու ստացվածքը և հարուստ ավարով ու բազմաթիվ գերիներով իրենց որջերը դարձան:

Այս ամենը շարունակվում էր մինչև 1602 թվականը: Եվ որովհետև այս արտաքո կարգի թշվառությունների հետ միասին Հայաստանը կառավարող օսմանյան պետական կուսակալներն իրենց հարստահարություններն էին շարունակում, ուստի ժողովրդի տառապանքների հետ միասին կրկնապատկվեցան նաև կաթողիկոսական Աթոռի պարտքերը, իսկ Դավիթ ու Մելիքսեթ կաթողիկոսները ավելի ծանր նեղությունների ու հալածանքի ենթարկվեցան: Ի վերջո տեսնելով նրանք որ ազատվելու հնար չունեն, հրավիրեցին իրենց մոտ — Ջուղա քաղաքը, Սմդայի հաջորդ Սրապիոն վարդապետին, որը մի իմաստուն և առաքինի մարդ էր և հայրենական հարուստ ժառանգություններ ուներ, և առաջարկեցին նրան՝ հանձն առնել կաթողիկոսությունը և յուր ունեցած հարստությամբ ազատել Աթոռը պարտքից ու ավերմունքից:

Թեպետ սկզբում առաջարկված պայմանների հետ համաձայնել չկարողանալով՝ նրանք բաժանվեցան, բայց հետո, նույնիսկ Ջուղայի ժողովուրդը, առաջին երկու կաթողիկոսների Աթոռից հեռանալը անհրաժեշտ համարելով, ինքը Սրապիոնին տարավ Էջմիածին և կաթողրկոս օծել տալով, Աթոռը հանձնեց նրան:

Եվ ահա այդ ժամանակ, այն է՝ 1602 թվականին, ընդհանուր հայոց մեջ, վեց օծյալ կաթողիկոսներ կային, որոնցից երեքը նստում էին Արարատյան նահանգում, չորրորդը՝ Աղթամարում և մնացորդ երկուսը՝ Կիլիկիայում, որոնցից առաջինը Ադանայում, իսկ երկրորդը Սիսում:

Չնայելով որ ազգի ընդհանուր ցավերն էին այս տարօրինակ դրությունները ստեղծում, այսուամենայնիվ, օծյալ կաթողիկոսներից և ոչ մեկը կաթողիկոսական իրավունքներից զուրկ չէր համարում իրեն, այդ պատճառով և դրսից եկած նեղությունների վրա ավելացան նաև ներքին խռովություններն ու պառակտումները:

Այս զանազանակերպ թշվառությունների ու անկարգությունների շնորհիվ, ինչպես որ երկիրը հետզհետե սկսավ բնակիչներից դատարկվել, այնպես էլ անապատները ամայացան, վանքերը անշքացան, միաբանությունները ցրվեցան և այլևս ոչ մի տեղ չմնաց հայ ժողովրդի համար սփոփանք և մխիթարություն:

Սրա վրա էլ պետք է ավելացնել ունիթոր կամ միաբանող կոչված պապական արբանյակների սխրագործությունները, որոնք դեռ 13-րդ դարու կեսից մուտ էին գործել մեր աշխարհը և ամեն տեղ տարածվել, սկսած Ռուբինյան թագավորության երկրից մինչև Հայաստանի հեռավոր նահանգները: Անհավատներին քրիստոնեություն քարոզելու փոխարեն, դրանք նախատակ հայ ժողովրդի անդամներն էին որսում, հայրենի եկեղեցուց հեռացնում և միաբանող լինելու փոխարեն բաժանող ու պառակտող հանդիսանում: Հեռացնելով որդին ծնողից, եղբայրը եղբորից, կինը ամուսնուց՝ ընտանիքների ու հարազատների միջից սերն ու միությունը վերացնում էին: Այդպիսով մահմեդական հրեշների թողած պակասը դրանք էին լրացնում և դեռ մի բան էլ ավելի, որովհետև մահմեդականները նյութապես էին կեղեքում, իսկ դրանք հոգեպես և բարոյապես: Եվ ի՞նչ էր դրանց նպատակը, այն որ պապի հոգևոր ստրուկների թիվը մի քանի հազարով ավելացնեն, մի ձգտում, որ ժամանակակից բոլոր կաթոլիկ միաբանությունների միակ ու գերագույն նպատակն էր: Մի քանի դար շարունակ գործելով Հայաստանի մեջ, ունիթորները, ուր նրանց օգնում էին նաև հիսուսյանները և առաջնորդում հայ արիկաներ, որպիսիք էին Հովհան Քռնեցի անարժան վարդապետը և յուր ընկերները, որոնք Հայաստանը ամբողջապես լցրին զանազան խռովություններով և չարիքներով և արժանացան հայության հայհոյանքին և նզովքին՝ սկսած վերջին հայից մինչև ընդհանրական կաթողիկոս և Ռուբինյան թագավորները. նրանք հաստատուն բնակավայր էին ընտրել Սյունյաց նահանգը: Նրա Ճահուկ, Երնջակ և Նախճվան գավառները գրեթե ամբողջապես իրենց ձեռքն էին անցել: Նախճվանում, մինչև անգամ, առաջնորդների կամ կարգապետների հաջորդություն էին հաստատել և «միաբանող» ժողովրդից տուրք էին առնում: Ժողովրդի անտերությունից օգտվելով՝ նրանք արձակ համարձակ մտնում էին ամեն տեղ, քարոզում էին նույնիսկ մեր վանքերում: Նրանցից մի քանիսի հանդգնությունը հասել էր մինչև այնտեղ, որ օր ցերեկով գալիս, բրում էին մեր եկեղեցիները և դրանց մեջ թաղված սրբոց մասունքները հափշտակում: Այդպես պատահեց սրբոց Հռիփսիմյանց վկայականի հետ, ուր երկու հիսուսյան վարդապետներ մտնելով՝ քանդել էին սրբուհու գերեզմանը և նրա նշխարները հափշտակել: Բայց Էջմիածնի միաբանությունը իրազեկ լինելով այդ անօրինակ սրբապղծության՝ հարձակվեց հափշտակիչների վրա և փառավոր ջարդ տալով նրանց, սրբուհու մասունքները ազատեց: Բայց խայտառակությունն այն էր, որ քննություն անելու միջոցին պարզվեցավ, որ հիսուսյաններին ճանապարհ տվողը եղել է Մելիքսեդեկ կաթողիկոսը, որը յուր անթիվ պարտքերի պատճառով կաշառվել է հիսուսյաններից և ազատ մուտք տվել նրանց դեպի Ս. Հռիփսիմեանց վկայարանը:

Այս ծայրահեղ թշվառությունները և ընդհանուր հուսահատությունը հերոսական ոգի ներշնչեցին երեք տարագիր հայ հոգևորականների: Նրանցից մինը Սաղմոսավանքի առաջնորդ Պարոն մականվանյալ Սարգիս եպիսկոպոսն էր, մյուսը՝ Սյունեցի Մովսես վարդապետը և երրորդը՝ Տրապիզոնցի Կիրակոս երեցը, որոնք տարիներ առաջ հեռացել էին Հայաստանից և ճգնում էին Երուսաղեմում: Հայրենի երկրից հետզհետե հասնող տխուր լուրերը ճմլեցին, խոցոտեցին նրանց զգայուն սրտերը: — «Այստեղ Քրիստոսի գերեզմանի մոտ ճգնելով՝ մենք մեր հոգիների փրկության համար ենք մտածում, մինչդեռ այնտեղ, մեր հայրենիքում, բյուրավոր հոգիներ դժոխային տանջանքների տակ հեծում են. ավելի հաճո չէ՞ր լինիլ աստծուն, եթե մեր ճգնությունը մեր հայրենակիցների տանջանքները թեթևացնելու մեջ որոնեինք, և եթե չկարողանայինք իսկ օգնել նրանց, գոնե նրանց հետ միասին կտանջվեինք...», մտածեցին ազնվասիրտ և հայրենասեր հոգևորականները և վերադարձան Հայաստան:

Բայց ի՞նչ կարող էին անել նրանք այդ ժամանակ, զենք չունեին, զորք չունեին, ժողովրդի մեջ նյութական ու բարոյական ուժ չէր մնացել, ինչո՞վ կարող էին երկրի վրա ծանրացող թշվառության դառնությունը մեղմացնել:

Գիտեին միայն մի դեղ, որ այսպիսի ժամանակներում արդյունավոր ներգործություն է անում հիվանդ մարմնի վրա. այդ՝ մարդկային ոգին տանջանքների և հալածանքների դեմ զորացնելն էր, մարդուն ինքնօգնության, անձնվիրության սովորեցնելն էր:

Եվ ահա, այդ նպատակով, նրանք Սյունիք հասնելով, հիմը դրին Սյունյաց կամ Հարանց հռչակավոր անապատին, Ծղուկ գավառի Որոտնա ձորում, ժողովեցին այդտեղ հոգով և մտքով կորովի մարդիկ, կազմեցին բազմամարդ միաբանություն, որ կարող էր դիմագրավել ամեն տեսակ նեղության և սկսան միջոցներ որոնել ժամանակակից թշվառությանց առաջն առնելու համար, նրանց գլխավոր գործը հայ եկեղեցին ունիթորների ոտնձգություններից և նրանց բազմարվեստ մարդորսություններից ազատելն էր:

Մինչդեռ Սյունյաց անապատը այդ զբաղմունքների հետ էր և նրա միաբանության ամեն մի անդամ լռիկ-մնջիկ ապագայում ստանձնելիք պաշտոնի համար էր պատրաստվում, Էջմիածնի Աթոռից ժամանակավոր հրաժարված Դավիթ ու Մելիքսեթ կաթողիկոսները ուրիշ նպատակների էին ձգտում: Որովհետև Սրապիոնի կաթողիկոսանալովը դարձյալ նրանք պարտքից ու հալածանքից չազատվեցան, ըստ որում օսմանցի կուսակալները սրանցից հին պարտքերն էին պահանջում, իսկ Սրապիոնի վրա նորերը բարձում, ուստի մի կարի կորստաբեր խորհուրդ հղացան՝ այն է՝ դիմել պարսից Շահաբաս թագավորին, որը այդ ժամանակ հետզհետե զորանում էր յուր երկրում, և հրավիրել նրան Հայաստան, թե երկիրը գրավելու և թե անվերջ հարկերից ու պարտքերից իրենց ազատելու: Եվ շուտով էլ այս խորհուրդը գլուխ հանեցին: Մելիքսեթ կաթողիկոսը մի քանի եպիսկոպոսների հետ միասին գնալով Սպահան, ներկայացավ Շահաբասին և յուր պաշտոնակցի և հայ ժողովրդի կողմից Հայաստանը գրավելու խնդիրն առաջարկեց նրան:

Շահաբասը սիրով լսեց նրա խնդիրը, երկրի ամեն հանգամանքների մասին տեղեկություն առավ նրանից և ապա մեծամեծ խոստումներ անելով կաթողիկոսին, ծանր զորքով Հայաստան մտավ:

Այս առաջին արշավանքի ժամանակ, այն է՝ 1603 թվին նա գրավեց օսմանցիների՝ յուր հորից խլած բոլոր գավառները: Երկրորդ արշավանքի ժամանակ, այն է՝ 1605 թվին, օսմանցիների զորեղ հետապնդությունից խուսափելով, նա Հայաստանի մի քանի նահանգները դատարկեց բնակիչներից և նրանց բոլորին քշեց Պարսկաստան: Այդ բազմամբոխ ժողովրդի գրեթե կեսը նա խեղդեց Երասխի մեջ՝ նրանց այդ գետից շտապով անցնելու ժամանակ, և հազիվ կես մասը հասցրեց յուր երկիրը: 1606-ին կրկին վերադառնալով՝ Շահաբասը պաշարեց օսմանցիների գրաված Նախիջևան, Երևան, Գանձակ և այլ քաղաքները, և ամենին հետզհետե տիրելով, յուր Ամիրգունա նախարարը վերակացու կարգեց նրանց վրա: Ապա այնուհետև մինչև 1620 թվականը, 2 կամ 3 տարին մի անգամ, դարձյալ արշավում էր Հայաստան, օսմանցիների հետ պատերազմելու նպատակով և ամեն անգամ էլ մեծամեծ նեղություններ էր պատճառում թե հայ ժողովրդին և թե մանավանդ Էջմիածնա Աթոռին:

Ինչպես որ մի քանի դար առաջ պարսից և հունաց, այնպես էլ այժմ պարսից և օսմանցոց զահակալների համար Հայաստանը դարձել էր մի կռվախնձոր: Չնայելով որ նա բաժանված էր արդեն երկուսի մեջ, այնուամենայնիվ նրանցից ամեն մեկը «սահման քաջացն զենն յուրյանց» հին առածին հետևելով՝ խլում էր մյուսից նրա տիրապետած գավառները, երբ այդ իրեն համար հաճելի կամ հնարավոր էր լինում: Եվ այդ անում էր ոչ թե կանոնավոր պատերազմ մղելով յուր հակառակորդի դեմ, այլ ավեր և ապականություն սփռելով ընդհանուր երկրի մեջ, քաղաքներն ու գյուղերը քանդելով, բնակարանները կողոպտելով և հրդեհելով, ժողովուրդը կոտորելով կամ գերի վարելով: Եվ այս բոլորի համար տուժում էր Հայաստանի ապաբախտ ժողովուրդը թե արևելյան և թե արևմտյան մասերում: Մանավանդ այն պատճառով, որ երկու կողմից կռվող հակառակորդները՝ թյուրք թե պարսիկ, մանավանդ բերդեր ու ամրոցներ պաշարելու կամ առնելու ժամանակ, մեծ մասամբ հայ զինվորներ էին հավաքում իրար դեմ կանգնեցնում, ստիպելով խեղճերին, որ եղբայրները եղբայրներին կոտորեն:

Ահա այս տագնապալից ժամանակներում օգնության էր հասնում ժողովրդին Սյունյաց անապատը կամ վարդապետարանը: Նրա հայրենասեր միաբանությունը, որին գլուխ էր կանգնած Սարգիս եպիսկոպոսը և որի մեջ փայլում էին Մովսես վարդապետ Սյունեցին, Կիրակոս Վ. Տրապիզոնցին, Պողոս Վ. Մոկացին, Արիստակես Վ. Շամբեցին, Թովմաս եպիսկոպոս Տաթևացին, Դավիթ եպ. Շամխորեցին, Կարապետ եպ. Էջմիածնեցին, և այլն և այլն, դրանք ամենքը վերցնելով իրենց հետ նաև իրենց հասուն աշակերտները, ցրվել էին Հայաստանի զանազան կողմերը և գործում էին:

Ի՞նչ էին անում, — մինը շրջուն քարոզչի պաշտոն ստանձնելով՝ հուսադրում ու մխիթարում էր վհատյալ ժողովրդին և սովորեցնում նրան ժամանակի անցավոր նեղություններն արհամարհել: Մյուսը՝ գերի գնացող ազգակիցներին ընկերանալով և նրանց կրած տանջանքներին մասնակցելով յուր հայրական խրատներով կազդուրում և ամրապնդում էր նրանց հավատը և վառ պահում ազգային զգացումը: Երրորդը՝ երկրից գաղթել ուզող ժողովրդին հորդորում էր ժամանակավոր նեղություններից չընկճվել և հայրենական տունն ու անդաստանը օտարին չմատնել: Ոմանք քաղաքներում ու գյուղերում դպրոցներ հիմնելով նորանոր առաքելությունների համար աշակերտներ էին պատրաստում, իսկ ուրիշները՝ անշքացած ու ավերված վանքերը մտնելով՝ նոր միաբանություններ, նոր զինվորություններ էին հաստատում և դրանց հետ միացած հզորապես մրցում պապական մարդորսների դեմ, հալածելով նրանց գլխավոր կենտրոններից, կամ անվնաս դարձնելով նրանց թունավոր և ազգակործան քարոզությունները:

Դրանց բոլորին այդ ժամանակ ոգևորում էր միայն մի միտք. այն է թե՝ «հունձք բազումն են և մշակք սակավ» և թե «պարտ է հանել զմշակս ի հունձս մեր...»

Այս նշանավոր անապատի միաբաններից Մովսես վարդապետ Սյունեցուն (որ անապատի հիմնադիրներից մինն էր և որ հետո արժանավոր կաթողիկոս դարձավ), իբր գործունեության միջավայր՝ վիճակված էր Գողթան գավառը: Այդտեղ նա Պողոս վարդապետ Մոկացու հետ միասին հիշատակաց արժանի շատ գործեր արավ, եկեղեցիներ շինեց, վանքեր նորոգեց, միաբանություններ հաստատեց, բայց որ ամենից գլխավորն էր՝ Աստապատ, Շոռոթ և Ագուլիս գյուղերում դպրոցներ բացավ, մի գործ, որ յուր ժամանակի համար ոչ միայն շահավետ, այլև կարի հառաջադիմական էր, որովհետև մինչև այն՝ միայն վանքերում ու անապատների մեջ էին ուսում ավանդում ցանկացողին:

Ագուլիսի դպրոցում Մովսես վարդապետը վերակացու և ուսուցիչ կարգեց յուր ձեռնասուն և Սյունյաց անապատի առաջադեմ աշակերտներից մեկին, — դա երիտասարդ և նորընծա Տեր-Անդրեասն էր, մի գործունյա, առաքինի և անձնվեր քահանա, որի հիշատակին, ահա, նվիրում ենք հետագա զրույցը:

Հովիվ քաջ զանձն յուր դնէ ի
վերա ոչխարաց. իսկ որ վարձկանն է,
որ ոչ է հովիվ, որս ոչ յուր են ոչ
խարիքն, իբրև տեսանէ զգայլն զի

գա, թողու զոշխարսն և փախչի և
գայլն հափշտակե զնոսա և ցրվե:
Ավետ. Հովհ.

## Ա

1617 թվականի աշունն էր: Օքուզ-Ահմեդ փաշան հուսահատվել էր արդեն երկար և ապարդյուն պաշարումից: Մոտ երեք ամիս էր ինչ նա յուր բազմաթիվ զորքերով գտնվում էր Երևանա բերդի առաջ և սակայն նրա գնդերը դեռ չէին կարողացել նույնիսկ մի փոքր խրամատ բանալ սրա պարիսպների տակ: Շահաբասի զորքը, որ պաշտպանում էր բերդը, ոչ միայն քաջությամբ ետ էր մղում օսմանցիների հարձակումը, այլև պարսպից ու աշտարակներից կարկուտի նման տեղացող գնդակներով ու նետերով և, մանավանդ, դյուրավառ նյութերի հրահոսանով մեծ կոտորած էր անում նրանց մեջ: Վերջապես վրա հասան և աշնանավերջի ցուրտ ու բքաբեր օրերը: Օսմանցիք տանջվում էին որքան Արարատյան դաշտի դաժան ցրտերից, նույնչափ և վերահաս սովից: Օքուզ-Ահմեդը որոշեց վերցնել պաշարումը և հեռանալ Կարին, գոնե յուր զորքերը սովից ազատելու համար, որովհետև նման հանգամանքներում հաջողության ոչ մի հույս չէր մնում նրան:

Երբ օսմանյան գնդերը Շիրակը անցան, Շահաբասը նույնպես պատրաստվեց հեռանալ Երևանից: Բայց Պարսկաստան գնալուց առաջ, նա կամենում էր մի երկու շաբաթ անցցնել Նախիջևանում, հայերի հյուրասիրությունը վայելելու համար:

Ամիրգունա նախարարը, որին Շահաբասը դեռ 12 տարի առաջ ընդհանուր կառավարիչ էր նշանակել Պարսկական Հայաստանի վրա, և որը հայ ազգի հաշվին խիստ հաճոյական ծառայություններ էր անում շահին, օր առաջ արդեն սուրհանդակներ ղրկեց ամեն կողմ՝ որպեսզի նահանգի մեծամեծներն ու հարուստները ժողովվին Նախիջևան և, ըստ սովորության, փառավոր ընդունելություն անեն շահին:

Այդ ընդունելությունը կայանում էր նրանում, որ բացի հանդիսավոր թափորով, եկեղեցական ու գուսանական երգերով և աշխարհախումբ ժողովրդյան օվսաննաներով նրան դիմավորելը, պետք է, նաև, երկրի հարուստ ու կարող անձինք առատ պարգևներ ու ընծաներ բերեին շահին:

Այս պատճառով Ջուղայից, Որտուատից, Ագուլիսից, Ցղնայից և ուրիշ փոքր ի շատե նշանավոր ավաններից ու գյուղերից աճապարում էին Նախիջևան՝ հարուստ վաճառականներ, խոջաներ, ազնվականներ ու մելիքներ՝ յուրաքանչյուրն իրեն վայել ընծաներով: Ոչ ոք դրանցից խույս տալ չէր կարող, որովհետև Ամիրգունայի գործակալները հականե անվանե ճանաչում էին բոլորին, իսկ Շահաբասը նույնպես պակաս տեղեկություններ չուներ դրանց մասին, ըստ որում մոտ տասննիհինգ տարի էր ինչ նա շարունակ հարստահարում ու կեղեքում էր բոլոր կարող անձանց:

Բայց ահա անակնկալ հրաման դուրս եկավ թե՝ Շահը յուր նշանակած երկու շաբաթը պիտի անցցնե ոչ թե Նախիջևանում, այլ Ագուլիսում: Հետևապես Միսականի ժողովուրդը այդտեղ պիտի սպասե արեգակնափայլ շահին:

Ամիրգունան ստիպված էր նոր սուրհանդակներ դրկել Նախիջևան և Միսականի ուրիշ հեռավոր կողմերը: Այդ, իհարկե, մի ծանր գործ չէր: Բայց նրան մեծ զարմանք պատճառեց շահի նոր կարգադրությունը, որովհետև Ագուլիսը, իբրև մի հասարակ ավան, ոչ մի գրավիչ հանգամանք չուներ, որով արժանացած լիներ յուր վեհապետի բարձր ուշադրության: Ի՞նչ նպատակ ուներ ուրեմն շահը՝ որ որոշել էր երկու շաբաթ անցցնել Ագուլիսի նման չոր և մերկ սարերով պատած մի ձորակում:

Այս մասին, իհարկե, նախարարը չէր համարձակիլ բացատրություն խնդրել շահից:

Բայց նա հանդիպելով Շահռուխ-բեկին, որ շահի առաջին իշխանը և փիշխտմատն (սենեկապանն) էր, հարցրեց նրանից այդ կարգադրության պատաճառը:

Շահռուխ-բեկը, որ մի հաստամարմին, ճարպալից, ածիլած դեմքով, սև ներկած բե դերով և վավաշոտ աչքերով պարսիկ էր, ծիծաղեց նախարարի հետաքրքրության վրա:

— Ծիծաղելուդ պատճառը չեմ կարողանում գուշակել, — ասաց Ամիրգունան, — շատ գոհ կլինեիր եթե բեկը մասնակից աներ ինձ յուր ուրախ տրամադրության:

— Շահին ինքս խորհուրդ տվի Ագուլիս գնալու, — հայտնեց Շահռուխ-բեկը, և նորից ծիծաղեց:

— Անպատճառ նորին վեհափառությանը նորագույն հաճույք պատճառելու նպատակով, այնպես չէ՞, — հարցրեց Ամիրգունան:

— Այո: Ես տեսնում եմ, որ Ամիրգունա-խանը շատ քիչ է հոգում այդ մասին:

— Միսականում ավելի գեղեցիկ տեղեր կան, ուր ես կարող էի առաջնորդել շահին, բայց նա այդպիսի ցանկություն չէ հայտնել ինձ, — նկատեց Ամիրգունան:

— Այո, Միսականում կան հրաշալի տեղեր, բայց միմիայն Ագուլիսումն են գեղեցիկ տղաներն ու աղջիկները...:

Նախարարը հասկացավ բեկի ակնարկությունը և ոչինչ չպատասխանեց:

— Իսկ դու, խան, երբեք չես մտածում շահի զվարճության համար. Ագուլիսում մինչև անգամ, «մանկաժողով» չէ եղած մինչև այսօր, — հարեց Շահռուխ-բեկը այնպիսի լրջությամբ, որ կարծես մի շատ օրինական խնդրի մասին էր խոսում:

— Արեգակնափայլ շահը մեզանից յուրաքանչյուրին իրեն արժանի պաշտոնն է տվել, նկատեց նախարարը և հեռացավ, արհամարհական հայացք ձգելով խոսակցի վրա:

Շահռուխ-բեկը խորը խոցվեցավ խանի այդ ակնարկությունից, բայց չպատասխանեց, որովհետև գիտեր, որ շահը համարում ունի նրա վրա: Այդ հանգամանքը թեպետ կապեց յուր լեզուն, բայց և այնպես նա որոշեց անվճար չթողնել այդ պարտքը:

## Բ

Նոյեմբերի սկիզբն էր, Տամբրի ու Պլլուն սարերը, որոնք բարձրանում էին Ցղնա ավանի երկու կողմերից, ծածկվել էին մառախուղով, ձյունը անընդհատ փոթորկում էր և քամին շառաչում Ցղնայի ձորակի մեջ: Խոջա-Անձրևի տան առաջ պատրաստ կանգնած էր նրա ձին: Հետևորդ ծառան զոտեպնդված և սանձը ձեռին սպասում էր տիրոջը:

Խոջա-Անձրևը դուրս եկավ պատշգամբ, նայեց դեպի ձորակի տարածությունը և հարցրեց ծառային.

— Ձյունը չի՞ դադարում:

— Ոչ, տեր իմ, և երևի շուտ էլ չի դադարիլ, — պատասխանեց

ծառան և յուր այծենակաճի փեշով սկսավ ձիու թամբի վրա իջած ձյունը սրբել:

Խոջա-Անձրևը, որ միջահասակ, զիրուկ մարմնով, բարեդեմ և թեպետ ալևոր, բայց դեռ ուժեղ և եռանդոտ մի մարդ էր, նորից կամենում էր մտնել տուն, երբ տեսավ Ցղնայի քահանային, որ շտապ քայլերով դիմում էր դեպ իրենց դարբասը:

— Դեհ, որդի, էլ ուշանալու ժամանակ չէ, շուտ հեծիր ձիդ և ճանապարհվիր, — ասաց քահանան տան սանդուղքներից բարձրանալով և մի ծալծլած թուղթ խոջային ուղղելով: — Տես, խեղճ մարդը ածուխով է գրել, բանտի մեջ ո՞վ կտար նրան մելան ու գրիչ, բայց կարողացել է ժամանակին հասցնել:

— Ո՞վ բերավ այս նամակը, — հարցրեց խոջան և թուղթը շտապով առավ քահանայից:

— Իմ սարկավագը, ուղիղ կաթողիկոսի մոտից է գալիս:

— Ի՞նչ է ասում, դեռ կապվա՞ծ է նա:

— Այո՛, մեր մեղքից, այն էլ ծանր շղթաներով: Նախարարը միջնորդել է որ գոնե այդ շղթաներից ազատեն վեհին, բայց շահը մերժել է: Եվ այդ դրության մեջ էլ, ասում են, պիտի տանեն Պարսկաստան, եթե չկարողանանք պարտքերի համար մի բան հոգալ:

— Օ՛, ի՞նչ սև օրերի հասանք և արդյոք մեր որ մեղքերի համար, բացականչեց խոջան և ապա սկսեց կարդալ նամակը, որ բաղկացած էր հետևյալ տողերից.

«Բարեպաշտ որդիք.

Երկու օր առաջ իմ տանջանքները թեթևացրին, այսինքն, ոտքերս գելարանից հանելով՝ շղթաների մեջ դրին, ֆարրաշ — բաշին ասաց թե՝ շահը որոշել է գալ Ագուլիս, այդ պատճառով էլ հրամայել է շղթայել ինձ հետիոտն այդտեղ բերելու համար: Ինձ չի վշտացնում այս անարգանքը, որ կրում եմ Աթոռի վրա բարձած անիրավ պարտքերի համար: Գուցե ես ունեմ նաև հանցանքներ, որոնց համար պատժում է ինձ աստված, թող ուրեմն իմ բերանը տրտունջ չարտասանե նրա սուրբ կամքի դեմ: Բայց վշտանում եմ սաստիկ, որ շահի գալուստը նոր թշվառություն պիտի բերե ձեր գլխին: Նախարարը յուր հավատարիմի ձեռքով գաղտնի ինձ հայտնեց թե՝ շահը Ագուլիս հանելուց «մանկաժողով» պիտի անե... Ուրեմն շտապեցեք չարիքի առաջն առնել, քանի ավերող ոտքը չէ կոխել ձեր հողը:

Աշխատեցեք մանավանդ հեռացնել «փրանկներին»: Շատ բան նրանք են թելադրում: Օգուտ են քաղում մեր նեղ դրությունից, կարծես Մահմեդի սուրը բավական չէ՝ նրանք էլ մի կողմից են զենք տալիս բարբարոսների ձեռքը... Աշխատեցեք, ի սեր աստուծո, փառավոր ընդունելություն անել, գուցե նախախնամությունը մեղմացնե շահի սիրտը:

Մելիքսեդեկ

Մշտաչարչար կաթողիկոս»:

Խոջա-Անձրևը ընթերցումը վերջացնելով, գլուխը շարժեց և նամակը ծալելով ծոցը դրավ:

— Պատրաստվիր, էլ սպասելու ժամանակ չէ, — հրամայեց նա ծառային և ներս մտավ:

Ծառան կապեց իսկույն պայուսակը ձիու գավակին, մաքրեց նորից տիրոջ ձիու թամբը և պատրաստ կեցավ:

Խոջան դուրս եկավ տանից շալե վերարկուն հագած և երկար արծաթապատ հրացանը ձեռին: Դա ժամանակվա նորահնար և խիստ հարգի զենքն էր և հայերից միայն ընտրյալներն ունեին իրավունք կրելու, այսինքն նրանք, որոնք արժանավոր ծառայություն էին արել շահին կամ նախարարին կամ որոնց վերջինս իբրև առանձին շնորհ՝ կթույլատրեր կրելու:

Խոջայի հետ դուրս եկավ նաև նրա ամուսին Սառա-խաթունը, որ թեպետ տարիքն առած, բայց տակավին գրավիչ, քաղցրահայաց, բարեսիրտ և կարի ժրագլուխ մի կին էր: Նա հայտնի էր ոչ միայն Գողթան գավառին, այլև նույնիսկ Շահ-աբասին: Վերջինս նրան տեսել էր առաջին անգամ Ջուղայում և այնքան հավանել իբրև ընտիր մոր և տանտիկնոջ, որ նրան յուր «մայր» էր անվանել:

— Ասա որ տղաներին ու հասակավոր աղջկերանց օր առաջ գյուղերը ցրեն, — պատվիրում էր ամուսնուն Սառա-խաթունը: — Այստեղ ես կարող եմ հիսուն հոգու տեղ պատրաստել, յուրաքանչյուր երկու հոգուն կզետեղեմ մի ընտանիքում, բայց մյուս գյուղերը թող քսան-քսան հոգուց ավելի չուղարկեն և ամեն ընտանիքի չվստահանան, ամեն տեղ առաջուց մարդիկ ղրկեցեք, ամենքին զգուշացրեք:

— Անպատճառ, անպատճառ, — ասաց խոջան և արագ-արագ սանդուղքներից իջնելով ուսն առավ հրացանը, հեծավ նժույգը և դուրս եկավ բակից:

Ծառան հետևեց տիրոջը:

Սառա-խաթունը և տեր-հայրը «բարի ճանապարհ» մաղթեցին նրանց:

Հեծյալները իջան դեպի Ցղնայի-ջուրը և նրա ուղղությամբ ձիավարելով, շուտով ծածկվեցան աչքից:

## Գ

Վերին Ագուլիսի Խցաձոր անվանյալ թաղի վերջում, ուր գրեթե սպառվում էին բնակությունները, գտնվում էր սուրբ Հովհաննես անունով եկեղեցին: Նա կառուցած էր լեռան ստորոտում, նեղ ձորալանջի վրա և արևելյան ու հյուսիսային կողմերից փակված էր պարտեզներով: Ամառային ամիսներում, երբ կանաչում էր լեռնալանջը և ծառերը ծածկվում էին տերևով, այդ մենավոր եկեղեցու շուրջը տիրում էր կենդանություն: Ավանի զբոսասեր ժողովուրդը խռնվում էր պարտեզների մեջ և զվարճացողների երգն ու պարը գրավում էին նունիսկ Խցաձորի մենակյացներին:

Բայց այժմ, երբ ձյունը ծածկել էր լեռնալանջը և պարտեզները զրկվել էին կանաչից, ս. Հովհաննու շուրջը տիրում էր ամայություն: Նրա բարձր պարիսպները ծածկում էին եկեղեցին անցորդի աչքից և միայն սրածայր գմբեթն էր նրա գոյությունը հայտնում: Նույնիսկ եկեղեցու բակում շարժում չէր երևում և տիրող լռությունը ընդհատում էր միայն վճիտ աղբյուրակը, որ մերձակա ձորալանջից ելնելով՝ փողրակների միջով գալիս, մտնում էր եկեղեցու բակը և կարկաչելով թափվում քարաշեն ավազանի մեջ, որ պատած էր արդեն սառույցով:

Ամպամած երկինքը բացվեցավ: Արևը, որ դեպի մուտն էր խոնարհում, յուր անզոր ճառագայթները սփռեց ձյունապատ շրջակաների վրա՝ կամենալով, կարծես, մեղմել ցրտի խստությունը: Նրա շողերից մի քանիսը խաղում էին դեռ ս. Հովհաննու գմբեթի վրա, երբ ծերունի ժամհարը դուրս գալով յուր խցից՝ բարձրացավ դեպի եկեղեցու կտուրը և սկսավ հնչեցնել այդտեղ կախած փայտե կոչնակը:

Այդ կոր ու բարակ և մաքուր հղկված տախտակի ձայնը, որ թեպետ խուլ, բայց հաճելի մեղմությամբ հնչում էր թաղի մենավոր հեռավորության մեջ, հասավ Խցաձորի բարեպաշտ ժողովրդի ականջին: Շուտով ձյունապատ ճանապարհի վրա երևացին մարդկանց ու կանանց խմբակներ, որոնք շտապում էին դեպի աղոթարանը: Բայց դրանցից առաջ եկեղեցու սրահը լցվել էր արդեն մանուկ ժողովրդով: Դրանք ժամի բակում գտնվող դպրոցի սաներն էին, որոնք իրենց պարապմունքն ավարտելով՝ խռնվել էին այդտեղ երեկոյան ժամերգության մասնակցելու և ապա իրենց տները ցրվելու:

Աշակերտներից նրանք, որոնք դպիրներ կամ երգեցողներ էին, փութացին ավանդատունը ժամաշապիկ հագնելու, իսկ մնացյալները եկան եկեղեցու դասերում կարգով շարվեցան: Դրանց հետևից ներս մտան երկու քահանաներ, մինը տեր-Սարգիսը, որ միջահասակ, նիհար մարմնով, փոքրադեմ և խորամանկ աչքերով, սուր քթով և հազիվ քառասունը անցրած մարդ էր, մյուսը՝ տեր-Հովսեփը, որ ներկայացնում էր առաջինի հակապատկերը, այն է՝ բարձրահասակ, հաստամարմին, սպիտակամորուս և բարի դեմքով ծերունի:

Վերջինս անցնելով աշակերտների մոտով՝ սիրով ողջունեց նրանց և կանգնեց յուր տեղը՝ աջակողմյան դասում. Մինչդեռ տեր-Սարգիսը այդքանով չգոհացավ, նա մոտեցավ ձախակողմյան դասի աշակերտներին, նայեց՝ նրանց վրա խոժոռ աչքերով և չհանդուրժելով, կարծես, որ տղաների խումբը՝ առանց որևէ վերակացուի կարգապահության, կանգնած էր այդտեղ հանգիստ կարգով, կոշտ ձայնով հարցրեց,

— Ո՞ւր է ձեր վարժապետը:

— Դպրոցումն է, — պատասխանեցին մի քանի ձայներ:

— Ժամ օրհնելու ժամանակ է, ի՛նչ է շինում նա դպրոցում:

— Խոսում է փրանկների կարգապետի հետ:

— Հայր Երազմոսի՞, — հարցրեց տեր-Սարգիսը՝ աչքերը մեծ բանալով:

— Այո, նա եկել էր մեր դպրոցը տեսնելու:

— Հըմ... հասկանում եմ, — հարեց տեր-հայրը և գլուխը խորհրդավոր կերպով շարժելով մոտեցավ տեր-Հովսեփին:

— Տեսնո՞ւմ ես, ժամ օրհնելու ժամանակ է և մեր «պատվելին» դեռ չկա, ասում են տեր-Մատթեոս Երազմոսի հետ զրույց է անում... Ի՞նչ ես կարծում, այդ փրանկը ի՞նչ ունի տեր-Անդրեասի հետ:

— Աստծուն է հայտնի... -անհոգ կերպով պատասխանեց տեր Հովսեփը:

— Այո, աստծուն է հայտնի, բայց ինձանից էլ ծածուկ չէ: Քեզ արդեն ասել եմ, և կտեսնես, որ իմ գուշակությունը կկատարվեի, նա այս աշակերտներին փրանկ է դարձնելու:

— Էհ, տեր-Սարգիս, դու էլ խիստ չար մտքեր ես անում:

— Հաստատ բան եմ ասում, կտեսնես:

— «Օրհնյալ տեր մեր Հիսուս Քրիստոս. ամեն: Հայր մեր որ երկինս...» երեսը խաչ հանելով տեր-Հովսեփը սկսավ ժամն օրհնել առանց տեր-Սարգսի խոսքերին պատասխանելու:

Վերջինս դժգոհությամբ հեռացավ յուր դասը:

Մի քանի վայրկյանից եկեղեցին ժողովրդով լցվեցավ: Բայց ժամերգությունն արդեն կիսած էին, երբ ներս մտավ տեր-Անդրեասը և դռան մոտ գտնված դարակից յուր սև փիլոնը հանելով՝ ձգեց ուսերին և եկավ կանգնեց տեր-Հովսեփի մոտ:

Սա տակավին երիտասարդ, նրբակազմ, բայց վայելուչ հասակով, գրավիչ դեմքով և խելոք աչքերով մի քահանա էր: Նրա համեստ շրթունքների վրա ծաղկում էր մի ժպիտ, որ ցոլացնում էր յուր մեջ սրտի բարությունը, իսկ աղու հայացքը արտահայտում էր սեր, խանդ ու գորով: Հարուստ, խարտիշագեղ մազերը, որոնք երկար գանգուրներով գալիս, փռվում էին նրա ուսերի վրա, նուրբ, մետաքսանման մորուքը, որ կարծես բուսել էր նրա ծնոտին՝ դեմքի չքնաղ գեղեցկությունը չար աչքերից ծածկելու համար, և սև զգեստի արտաքին տխրությունը, որին համակերպում էր նրա խաժակն աչքերի անուշ հայացքը, այդ երիտասարդ հոգևորականին տալիս էին նախնի դարերի հրեշտակակրոն մի սուրբի կերպարանք:

Երբ նա առաջացավ դեպի բեմը՝ հավուր պատշաճի քարոզը կարդալու, կարծես աղոթող ժողովրդի աչքերը գերեց յուր հետևից: Ամենքը սկսան նայել նրա վրա, ամենքի դեմքերը պայծառացան, իսկ կանանց սրտերը, ինչպես միշտ, սկսան նրա շուրջը թևապարել:

Այդ եկեղեցում, ինչպես տեսանք, տեր-Անդրեասից զատ կային և ուրիշ երկու քահանաներ, բայց ժողովուրդը խռնվում էր եկեղեցի, ասես թե առաջնի պատճառով, կամենում էր տեսնել միայն նրան, լսել միայն նրա ձայնը, աղոթել նրա հետ: Երբ նա յուր սաների ձայնակցությամբ սկսում էր երգել, ամենքը զմայլվում, հոգիանում էին. ամենքի մեջ էլ զարթնում էր ջերմեռանդություն, և այդ ոչ թե նրա համար որ նա երգում էր ավելի անուշ ու ախորժ ձայնով, այլ նրա համար, որ ժողովուրդը գիտեր, ճանաչում էր նրան, ճանաչում էր նրա սիրտը, հոգին, գործերը... այդ պատճառով նրա աղոթքն ու երգը շարժում էր ժողովրդի սիրտը, հափշտակում էր հոգին:

Մի մարդ միայն չէր կարողանում տանել այդ ամենքից սիրված անձին, չէր կարողանում տեսնել նրան առանց ներքին տհաճության. — դա տեր-Սարգիսն էր: Երիտասարդ քահանայի հաջողությունները, որոնք կայանում էին նրա օրըստօրե ժողովրդին սիրելի դառնալու մեջ, հանգիստ չէին տալիս իրեն: Տեր-Անդրեասի բոլոր գործերի մեջ նա տեսնում էր միայն չարիք ու վնաս, նրա պարկեշտ վարքը, նրա առաքինությունը նա համարում էր ստության և կեղծավորության դիմակ, նա չէր հավատում նրա սրտի սրբության, և այդ պատճառով էլ աշխատում էր որ ժողովուրդը նույնպես չհավատա, չխաբվի:

Երբ ժամերգությունը վերջացավ և ժողովուրդը դուրս եկավ եկեղեցուց, տեր-Անդրեասը նույնպես հավաքեց աշակերտները և դուրս գնաց: Բայց բակում դեռ կանգնած էր բավական ժողովուրդ և սպասում էր յուր սիրելի քահանային: Սա կամենում էր կրկին անգամ տեսնել նրան և լսել նրանից մի քանի խելոք կամ մխիթարական խոսքեր: Չէ որ այդ ժողովուրդը ապրում էր չար ժամանակում և ամեն օր ունենում էր նոր ցավ, նոր վիշտ:

Ամեն անգամ երբ տեր-Սարգիսը տեսնում էր յուր պաշտոնացին ժամավորներով շրջապատած, նախանձի կիրքը վառվում էր յուր սրտում և դեմքը զայրույթից գրեթե այլագունում էր: Որովհետև տեսնում էր որ յուրմով այլևս զբաղվող չկա, և այն օրից որ այդ երիտասարդ քահանան մուտ էր գործել ս. Հովհաննու եկեղեցին, ժողովուրդը կարծես էլ չի ճանաչում իրեն: Երբեմն տեր-Սարգիսը դիտմամբ ուշանում էր եկեղեցում, որպեսզի ժողովուրդը հեռանա և ինքը չտեսնե նրան՝ յուր ատելի պաշտոնակցի հետ սիրախոսելիս: Բայց շատ անգամ էլ ինքն էր առաջինը դուրս գալիս եկեղեցուց, որ չհանդիպե ատելի տեսարանին:

Այսօր դիպվածով ժողովուրդը հառաջեց և ինքը ստիպված էր դուրս գալ ամենից վերջ: Եվ ահա նա տեսավ կրկին նույն տեսարանը: Ժամավորները դարձյալ շրջապատել էին տեր — Անդրեասին: Դժբախտաբար ս. Հովհաննես եկեղեցու երկու դռներն էլ հյուսիսային կողմի վրա էին և ժողովուրդը բակի այդ կողմն էր հավաքված: Ինչ աներ տեր-Սարգիսը, որ տեղով խույս տար: Նրա բարկությունը մանավանդ սաստկացավ՝ երբ տեսավ ծերունի տեր-Հովսեփին, որ ժամավորների հետ կանգնած՝ ինքն էլ ժպտադեմ լսում էր երիտասարդ քահանային:

— Ապուշ, այսքան տարի ապրել է աշխարհում և դեռ յուր չարն ու բարին չի կարողանում ճանաչել, շշնջաց տեր-Սարգիսը և մոտենալով ծերունուն՝ քաշեց նրա թևից:

— Հա, ի՞նչ կա, տեր-Սարգիս, — հարցրեց տեր-Հովսեփը:

— Տեր հայր, ինչո՞ւ չես ճանաչում քո բարեկամն ու թշնամին, — խոսեց տեր — Սարգիսը, գրեթե շշնջալով:

— Ո՞վ է իմ թշնամին, տեր-Սարգիս, այսքան տարի է ապրում եմ աշխարհում և թշնամի չեմ ունեցել, մի՞թե ծերությանս օրերում լույս ընկավ նա, — հարցրեց տեր-Հովսեփը մեղմությամբ և, միևնույն ժամանակ, շարունակեց ճանապարհը:

— Այդ սատանան թե քո և թե իմ թշնամին է:

— Ո՞ր սատանան, — հարցրեց ծերունին զարմանալով:

— Տեր-Անդրեասը:

— Ինչո՞ւ:

— Ի՞նչպես թե ինչու, չե՞ս տեսնում որ այն օրից, ինչ նա քահանա դարձավ և մեր թուլությամբ մուտ գործեց այս եկեղեցին, էլ ժողովուրդը չէ ճանաչում մեզ: Պատի՞վ է՝ նրան են տալիս, խորհո՛ւրդ է՝ նրան են հարցնում, հացկերույթներին՝ նրան են հրավիրում... մինչդեռ մենք, այսքան տարվա քահանաներ, մնացել ենք մի կողմ քաշված: Էլ ո՞վ է առաջվա նման մեզ հարգում: Ամենքին դա գրավել, կախարդել է, շարունակ մեզ վատաբանելով և ինքը սուտ ճգնավոր ձևանալով՝ հիմարացրել է ժողովրդին... բայց մինչև ե՞րբ, չէ որ պետք է չարիքի առաջն առնել:

Տեր-Հոսեփը, որ լսում էր ընկերին հանգիստ սրտով, հանգստությամբ էլ պատասխանեց.

— Տեր հայր, լավ քահանային ամենքը կսիրեն: Տեր-Անդրեասը ոչ սատանա է, ոչ չարախոս է, ոչ սուտ ճգնավոր է. այլ բարի և յուր պարտքը ճանաչող մի քահանա է: Եթե կամենում ես որ ժողովուրդը քեզ էլ այնպես պատվի ինչպես տեր-Անդրեասին, եղիր նրա նման: Ժողովրդի սիրտը գրավելու միակ միջոցը այդ է. ընկերոջդ զրպարտելով, կամ նրա մասին չարախոսելով բնավ չես շահվիլ:

— Ինչպես երևում է նա քեզ էլ խելքահան է արել, մարդիկ

քանի ծերանում՝ իմաստունանում են, իսկ դո՛ւ, ընդհակառակն... — խոսեց տեր-Սարգիսը հանդգնորեն:

— Վատ լեզու ունիս, եղբայր, այդ լեզվով ու սրտով աշխարհում ապրել չի կարելի, — մեղմով նկատեց տեր-Հովսեփը:

Հապա ի՞նչ անեմ, որ այդպես չխոսեմ: Ասենք թե ես անարժան եմ և ժողովուրդը ինձ չի հարգում, դու հո, փառք աստուծո, արժանավորներից մինն ես. աստուծո տան այսքան տարվա սպասավոր ես, ծերացած, ալևորած, քեզ ինչու չի պատվում այնպես՝ ինչպես այդ «նորելուկին»:

— Որովհետև ես էլ նրա արժանիքը չունեմ, — անկեղծորեն պատասխանեց ծերունին. — ես արդարև, բարյացակամ եմ ամենքին. կուզեմ որ ժողովուրդը հանգիստ ապրե, հաջողակ լինի, ցավից ու չոռից ազատվի, բայց ինքս դրա համար չեմ հոգալ, չեմ աշխատիլ և եթե ուզենամ էլ՝ չեմ կարող, որովհետև աստված զրկել է ինձ այդ շնորհքից: Մինչդեռ հայր Անդրեասը. ինչպես տեսնում ես, ամեն բան անում է, ամենքի կարիքին հասնում է:

— Ոչինչ էլ չէ անում, այլ երևեցնում է: Նա ունիթորների գործակատարն է, ուրիշ ոչինչ: Տեսնում ես, Մատթևոս Երազմոսը գաղտնի այցելություններ է անում նրան, իսկ մեզ, մինչև անգամ, չի բարևում, ի՞նչ գաղտնիք է սա, ինչո՞ւ չես խելամտում...:

— Տեր-Սարգիս, ես ոչ կռվելու, ոչ հակառակելու ախորժակ ունիմ, գնա ուրիշին պատմիր այդ նորությունները, ցուրտ է, ես շտապում եմ տուն, մնաս բարով, աստված խաղաղություն տա սրտիդ... ասաց տեր-Հովսեփը և կամացուկ քայլերով խոտորեց դեպի յուր տան ճանապարհը:

— «Ողորմելի արարած...», — շշնջաց տեր-Սարգիսը ծերունու հետևից և ինքն էլ ուղղվեցավ դեպի յուր տունը:

Բայց մենք թողնենք սրանց իրենց ճանապարհի վրա և տեր-Անդրեասին՝ ս. Հովհաննես եկեղեցու բակում և մի քանի տարով դեպի անցյալը վերադառնանք:

## Դ

Ո՞վ էր տեր-Անդրեասը:

Աղքատ, բայց առաքինի և բարեպաշտ ծնողաց զավակ էր: 1605 թվին, երբ Շահաբասը Հայաստանի շատ նահանգներ դատարկելով ժողովուրդը քշեց դեպի Պարսկաստան, ի միջի այլոց դատարկեց նաև Նախիջևան քաղաքը: Ինչպես մյուս տեղերից, նույնպես և Նախիջևանից՝ փախչող ու թաքչողներ շատ եղան: Նախիջևանցի փախստյալների մեջ կային նաև տեր-Անդրեասի ծնողքը, որոնք գերավարության արհավիրքները անցնելուց հետո ելան իրենց թաքստից և Ագուլիս գնալով՝ բնակություն հաստատեցին այդտեղ:

Որովհետև այդ ժամանակ Սյունյաց վարդապետարանը կամ Հարանց անապատը, որ գտնվում էր Ծղուկ գավառում, հետզհետե ծաղկում և հռչակ էր ստանում, պատանի Անդրեասի ծնողները տվին նրան այդտեղ ուսանելու: Այդ անապատում նա աշակերտեց հայրենասեր և առաքինազարդ Մովսես վարդապետ Սյունեցուն, որ ժամանակի ուսման հետ միասին՝ ներշնչեց այդ ուշիմ և աշխատասեր պատանուն նաև յուր հոգին, որ սովորեցրեց նրան աստծուն և հայրենիքին ճշմարտությամբ ծառայելու դժվարին արհեստը, որ ծանոթացրեց նրան Սյունյաց անապատի ամենագլխավոր վարդապետության, այն է՝ անձնվիրության ազնվագույն գաղափարի հետ:

Եվ որովհետև այդ ժամանակ հայ ազգը կորցրել էր ամեն ինչ, և՛ թագ, և՛ գահ, և՛ իշխանապետություն և՛ զրկված էր ոչ միայն զենքից, այլև սրտի կորովից, և յուր թշվառ գոյությունը պահպանելու համար՝ կրում էր գերության և ստրկության անարգ լուծը, ուստի հայրենասեր գործիչներին մնում էր միայն հագնել հոգևորականի սքեմ, ստանձնել քարոզչի և ուսուցանողի պաշտոն և մտնելով ժողովրդի մեջ՝ գաղտուկ դարմանել այն ցավերը, որոնց անկարելի էր սպեղանի դնել հայտնապես: Վանդի ժամանակակից բռնությունը, որ չէր պատկառում ոչ մի սրբությունից, գոնե կրոնական սքեմին չէր խանգարում ուսուցանել...: Եվ ահա այդ պատճառով Սյունյաց անապատը յուր բոլոր առաքյալներին, յուր անձնվեր մշակներին զինում էր այդ սքեմով և այնպես ուղարկում նրանց «ի հունձս Հայաստանյայց»:

Երիտասարդ Անդրեասին էլ Մովսես վարդապետը կամեցավ կուսակրոն դարձնելուց հետո շրջուն քարոզչի պաշտոն հանձնել և ուղարկել հեռավոր հոտերի մեջ:

Բայց որովհետև նրա ծնողները ցանկացան որ իրենց «միակ» և «աչքի լույս» որդին գործե իրենց մոտ, որպեսզի ազատ ժամերին մխիթարնի նաև իրենց ծերությունը, ուստի Մովսես վարդապետը դպրոց հիմնեց Ագուլիսում, նման այն դպրոցիներին, որ նա հիմնել էր Աստապատ և Շոռոթ գյուղերում և ուսուցիչ ու վերակացու կարգեց երիտասարդին այդ դպրոցի մեջ:

Թեպետ Սյունյաց ուխտի և յուր վարդապետի ցանկությամբ Անդրեասը մտադիր էր կուսակրոնություն ընդունել, բայց որովհետև յուր ուսուցչության օրերում նա մի տարօրինակ դիպվածով սիրահարվեց յուր դրացու դստեր՝ չքնաղ Վարդենիի վրա (որպիսի դիպվածի պատմությունը պիտի անենք հետո), ուստի նա ամուսնացավ այդ աղջկա հետ: Բայց որպեսզի դարձյալ հավատարիմ մնա յուր ուխտին և առավել հաջողությամբ կարողանա ուսուցանել թե մանուկ սերնդին և թե հասակավոր ազգակցացը, նա ամուսնանալուց հետո քահանա ձեռնադրվեց և կարգվեց հովիվ Խցաձորի ս. Հովհաննես եկեղեցում:

Ի՞նչ էր անում այնուհետև տեր-Անդրեասը, ինչպես էր արդյունավորում Սյունյաց անապատի ներշնչած գաղափարները, այդ կտեսնենք: Նրա առաջին գործը դպրոցն էր, որի մեջ՝ ուսման հետ միասին՝ ջամբում էր հայ մանուկներին առաքինության և հայրենասիրության անարատ կաթը: Նա գիտեր որ. ինքը, յուր ընկերները և ուսուցիչները բավական չէին դեռ ժամանակակից թշվառությունները բառնալու, հայրենիքի խոպանացած դաշտերը հերկելու և մշակելու համար, թե հարկավոր էր միշտ և շարունակ նոր մարդիկ ու նոր մշակներ հանել այդ դաշտերը... նա գիտեր, միևնույն ժամանակ, որ յուր խնամքին հանձնված մանուկներից պիտի հառաջանային ապագա մշակներն ու գործիչները, ուստի և անընդհատ տնքում, աշխատում էր ոչ միայն ավանդել նրանց ժամանակին հարմար ուսումը, այլև ներշնչել նրանց այն հոգին, որ ստացել էր ինքը Սյունյաց վարդապետարանից, ներշնչել բարվո, ճշմարտի և մանավանդ թե՝ անձնվիրության գեղեցիկ զգացումները, պատրաստել նրանցից և առաքինության քարոզիչներ, և հավատո զինվորներ, և գաղափարի նահատակներ,.. Չէ որ այդ բոլորին կարիք ուներ հայրենիքը, որ ճնշվում էր այդ ժամանակ բռնության անիրավ լծի տակ...

Ահա դրա համար էր աշխատում տեր-Անդրեասը Ագուլյաց դպրոցի մեջ:

Իսկ դպրոցից դուրս նա քահանայություն էր անում, բայց իհարկե, ոչ այնպես, ինչպես որ անում էին մյուս քահանաները, այսինքն, աստվածային պաշտոնը նյութական եկամտի աղբյուր դարձնողները, ոչ, նա քահանայություն էր անում բառի իսկական և ազնվագույն նշանակությամբ, այսինքն այնպես, ինչպես հասկանում էին այդ պաշտոնը նախնի սուրբ հայրերը՝ «լինել քահանա աստուծո բարձելո» և կամ «փոխանորդ աստուծո երկրի»: Որքան մեծ և վսեմ կոչում, բայց որքան ստորացած ժամանակակից տգիտության շնորհիվ...: Սակայն այդ տգիտությունից ազատ էր տեր-Անդրեասը, ուստի և կատարում էր յուր պաշտոնը սրբությամբ: Նա չէր բավականանում եկեղեցուն սպասավորելով, կամ տաճարի մեջ քարոզներ խոսելով, այլ քահանայություն էր անում նաև տներում: Նա գիտեր թե որքա՛ն մեծ է թշվառների թիվը աշխարհում և, հետևապես, այն ժողովրդի մեջ, ուր ինքը քահանայագործում էր, ուստի և ազատ ժամերը գործ էր դնում այդ թշվառների կամ օգնության կարոտ անձանց նեղությունները բառնալու կամ թեթևացնելու համար: Եվ այդ դեպքում նա ոչ թե սպասում էր որ կարիք ունեցողը գար և խնդրեր իրեն, այլ ինքն էր գնում և պտրտում նրանց: Այսպես նա մտնում էր աղքատի խրճիթը, հիվանդի խուցը, որբերով շրջապատված այրիի տնակը և ամեն մեկի կարիքն իմանալով՝ շտապում էր նրան օգնության հասնել աղքատին ապրուստ հայթայթելով, հիվանդին՝ սպեղանի մատուցանելով, այրիին՝ ապավեն ու խնամակալ գտնելով և հալածվածին՝ պաշտպան հանդիսանալով: Նա մտնում էր հարուստի կամ հզորի տունը, բայց ոչ յուր համար շահ որոնելու, այլ միշտ մի տկար անձի կամ ընտանիքի կարիքը հոգալու, նրա համար շնորհ կամ պաշտպանություն հայցելու:

Բացի նյութապես նպաստելը՝ նա օգնում էր ժողովրդին նաև բարոյապես: Եթե երկու բարեկամների մեջ խռովություն էր ծագում, տեր-Անդրեասը իսկույն հայտնվում էր նրանց մեջ, յուր քաղցր խոսքերով, շահավետ խորհուրդներով նա հանդարտեցնում էր կրքերը, դադարեցնում խռովությունը և հաշտության ստիպում հակառակորդներին: Եթե ամուսինների մեջ գժտություն էր պատահում, սիրո կամ սրբության ոգին հալածվում նրանց տնից և դրան փոխարինում էր չարության ճիվաղը, տեր-Անդրեասը դարձյալ երևում էր նրանց մեջ: Նա հետաքննում էր նախ գժտության պատճառները և ապա մեղմ խրատներով, սրտագրավ հորդորներով ջերմածում նրանց սառած սրահը, զարթեցնում նորեն ընտանի զգացումները, կյանք տալիս նրանց կենազուրկ հոգուն և այդպիսով շինում կործանվող տունը: Եթե հանկարծ վախճանվում էր մեկի սիրելին, որի համար նա մնում էր անմխիթար, տեր-Անդրեասը չէր բավականանում մեռածը թաղելով կամ թե նրա համար «հոգվոց» ասելով, անպատճառ արծաթ պահանջելով, այլ հաճախ այցելում էր սգավորին, հարուստ լիներ նա թե աղքատ, և յուր անուշ խոսքերով, հոգեպարար զրույցներով մխիթարում էր նրա սիրտը, կազդուրում էր հավատը և հաշտեցնում դժբախտին աշխարհի ծանր վշտի հետ:

Եթե մի կամ մի քանի ընտանիքների հանդիպում էր հանկարծ մի անակնկալ դժբախտություն, բնության մի հարված, տեր-հայրը դիմում էր իսկույն այդ հարվածից ազատ կամ կարող անձանց և սրանց միասնական օգնությունը ձեռք բերում՝ դժբախտների վնասը դարմանելու համար:

Այդ բավական չէր. նա խառնվում էր շատ անգամ այնպիսի գործերի, որոնցից ավելի զորավոր մարդիկ փախուստ էին տալիս: Այսինքն, պատահում էր հաճախ, որ բռնավոր կառավարության անողորմ հարկահանները կամ կեղեքիչները թափվում էին անպաշտպան մի ընտանիքի վրա երբեմն ծեծելու, երբեմն տուգանելու և շատ անգամ կողոպտելու կամ առևանգելու նպատակով: Տեր-Անդրեասը իսկույն հասնում էր օգնության: Բարբարոսներին հաղթահարելու համար նա գործ էր դնում բազմազան զենքեր, մերթ խնդիր և աղաչանք, մերթ համոզկեր խոսքեր, երբեմն սպառնալիք, որ գործադրում էր նա իրեն հավատարիմ երիտասարդների ձեռքով, իսկ երբ այդ միջոցները անկարող էին լինում բռնաբարումն արգիլել, այն ժամանակ նա անձամբ դիմում էր Երևան և Ամիրգունա նախարարին բողոքում, կամ եթե բողոքելու տեղը չէր լինում, նրա ոտքերն ընկնում, խնդրում ու աղերսում, մինչև որ վերջապես ձեռք էր բերում անհրաժեշտ օգնությունը:

Այսպիսով տեր-Անդրեասը Ագուլիսի և նրա շրջակաների համար դարձել էր մի անզուգական խնամակալ, հաշտության մի միջնորդ, փրկության մի հրեշտակ: Ժողովուրդը նրան ընդունում էր ոչ իբրև լոկ քահանա, այլև հարազատ հայր, եղբայր, մտերիմ և բարերար: Ով կարիք ուներ, տեր-Անդրեասին էր դիմում, ով մի վիշտ ուներ, նրան էր հայտնում, ով խորհրդի պետք ուներ, նրան էր հարցնում: Չնայելով յուր երիտասարդության և մատաղ հասակին, նրա խորհրդին հետևում էին նույնիսկ ծերերը և փորձառու մարդիկ: Միով բանիվ, տեր-Անդրեասը դարձել էր յուր ժողովրդի սուրբն ու պատգամախոսը:

Եվ այս իսկ պատճառով, եթե յուր կարգակիցների մեջ կային շատերը, որոնք անկեղծորեն սիրում էին նրան, որպիսին էր, օրինակ, ծերունի տեր-Հովսեփը, այսուամենայնիվ, պակաս չէին և այնպիսիք, որոնք ատում և արհամարհում էին, որովհետև չէին կարողանում տեսնել ժողովրդի դեպի նրան տածած մեծ համարումը և չնախանձել նրան, ինչպես, օրինակ, տեր-Սարգիսը:

Բայց նա ամենքին պատվում, հավասարապես սիրում և նույնիսկ յուր չարակամներին բարի էր ցանկանում, վասնզի ճանաչում էր յուր պաշտոնը, հարգում էր յուր կոչումը, և գիտեր որ իբրև քրիստոնյա և Քրիստոսի օրինաց ուսուցիչ պարտավոր էր ներել յուր եղբորը, եթե նա մեղանչեր յուր դեմ «մինչև յոթանասուն և յոթն անգամ...»:

Չէր մոռանում Քրիստոսի այն խոսքը, թե՝ «Այժմ գիտացեն ամենքեան եթե իմ աշակերտ էք թե սիրեցէք զմիմեանս»:

Բայց նա խիստ էր դեպի անուղղա չարերը և անբարոյականները. նա հալածում էր նրանց, որքան յուր ուժերը ներում էին իրեն, որովհետև այդպիսիները վնասում էին ժողովրդին թե նյութապես և թե բարոյապես, դառնում էին գայթակղության քար, մոլորեցնում էին անփորձներին և խանգարում հասարակական անդորրությունը:

Այդպիսիների կարգն էր դասում տեր-Անդրեասը նաև միաբանող կամ ունիթոր կոչված պապականներին, որոնց ժողովուրդը «ֆռանկ» անունով էր ճանաչում: Այդ քարոզիչները, ինչպես նախադրության մեջ հիշեցինք, պապի ստրուկների թիվը բազմացնելու նպատակով, ամեն միջոց գործ էին դնում հայադավաններին մոլորեցնելու և իրենց եկեղեցու ծոցից հեռացնելու համար: Այդպիսով նրանք ժողովրդի մեջ սերմանում էին գժտություն և խռովություն, իսկ ընտանիքների մեջ մտցնում բաժանման ոգի: Այդպիսի վարմունքը տեր-Անդրեասը համարում էր ազգակործան, և հակաքրիստոնեական վարմունք, այդ պատճառով էլ զինվում էր ունիթորների դեմ յուր բոլոր զորությամբ: Նա նրանց ավելի վնասակար տարր էր համարում, քան կեղեքիչ պարսիկներին, ըստ որում պարսկի տված վնասը նյութական էր և ժամանակավոր, մինչդեռ սրանցը տևական էր և հոգևոր: Պարսկի հարվածը շուտով կմոռացվեր, իսկ սրանց տվածը դարերի ընթացքում ազգի մարմնի մեջ վերք ու թարախ, կսկիծ և վիշտ պիտի գոյացներ...: Եվ ո՞վ գիտե թե մի օր, հենց հայրենիքի փրկության գործը դարբնելու ժամին, դարերով առաջ սերմանած այդ գժտությունը՝ արգելք չպիտի լիներ Սուրբ ու Մեծ գործին՝ ծնելով դրանց միջից սադրողներ ու դավաճաններ...:

Այս նկատմամբ, ահա, հայրենասեր երեցը ոչ միայն չէր ներում «ֆրանկների» վարմունքը, որոնք Ավետարանը դարձրել էին մարդորսության ուռկան, այլև հզորապես մարտնչում էր նրանց դեմ թե հրապարակական քարոզությամբ և թե յուր հոտի յուրաքանչյուր անդամին առանձնապես այդ մարդորսներից զգուշացնելով և կամ մոլորյալներին նորեն հարազատ մոր գիրկը դարձնելով: Այդ դեպքում ունիթորները տեր-Անդրեասին ընդունում էին իբրև հզոր հակառակորդ և աշխատում էին զանազան միջոցներով արգելք լինել նրա գործունեության, որը, սակայն, օրըստօրե ավելի լայն ծավալ էր ստանում:

Ահա այս մարդն էր Անդրեաս երեցը, որին թողեցինք մենք ս. Հովհաննես եկեղեցու գավթում, ժամավորների բազմության հետ խոսելիս:

Այժմ նորեն դառնանք նրա մոտ:

## Ե

Այդ երեկո ժամավորները շրջապատել էին տեր-Անդրեասին՝ սովորական խնդիրներից դուրս մի ուրիշ նորության մասին խոսելու: Եվ որովհետև զրույցը կարող էր երկարել, իսկ դրսում ցուրտը սաստկանում էր, ուստի տեր-հայրը հրամայեց ժամկոչին կրակ վառել դպրոցատանը:

Երբ ծերունին յուր գործն ավարտեց, երեցը հրավիրեց ժամավորներին դպրոցատան սրահը:

Դա երկար ու ընդարձակ մի ներքնատուն էր, նեղ ու բարձրադիր պատուհաններով և քարյա կամարակապ առաստաղով, նա կառուցած էր դեռ այն ժամանակ, երբ ս. Հովհաննու եկեղեցի ուներ մշտական միաբանություն, իսկ նրա շուրջը գտնվող ձորակներում ապրում էին բազմաթիվ մենակյացներ (որոնց խցերի անունով ձորն ու թաղը կոչվեցան «Խցաձոր»): Այդ կամարակապ ներքնատունը այն ժամանակ ծառայում էր ս. Հովհաննու միաբանության և նրա շուրջը ապրող մենակյացների համար իբր սեղանատուն: Այդ պատճառով նրա մեջտեղում, սկսած մի ծայրից մինչև մյուսը ձգվում էր սրբատաշ քարերից շինած սեղան, իսկ դրա շուրջը նույնպես քարյա, նստարաններ, նման հայոց մեծ վանքերում եղածին:

Եվ որովհետև այն ժամանակ, երբ Մովսես վարդապետը դպրոցներ էր հիմնում Սյունիքում, ս. Հովհաննու միաբանությունը ցրված և հետևապես, սեղանատունը գոցված էր, ուստի վարդապետը օգուտ քաղելով պատրաստի բնակարանից Ագուլիսի դպրոցը զետեղեց այդ ներքնատան մեջ, որ յուր ընդարձակության պատճառով կարի համապատասխան էր ժամանակակից դպրոցի պահանջներին: Ներքնատան վերնահարկում, որ բաղկացած էր մի քանի խցերից, ապրում էր ինքը տեր-Անդրեասը, յուր նորատի կնոջ և ծնողների հետ միասին:

Երբ ժամավորները հավաքվեցան դպրոցատուն, որի մեջ բացի ծխանի կրակը, վառվում էին նաև երկու կանթեղներ, տեր-հայրը անցավ սեղանի մի կողմը և բազմելով այդտեղ հրավիրեց ժողովրդին յուր շուրջը նստել:

— Խոսեցեք այժմ ձեր նորության մասին, — դարձավ նա յուր հանդեպ նստած երկու ժամավորներին:

— Մեր նորությունն այն է, տեր-հայր, ինչ-որ հայտնեցինք քեզ, — պատասխանեց նրանցից մինը. — ասում են թե շահը գալիս է Ագուլիս: Եթե այդ ճիշտ է, պետք է ուրեմն պատրաստվենք նրան ընդունելու:

— Ո՞վ հաղորդեց ձեզ այդ լուրը, — հարցրեց երեցը:

— Շուկայում լսեցինք:

— Իսկ շուկա՞ն ով բերավ:

—Փրանկների առաջնորդի ծառան. նա եկել էր մեր խանութից իրեր գնելու, — պատասխանեց լրատուներից մինը:

— Հա... Երազմոսի ծառա՞ն... հասկանում եմ... Ուրեմն ճիշտ է, — խոսեց տեր-հայրը և գլուխը կախելով ընկավ մտածության մեջ:

— Ինչո՞ւ տխրեցիր, տեր-հայր, — հարցրեց ժողովականներից մինը:

— Չտխրեցի..., այլ մտածում եմ:

— Բայց ինչո՞ւ Երազմոսի ծառայի հաղորդածը անպատճառ ճիշտ պիտի լինի, — հարցրեց մի ուրիշը:

— Որովհետև միևնույն նորությունը հաղորդել է ինձ ինքը վարդապետը: Իսկ նա այսօր է Նախիջևանից եկել:

— Ունիթորների կարգապե՞տը — հարցրեց մի կասկածավոր ձայն:

— Այո, նա ասում էր թե՝ Ամիրգունայի սուրհանդակը արդեն հասել է Նախիջևան և այդ լուրը հաղորդել տեղացիներին, անշուշտ վաղն էլ Ագուլիս կմտնէ:

— Բայց ինչ ուներ այստեղ կարգապետը… — հարցրեց նույն ձայնը:

— Եկել էր, իբրև թե, մեր դպրոցն ու աշակերտները տեսնելու, — պատասխանեց երեցը, — բայց ով գիտե, ուրիշ ինչ գաղտնի նպատակ ուներ այդ այցելությունը:

— Եվ քեզ ոչինչ չհայտնե՞ց:

— Ոչինչ, — պատասխանեց քահանան:

— Իսկ ինձ հայտնել է, հարեց խոսողը, — որ Խցաձորի հայտնի հարուստներից մինն էր, և որի տանը իջևանել էր կարգապետը:

— Ի՞նչ… ի՞նչ է հայտնել, — հարցրին ժողովականները այս ու այն կողմից:

— Ասում էր թե՝ ես եկա Ագուլիս այն նպատակով, որ շահի կողմից այստեղի հայերին վտանգ սպառնացած դեպքում պաշտպանեմ նրանց:

— Եվ ի՞նչ վարձատրություն է պահանջում դրա համար, — դառը ժպիտով հարցրեց տեր-Անդրեասը:

— Ոչինչ, միայն թե ասում է, այդպիսի դեպքում հայերը պետք է շահին հայտնեն թե՝ իմ ժողովուրդն են իրենք:

— Օ՛ … ինչ անմեղն է. և այդ քիչ, շատ քիչ վարձատրություն է, այնպես չէ …

— Բայց ի՞նչ կկորցնենք եթե որևէ վտանգի ժամանակ շահին հայտնենք թե՝ մենք Երազմոսի ժողովուրդն ենք, — հարցրեց ժողովականներից մինը:

— Այն, որ մի անգամ արդեն շահի ներկայությամբ այդպիս վկայություն տալուց հետ այլևս իրավունք չեք ունենալ ունիթոր չհամարվել կամ Երազմոսի ժողովուրդը չլինել: Մի կարծեք թե պապական վարդապետը լոկ ձեզ բարիք անելու նպատակով պիտի միջնորդե շահին: Երբեք: Նա գիտե որ այնուհետև ձեզ կարող է պապական շինել ֆարրաշների մտրակով:

— Ի՞նչ ես ասում, տեր-հայր, մի՞թե այդպիսի բան կարող է լինել:

Ավելի վատթարը կլինի: Միայն թե դուք զգույշ կացեք և հայր Երազմոսին պատահած ժամանակ, եթե նորեն այդպիսի առաջարկություն լսեք նրանից, ասացեք թե պապից և պապականներից առավել հզոր պաշտպան ունիք դուք և բնավ կարոտ չեք նրանց խնամակալության:

— Բայց ո՞վ է մեր պաշտպանը, տեր-հայր, — հարցրեց մի ծերուկ:

— Նա, որի աջը կառավարում է տիեզերքը, նա, որի ձեռքումն է թագավորների սիրտը... — հանդիսաբար պատասխանեց երեցը և ձեռքը բարձրացրեց դեպի երկինք: Այդ խոսքերը ասվեցան այնպիսի ուժով, որ երկյուղած բարեպաշտներից մի քանիսը երեսները խաչակնքեցին:

Այդ միջոցին բակում լսվեցավ ձիաների ոտնատրոփ և ամենքը իրենց ուշադրությունը լարեցին:

— Ո՞վ է այս, — հարցրեց տեր-Անդրեասը ժամկոչին, որ կանգնած էր դպրոցատան մուտքի առաջ:

— Տեսնեմ, — ասաց ծերուկը և դուրս վազեց:

Բայց մինչև նրա վերադառնալը ներս մտավ ինքը նորեկը, այծենակաճի մեջ փաթաթված, մորթե գդակը մինչև աչքերը քաշած և երկար, արծաթապատ հրացանը ձեռին:

— Օրհնյա տեր, — ասաց նորեկը և առաջ անցավ:

— Աստված օրհնեսցէ, — պատասխանեց երեցը և տեսությունը լարեց՝ իմանալու համար, թե ով է եկողը, որովհետև կանթեղի տկար լույսը չէր օգնում իրեն լավ տեսնելու:

— Բարի երեկո, սիրելի ազգուլեցիք, — կրկնեց նորեկը և մոտենալով մորթե գլխարկը հանեց:

— Խոջա-Անձրև, այդ դո՞ւ ես, — բացականչեց քահանան և վեր կացավ տեղից:

— Այո, տեր-հայր, խոնարհ ծառադ եմ, — պատասխանեց խոջան և շտապեց, համբուրեց տեր-հոր աջը: Ապա դառնալով ժողովականներին՝ ողջունեց նրանց:

— Այս ո՞ր խաչից... հանկարծ Ագուլիսում... մեր տանը:

— Ձեզ հյուր եկա, տեր-հայր, մի՞թե չեք ընդունում:

— Աստծո հյուրն ես, բարեկամ, տեղ ունիս գլխիս վրա. միայն թե բարի լինի գալստյանդ պատճառը:

— Դուք փառավոր կրակ ունիք. թույլ տվեք դեռ մի փոքր տաքանամ, բուքն ու քամին մարմինս սառեցրել են... — ասաց խոջան՝ չկամենալով հայտնել իսկույն գալստյան պատճառը: Ապա մոտենալով կրակարանին, սկսավ տաքանալ:

— Տաքացիր, տաքացիր, հետո կխոսես, — ասաց քահանան և մոտ եկավ խոջային:

— Արդյոք օտար մարդ չկա՞ այստեղ, — հարցրեց վերջինս շշնջալով:

— Ոչ, բոլորն էլ մերոնք են, — պատասխանեց տեր-հայրը:

— Բայց ինչո՞ւ են հավաքվել:

— Ասում են շահը պիտի գա. հավաքվել են խորհուրդ անելու թե՝ ի՞նչ ձևով ընդունեն նրան:

— Այդ լավ է՝ ուրեմն հարմար ժամանակին հասա, — -ասաց խոջան և քահանայի հետ միասին առաջացավ դեպի ժողովականների սեղանը և նստեց երեցի մոտ:

— Մի փոքր առաջ, տեր-հայր, կամեցար իմանալ թե արդյոք բարի՞ է գալստյանս պատճառը, — խոսել սկսավ խոջան ի լուր ժողովականների, — այժմ կհայտնեմ թե ձեզ և թե մեր ագուլեցի եղբայրներին: Գալստյանս պատճառը բարի չէ, բայց մենք պիտի աշխատենք բարի դարձնել...

— Ի՞նչ, ի՞նչ է պատահել, — հարցրին այս ու այն կողմից:

— Շահը գալիս է այստեղ...

— Այդ գիտենք. — ընդհատեցին մի քանի ձայներ:

— Այո, բայց գլխավորը չգիտեք:

— Ասա, սիրելի Անձրև, գլխավորն ի՞նչ է, — հարցրեց տեր-Անդրեասը:

Խոջան պատասխանելու փոխարեն՝ հանեց ծոցից կաթողիկոսի նամակը և տալով քահանային՝ ասաց, — աս կաթողիկոսի նամակն է, — կարդա և ամեն բան կհասկանաս:

Տեր-հայրը սկսավ կարդալ ինքն իրեն և երբ վերջացրեց, տեսան որ տխրությունից նրա դեմքը այլայլվեց:

— Ի՞նչ է պատահել, տեր-հայր, բարձր կարդա որ մենք էլ լսենք, կաթողիկոսի նամակը ծածուկ չի լինիլ յուր որդիներից, — խոսեց ժողովականներից մինը:

— Ծածկելու բան չէ, սիրելիներս, ընդհակառակն, ամենքդ պիտի իմանաք, — ասաց քահանան և սկսավ կարդալ նամակը, որի բովանդակությանը ծանոթ ենք արդեն:

Երբ նա հասավ այն կետին, ուր կաթողիկոսը ասում էր թե՝ Ամիրգունան հայտնել է իրեն՝ որ շահն Ագուլիսում «մանկաժողով» պիտի անե, ամենքը սարսափեցին:

— Ի՞նչ, «մանկաժողով»...

— Ոչ, այդ չի կարող լինել...

— Այո, անկարելի է. Ագուլիսը «խաս» է... — բացականչեցին այս ու այն կողմից:

— Պարսից շահի համար անկարելի ոչինչ չկա. — նկատեց խոջան. — ինչպես տեսնում եք, նախարարը ինքն է կաթողիկոսին հայտնել, իսկ նա վեհափառի բարեկամն է և սխալ լուր չէր հաղորդիլ նրան:

— Ուրեմն ի՞նչ պիտի անենք, — հարցրեց մի ժողովական:

— Այ, հենց դրա համար էլ Ծղնայից շտապել եմ այստեղ որ տեսնեմ թե ինչ ենք անում..., — պատասխանեց խոջան:

— Ի՞նչ պիտի անենք, տեր-հայր, — հարցրին քահանային:

Տեր-Անդրեասը, որ մինչև այն խորասուզվել էր մտածության մեջ և, մինչև անգամ չէր լսում թե ինչ են խոսում յուր շրջապատողները, գլուխը բարձրացրեց և նայեց ժողովականներին:

— Ի՞նչ պիտի անենք, տեր-հայր, — կրկնեցին վերջինները,

— Այն, ինչ որ այդպիսի դեպքերում անում են ուրիշները, — մեղմով պատասխանեց երեցը:

— Այսի՞նքն:

— Պիտի աշխատենք թաքցնել գեղեցիկներին:

— Բայց ո՞րտեղ:

— Մոտիկ գյուղերում:

— Օրինա՞կ:

— Վաղավեր, Վանանգ, Տեռնիս, Փառակերտ, Քաղաքիկ, Ցղնա..., մի՞թե քիչ տեղեր ունինք, — նկատեց տեր-Անդրեասը:

— Ցղնա կարող եք հիսուն հոգի ուղարկել. խաթունս խոստացավ այդքան հոգի տեղավորել այնտեղ, — խոսեց խոջա-Անձրևը:

— Օրհնյալ լինի Սառա-խաթունը, որ ամեն դեպքում օգնության է հասնում մեզ, — ասաց տեր-Անդրեասը. — եթե մեր բոլոր կանայք նրա պես ժրագլուխ լինեին, որքան գործեր կարող էինք առաջ տանել...:

— Էհ, ի՞նչ կարող էինք անել բռնավորի ձեռքի տակ, — նկատեց ծերուկ ժամավորը:

— Հայրիկ, մի՞թե բռնավորը մարդ չէ, մսից ու արյունից չէ շինված, ինչո՞ւ նա կարող է սպանել, իսկ մենք՝ ոչ: Մի՞թե նա սուրը ձեռին է ծնվել, իսկ մենք շղթայակապ... զանազանությունը մեր և նրա մեջ այն է, որ նա շարունակ բռնաբարում ու կեղեքում է, իսկ մենք հնազանդում ենք: Բայց եթե մի անգամ սովորեինք մահից չվախենալ, եթե որոշեինք քիչ-քիչ մեռնելու փոխարեն՝ միանգամից մեռնել, այն ժամանակ շատ բան միանգամից կփոխվեր:

— Ի՞նչ կփոխվեր, օրինակ, — հարցրեց ծերուկը:

— Այն, որ ես և դու կզոհվեինք, բայց մեր որդիքը կապրեին, մի քանի հազար հայ կմեռնեին, բայց հայությունը կկենդանանար: Այս բնության օրենքն է. մեռնող մի հատիկը պտղաբերում, է յուր նման հարյուրը. Քրիստոսն ինքն է ասում՝ «եթե ոչ հատն ցորենո անկյալ ներկիր մեռանիցի, ինքն միայն կա, ապա եթե մեռանիցի, բազում արդյունս առնե...»: Ուրեմն մինչև որ չզոհենք, արդյունաբերել չենք կարող:

— Ի՞նչ անենք ուրեմն, վեր կենանք վաղն նեթ կռի՞վ տանք հզոր Շահ աբասի հետ:

—Ես չեմ ասում վաղն նեթ... անխոհեմություն կլիներ փոքր ուժով մեծի դեմ խիզախել... ի՞նչ օգուտ՝ թաղել ցորենը հողում այնպիսի ժամանակ երբ կատաղի հեղեղը ողողում է երկիրը և ցանքսերը քշում...: Ես միայն ցանկանում եմ որ արթուն լինեինք. աշնան խաղաղ օրերում գետինը հերկենք, իսկ գարնան հալոցին՝ սերմերը ցանենք: Այնուհետև կհասնե ամառը և արտերը կծածկվին հասկերով...: Եթե մեր հայրերը ցանած լինեին, այսօր մենք կհնձեինք: Զղանդաղենք ուրեմն նրանց պես, որպեսզի մեր որդվոց ու թոռաց անեծքին չարժանանանք:

Ժողովականները, որոնք շատ էին լսել տեր-Անդրեասին, ըմբռնում էին նրա այլաբանությունները, ուստի բացատրություններ չպահանջեցին: Բայց խոջա-Անձրևը ընդհատեց նրան.

— Այդ ամենը, տեր հայր, ապագայի խնդիր է, մեզանից շատերը ծերացել են արդեն, ուստի թե հերկելու և թե սերմանելու գործը մնում է երիտասարդներիդ վրա. թող աստված ուժ և կարողություն տա ձեզ՝ սկսածներդ շարունակելու... այժմ միայն այն ասա թե ի՞նչպես ազատվենք վերահաս վտանգից, որովհետև շահը մի երկու օրից այստեղ կլինի:

— Դրա համար երկար մտածելիք չունիք: Դուք գնացեք գյուղաքաղաքի մեծամեծների հետ խոսեցեք, թե ինչ պատրաստություն պիտի տեսնեք շահիս ընդունելու համար: Այդ բանում ձեզ կօգնե անշուշտ նաև գյուղի վերակացուն, որ հարկավ հրահանգներ կստանա նախարարից, իսկ «մանկաժողովն» արգելելու գործը թողեք ինձ վրա:

— Ի՞նչ ես մտադիր անել, տեր-հայր, — հարցրեց խոջան:

— Թե ազնվացվոց և թե դաշտեցվոց ընտանիքների և նրանց ունեցած երեխայոց թիվն հայտնի է ինձ, — պատասխանեց երեցը. — գիտեմ նույնպես թե ով ունի այնպիսի տղա կամ աղջիկ, որ կարող է գրավել շահին: Ուրեմն հենց այս գիշեր ես կկազմեմ դրանց ցուցակը և կորոշեմ թե որո՞նց ո՞ր գյուղ պիտի ուղարկենք, կամ ինչ ընտանիքների պիտի հանձնենք: Այնուհետև կմնա՝ որ յուրաքանչյուր հայր կամ եղբայր ուղեկցե յուր տան երեխային, իսկ ով ուղեկից չի ունենալ, ինքս նրան ուղեկից կտամ: Վաղը երեկոյան ամենքն արդեն ցրված պիտի լինին գյուղերը:

— Էհ, ուրեմն այդ մասին հոգում ես դու, մենք էլ ընդունելության մասին մտածենք, — խոսեց ազդեցիկ ազնվացիներից մինը:

— Այո, բայց ընդունելությունից զատ մի ուրիշ բանի վրա էլ պիտի մտածեք, — ավելացրեց տեր-հայրը:

— Ի՞նչ բանի... — հարցրին մի քանի ձայներ:

— Կաթողիկոսի ազատության, — պատասխանեց երեցը:

— Կաթողիկոսի ազատությա՞ն. — ինչով կարող ենք օգնել նրան, — հարցրեց հարուստներից մինը:

— Գիտե՞ք որ նա կապված է ոչ թե յուր հանցանքի, այլ Աթոռի վրա անիրավաբար բարձած պարտքերի համար, — հարցրեց երեցը:

— Գիտենք, — պատասխանեցին նրան:

— Էհ, Աթոռը կաթողիկոսի՞ն է պատկանում թե՞ ընդհանուր ազգին:

— Իհարկե ընդհանուր ազգին:

— Ուրեմն ազգն էլ պիտի դարմանե Աթոռի ցավերը, — հարեց քահանան:

— Բայց Մելիքսեթ կաթողիկոսը... — կամեցավ չարախոսել ժողովականներից մինը:

— Աշխարհում ոչ ոք կատարյալ չէ... — ընդհատեց նրան երեցը. — բացի այդ, խնդիրն այն չէ թե՝ որ կաթողիկոսին ենք օգնում, այլ այն, որ հայոց կաթողիկոսը կապված, Լուսավորչի ժառանգը կալանավորված է, պետք է ուրեմն նրան ազատել...

կալանավորության անարգանքը հասնում է ոչ թե Մելիքսեթին՝ այլ կաթողիկոսական գահին և մեզ ամենիս իբրև հայ ազգի անդամների, պետք է ուրեմն այդ գահը ազատենք անպատվությունից, սպառնացող վտանգից...: Այսպես պետք է մտածե ամեն մի հայ, երբ տեսնե որ օտար պարսկի ձեռը մոտենում է լուսավորչավանդ Աթոռին:

— Այդ ճիշտ է. բայց ի՞նչ կարող ենք անել մենք, — հարցրին մի քանի ձայներ:

— Աղքատները և չունևորները ոչինչ, բայց հարուստները, խոջաները, մելիքները և մյուս ազնվականները, որոնք պարտավորված մեծագին ընծաներ կամ դրամական նվերներ պիտի տանեն շահին, թող իրենց այդ ընծաները բաժանեն երկու մասի, մինը ներկայացնեն իբրև նվեր շահին, մյուսը՝ իբրև վճար աթոռական պարտուց: Եթե կանխավ միանաք, ամեն ինչ որոշեք և տանելիքներդ հաշվեք, կտեսնեք իր հեշտությամբ Աթոռի պարտքը կվճարվի և կաթողիկոսն էլ կազատվի կապանքից:

Ժողովականները մի քիչ ժամանակ թեր և դեմ խոսելուց հետո համաձայնվեցան տեր-Անդրեասի հետ և ցրվեցան իրենց տները:

## Զ

Քիչ ժամանակից հետ տեր-Անդրեասը նստած յուր առանձնարանում քրքրում էր հին ու նոր ցուցակներ, որոնց նա կազմել էր զանազան ժամանակներում և զանազան պետքերի համար: Այդ ցուցակներից նա հանում էր Ագուլիսում և նրա Դաշտ կոչված գյուղամասում ապրող զանազան ընտանյաց և նրանց երեխայոց անունները, յուրաքանչյուրի առաջ նշանակելով տղայոց տարիքը և այլ որպիսությունները:

Ճրագույի մոմը, որ հազիվ էր փոքրիկ սենյակը լուսավորում, յուր աղոտ լույսը սփռելով երիտասարդ քահանայի վրա՝ երևան էր հանում նրա լայն ճակատը, որ այդ վայրկյանին ծածկվել էր կնճիռներով, խաժակն աչքերը, որոնք արտահայտում էին լուրջ մտահոգություն, և գեղեցիկ դեմքը, որ համակված էր անուշ տխրությամբ: Նա երբեմն դադարում էր գրելուց և գլուխը ափի մեջ առնելով՝ սկսում էր մտածել: Եվ այդ ժամանակ նա հոգվով սլանում էր հեռու, թևապարում այն ընտանիքների շուրջը, որոնք ունեին զավակներ, մատղաշ աղջկունք, կայտառ տղաներ, և որոնց, գուցե, շուտով պիտի վիճակվեր կորցնել այդ սիրելիներից մի քանիսին, կորցնել հոգվով ու մարմնով... ի՞նչ պիտի լիներ այնուհետև այդ ծնողների վիճակը, ինչո՞վ կարելի էր մխիթարել նրանց: Մեռնողի համար սովորական էր ասել թե՝ «գնաց հավիտենական կյանքը ժառանգելու», իսկ այդպիսիների համար ինչ կարելի էր ասել: — Ահա այս մասին էր մտածում տեր-Անդրեասը:

Խուցի դուռը հուշիկ բացվեցավ և կիսամութի մեջ երևաց մի նորատի կնոջ պատկեր: Դա Վարդենի տիրուհին էր: Մի վայրկյան նա մնաց լուռ և նայում էր քահանայի մտազբաղ պարապմունքին: Ապա նուրբ, ախորժալուր ձայնով հարցրեց.

— Դեռ երկա՞ր պիտի պարապես:

Երեցը գլուխը բարձրացրեց և նայելով նորատի կնոջը քաղցր ժպտաց: Այդ ժպիտը նման էր արևի այն շողերին, որոնք ձմեռվա սառնամանիքի ժամանակ, թանձր ամպերը ճեղքելով՝ լուսավորում են մռայլ ժայռի դեմքը մի քանի վայրկյան: Միրուն կնոջ ձայնն ու ներկայությունը ցրեցին արդարև երիտասարդ քահանայի թախիծը, բայց այդ՝ քիչ միջոցի համար միայն: Որովհետև, հենց որ սիրելի պատկերը հեռանար, նա դարձյալ պիտի խորասուզվեր յուր տխրության մեջ:

— Շատ գործ չէ մնում, — ասաց քահանան, — եթե ընթրիքը պատրաստ է, ես իսկույն կգամ:

— Մի՛ շտապիր, վերջացրու, մենք կարող ենք սպասել, — ասաց նորատի կինը քնքշությամբ և մոտենալով քահանային՝ սկսավ դիտել նրա աշխատանքը:

Ճրագի լույսը ընկավ տիկնոջ վրա և երևան հանեց նրա պատկերի բոլոր գեղեցկությունը: Նա հազիվ տասնևութը անցրած, նրբակազմ ու գեղահասակ մի կին էր: Ագուլեցվոց հին տարազը, որով նա հագնված էր, քիչ բան էր պակասեցնում նրա գեղեցկությունից: Չնայելով որ նրա գլուխը ծրարում էին զանազան պատառներ և գույնզգույն շղարշներ, ճակատի վրա ծանրանում մի քանի կարգ ոսկեդրամ և պարանոցը պլստում արծաթյա ծանր ճարմանդներ, այսուամենայնիվ, դեմքի այն բաժինը, որ ազատ էր ոսկեկար ճակտակապից, արծաթեզր երեսնոցից և սպիտակ քիթկալից, ամփոփում էր յուր մեջ նրա գեղեցկության էական մասերը. — նուրբ, կամարակապ հոնքերի տակ շողում էին նրա սևորակ աչերը՝ իբրև զույգ հրավառ աստղեր, կյանքով ու կրակով լի և կարող՝ գրավելու ամենաանտարբեր սրտերը: Քնքուշ այտերի վրա տակավին շիկնում էր վարդը, որ նշան էր նրա հոգեկան ու մարմնական քաջողջության. իսկ նռան կարմիր շուրթերից կաթում էր շնորհք ու ժպիտ՝ հայտարար նրա պարկեշտության: Նա հագած էր կերպասե երկար շապիկ, որ իջնում էր մինչև ոտքերը, ապա կարճ բաճկոնակ՝անջատ փեշերով և կոճկած թևերով, նույնանման մինթան, որ կարած էր թավշից և ուներ երկար ու կախ թևեր՝ եզերված արծաթյա բազմաթիվ կոճակներով: Այդ ամենի վրայից՝ նրա փափուկ իրանը սեղմում էր արծաթյա ծակոտկեն կամար, որ առհասարակ կապում էին երիտասարդուհիները, ըստ որում ավելի տարիքով կանայք դրա փոխարեն գործ էին ածում երկար, ասվյա գոտի:

Տիրուհին լուռ և ժպտադեմ կանգ առավ ամուսնու առաջ, որ ծալապատիկ նստած էր օթոցի վրա և դեպի փոքրիկ սեղանակը կորացած՝ մերթ գրում և մերթ թերթում էր ցուցակները:

Շուտով երեցը ավարտեց գործը և վեր կացավ տեղից:

— Ի՞նչ ժողով էր դպրոցատանը, ինչո՞ւ էր խոջա-Անձրևը եկել, — հարցրեց տիրուհին, երբ երեցը կամեցավ ընկերանալ իրեն:

— Ոչինչ... շահը պիտի գա Ագուլիս, խոսում էինք թե՝ ինչ ընդունելություն պատրաստենք նրա համար:

— Այդքա՞ն միայն:

— Այո, ուրիշ էլ ի՞նչ պիտի լիներ:

— Ի՞նչ գիտեմ, չէ՞ որ ամեն օր մի տխուր նորություն է հայտնվում:

— Չէ, ուրիշ նորություն չկա — ապահովեցրեց տիրուհուն երեցը, չկամենալով անհանգստացնել նրա քնքուշ սիրտը:

— Երևի շահի հետ այն հրեշն էլ կգա, այնպես չէ՞, — հարցրեց տիրուհին երկյուղով:

— Ո՞ր հրեշը:

— Շահռուխ-բեկը:

Այս անունը արտասանելուց տիրուհու շրթունքները դողացին:

Տեր-Անդրեասը նույնպես խռովվեցավ, բայց նա աշխատեց թաքցնել յուր հուզմունքը:

— Թող գա, մեզ ի՞նչ փույթ. Շահռուխ-բեկի պես շատերը կլինեն նրա հետ:

Տիրուհին ոչինչ չպատասխանեց, կարծես ինքն էլ յուր կողմից խնայելով ամուսնուն, և ճանապարհ տվավ որ վերջինս հառաջե: Մյուս սենյակի մեջ երեցի ծնողները սպասում էին որդուն ու հարսին: Երբ սրանք եկան, իրենք սեղան նստան:

Տեր-հայրը սեղանն օրհնեց և ընտանիքի չորս անդամները սկսան լուռ ու մունջ իրենց ընթրիքը վայելել:

Հետևյալ առավոտ հազիվ տախտակե կոչնակը հնչեց, տեր-Անդրեասը վեր թռավ տեղից և սկսավ հագնվել: Բայց որքան մեծ եղավ նրա զարմանքը՝ երբ տեսավ թե՝ տիրուհին իրենից առաջ հագնված շտապում է արդեն եկեղեցի:

— Ի՞նչ է պատահել, Վարդենի, ինչու այսպես վաղ ես պատրաստվել, — հարցրեց նա ամուսնուն:

— Վատ երազ տեսա, տերտեր, շտապում եմ մոմ վառելու, — պատասխանեց տիրուհին:

— Ի՞նչ ես տեսել, հարցրեց քահանան:

— Ժամից հետո կասեմ, հիմա չեմ կարող... — ասաց տիրուհին և սպիտակ շղարշը վրան առնելով՝ դիմեց դեպի եկեղեցի:

Մտնելով տաճարը, որ տակավին մի կանթեղով էր լուսավորված, նա ծունկ խոնարհեց մերկ հատակի վրա, ս. Աստվածածնի պատկերի առաջ և սկսավ ջերմեռանդությամբ աղոթել: Նա աղաչում էր Միածնի Մորը և յուր երազը ի բարին կատարե, և հեռացնե յուր տան վրայից՝ սպառնացող չարիքը: Նրա սրտաբուխ աղոթքներին միանում էին և արտասվաց կայլակներ լուսալիր աչքերից:

Աղոթքն ավարտելուց հետո նա գնաց, վերցրեց ժամկոչից երկու հատ դեղնամոմ և մոտենալով ձիթալիր կանթեղին, լույս առավ նրանից, ապա երկու մոմերն էլ վառելով՝ բերավ ու տնկեց ս. Աստվածածնի պատկերի առաջ: Երբ ժամկոչը սկսավ եկեղեցին լուսավորել, ներս մտավ տեր-Անդրեասը: Նրան հետևեցին տեր-Սարգիսն ու տեր-Հովսեփը: Վերջինս սկսավ ժամն օրհնել, իսկ մյուսները սկիզբն արին ժամերգության: Ժողովուրդը հետզհետե խռնվելով լցրեց եկեղեցին:

Այդ ժամանակ արդեն տեր-Անդրեասը մոռացել էր տիրուհու երազը: Երբ ժամերգությունն ավարտեցին՝ նա դուրս եկավ եկեղեցուց՝ ուղղակի գեղամեջ գնալու համար... որովհետև այդ օրը շատ գործ ուներ կատարելու, բայց որովհետև պատրաստած թղթերը թողել էր տանը, ուստի ներս մտավ վերցնելու:

— Յուր խուցի մեջ նա տեսավ Վարդենուն՝ կանգնած լուռ ու մտամոլոր: Իսկույն հիշեց նրա երազը և ժպտալով հարցրեց.

— Հա. դու էլի քո երազի՞ մասին ես մտածում:

— Այո, — պատասխանեց տիրուհին:

— Դեհ, պատմիր այժմ ինձ, ի՞նչ ես տեսել:

— Օ՛, սարսափելի բան, երկյուղից սիրտս պատռվում է:

— Է՛, լավ, պատմիր որ իմանանք:

— Վախենում եմ... շատ եմ վախենում, իմ երազները կատարվում են միշտ... հիշո՞ւմ ես, մի անգամ էլ այսպիսի երազ տեսա և կատարվեց:

— Ե՞րբ:

— Մի՞թե մոռացել ես: Չէ որ մի օր երազումս տեսա որ Շահխուռ-բեկը հափշտակում էր ինձ և դու ազատում էիր... այդպես էլ հո եղա՞վ...

— Այո. այդ դեպքը անկարելի է մոռանալ. բայց այժմ այդ չես տեսել:

— Ա՞յժմ... Ախ, սուրբ Աստվածածին, դու չարը խափանես և բարին առաջնորդես...բացականչեց Վարդենին՝ գեղեցիկ աչերը դեպի երկինք ուղղելով:

— Պատմիր, աստուծով ամեն ինչ լավ կանցնի, — սիրտ տվավ երեցը:

— Ո՞ւր էր թե աստված քո արդար խոսքը լսեր... Երազումս տեսնում էի, — սկսավ պատմել տիրուհին, — որ Շահաբասը եկել հասել է Ագուլիս և ժողովուրդը դիմավորում է նրան, դու էլ, եկեղեցական դասի հետ, առաջնորդում էիր ժողովրդին: Ես մնացել էի տանը՝ նանի հետ: Հանկարծ ժամկոչը սկսավ կոչնակը զարկել և գոռալ «փախեք, Շահռուխ — բեկը գալիս է»: Ես շտապեցի նանին ծածկել, ապա ինքս էլ փախչում էի մի պահարան մտնելու: Հանկարծ ներս մտավ Շահռուխը և հետևիցս վազելով գոչեց. «Ո՞ւր ես փախչում, Վարդենի, Անդրեասն այն ժամանակ խլեց քեզ ինձանից, բայց այժմ չէ կարող...»: Այս ասելով՝ նա վրա է հասնում, բռնում ինձ և գլխիս ոսկե սարքը պոկելով՝ փախչում է... Ես դուրս եմ գալիս աղաղակելու, օգնություն կանչելու, բայց տեսնում եմ որ մարդ չկա բակում, միայն դռան առաջ կանգնած էր ֆրանկների կարգապետ Մատթեոս Երազմոսը, որ ծիծաղում էր ինձ հասած այս դժբախտության վրա...:

— Ա՞յդ է բոլորը, հարցրեց երեցը ժպտալով:

— Այո, մի՞թե այս քիչ է:

— Էհ, այդ կնշանակե թե Շահռուխ-բեկը մի քիչ դրամ է կորզելու մեզանից, գլուխը քար. թող տանե, ինչ ուզում է. մի՞թե դրա համար արժե տխրել:

— Չէ, տերտեր, սխալվում ես, կնոջ գլխի զարդը յուր ամուսինն է... նա իմ գլխի զարդը պոկեց... ես վախենում եմ, — ասաց տիրուհին և նրա շրթունքները կրկին դողացին:

— Անհոգ եղիր, իմ սիրուն Վարդենի, այդպիսի բան չի պատահիլ. և վերջապես նրանք ի՞նչ ունեն ինձ հետ. մի՞թե իմ անձը նվեր պիտի տանեն շահին, — հանգստացրեց երեցը տիրուհուն և յուր թղթերը առնելով՝ դուրս գնաց տանից:

## Է

Ո՞վ էր Շահռուխ-բեկը և ի՞նչ ուներ տեր-Անդրեասի անարատ ընտանիքի հետ:

Այս հարցին պատասխանելու համար մենք մի քանի տարով դեպի անցյալը պիտի դառնանք:

Երբ երիտասարդ Անդրեասը Սյունյաց անապատում յուր դպրությունն ավարտելով՝ ուսուցիչ կարգվեցավ Ագուլյաց դպրոցում, այդ ժամանակ Շահռուխ-բեկը, որ բնիկ ագուլեցի էր. վերակացու էր նշանակված հայրենի գյուղաքաղաքի վրա: Իբրև զտարյուն պարսիկ, նա ոչ միայն շահամոլ, այլև վավաշոտ մարդ էր, այդ պատճառով և կեղեքում էր տեղացի հայերին ոչ միայն նյութապես, այլև բարոյապես: Վերջին տեսակի ամբարշտությունը նա երբեմն հասցնում էր մինչև այնտեղ, որ հափշտակում էր հայոց ընտանիքներից գեղեցկուհիներ, պատճառ բերելով թե՝ հրաման ունի Սպահանից կանայք հայթայթելու շահի հարեմի համար: Այդ հափշտակությունները թեպետ միշտ չէին հաջողվում, որովհետև զորավոր պաշտպան ունեցողները դիմադրում էին նրան, բայց և այնպես շատ անպաշտպաններ էլ զոհ էին դառնում հրեշ վերակացուի կրքերին:

Ահա այսպիսի մի դեպքի առթիվ էր որ Անդրեասը ընդհարումն ունեցավ Շահռուխի հետ մի քանի տարի առաջ:

Հազիվ մի երկու ամիս էր ինչ երիտասարդ սարկավագը Ագուլիս գալով՝ ստանձնել էր ուսուցչական պաշտոնը: Մի օր նա դիպվածով տեսավ Խցաձորի եկեղեցու հանդեպ ապրող մի այրիի աղջկան, որ պարտիզում նստած ասեղնագործում էր: Դա մի նորատի և չքնաղ գեղեցկուհիի էր, որ առաջին վայրկյանից իսկ երիտասարդի ուշադրությունը գրավեց: Նուրբ շղարշի տակից գողունի նայող նրա աչքերը, որոնք փայլում էին հեռվից ինչպես զույգ աստղեր, տղայի սիրտը, կարծես շղթայեցին, ցանկապատի վրա: Երիտասարդը որքան էլ պարկեշտ ու սիրասուն, այսուամենայնիվ անկարող եղավ իրեն ուղղված հրեշտակային հայացքը ձգել ու անցնել: Չէ որ բնությունը ունի գաղտնի ուժեր, որոնք հաղթահարում են հաճախ մարդկային օրինաց խստությունները: Սարկավագը կանգ առավ այդտեղ մի քանի վայրկյան և սկսավ դիտել այդ հազիվ տասննհինգ գարուն անցուցած գեղեցկուհուն: Եվ ահա այդ վայրկյաններն էլ բավական եղան որ սիրո թաքուն հուրը բոցավառվեր նրա սրտում: Երբ երիտասարդը հեռացավ ցանկապատից, սիրո նետն արդեն մեխվել էր տղի սրտում:

Այնուհետև սարկավագը հաճախ անցնում էր պարտիզի մոտով՝ որպեսզի հեռվից գոնե տեսնե գեղանի դրացուհուն, որ յուր հոգեկան աշխարհի մեջ այնպիսի մի անծանոթ, բայց կարի հաճոյական հեղաշրջումն էր առաջ բերել: Մանկամարդ աղջիկը նույնպես անտարբեր չէր. նա ավելի վաղ էր գրավվել գեղեցիկ երիտասարդով: Բայց այս հանգամանքը անհայտ էր Անդրեասին, ինչպես և այրի մորը, որ անքուն աչքերով հսկում էր յուր աղջկա վրա և հավատացած էր թե՝ նրա սիրտը երբեք չի գրավվիլ առանց յուր հրամանին...:

Մի օր, երբ սարկավագը, ըստ սովորականին, անցնում էր դրացու տան մոտով, տեսավ որ նրա բակում կանգնած են զրահավորված ֆարրաշներ: Իսկույն մի կասկած պաշարեց նրա սիրտը և նա շտապով տան բակը մտավ՝ իմանալու համար թե՝ ի՞նչ ունին դրանք այդտեղ:

Հազիվ երիտասարդը հասավ զինվորներին և ահա տան միջից լսեց կանացի ճիչ ու աղաղակ: Առանց այլևս ֆարրաշների վրա ուշ դարձնելու, նա վազելով ներս ընկավ տուն:

Որքան մեծ եղավ երիտասարդի զարմանքն ու սարսափը, երբ նա տեսավ այդտեղ Շահռուխ-բեկին, որ երկու ֆարրաշների հետ միասին այրիի տունը մտած՝ կամենում էր նրա գեղանի դուստրը հափշտակել:

Սենյակի մի անկյունում օրիորդը կծկված՝ դողդողում էր երկյուղից: Նրա վարդ գույնը թռել և շրթունքները դալկացել էին: Գեղանի աչքերը, որոնք յուր սրտի խաղաղ ժամանակ կրակ էին ցայտում, այժմ մթագնել, սառել էին, նրա հայացքն արտահայտում էր անհուն սարսափ: Իսկ խեղճ մայրը ձեռքերն աջ ու ձախ պարզելով, շարունակ ճչալով և օգնություն գոչելով՝ պաշտպանում էր աղջկան ինչպես մի անզոր բազե, որ թևատարած ու սպառնալից աչքերով պատսպարում էր յուր ձագը դաժան արծվի մագիլներից...

— Ի՞նչ է պատահել այստեղ,— գոչեց սարկավագը, որ յուր առաջ բացված տեսարանից ամեն ինչ գուշակել էր:

— Ամա՛ն, վարժապետ, աղջիկս ազատիր... Վարդենիս փրկիր, — աղիողորմ ձայնով գոչեց այրիս ձեռքերը դեպի սարկավագը տարածելով:

Ի՞նչ են կամենում սրանք ձեզանից, — հարցրեց երիտասարդը, ապա սպառնալից աչքերը չորս կողմը հածելով:

— Վարդենիս... Վարդենիս կամենում են խլել, — մրմնջաց այրին:

— Ոչ ոք չի համարձակվիլ, — գոչեց երիտասարդը այնպիսի մի ձայնով, որ արտահայտում էր թե զայրույթ և թե կատաղություն, ապա դառնալով Շահռուխ-բեկին, որ նայում էր իրեն վայրենի հայացքով, հարցրեց,— ինչ ես կամենամ այս կնոջից, բեկ:

— Քեզ ինչ, ո՞վ ես դու. ինչպես ես համարձակվում մտնել այստեղ և խառնվել տերունական գործերին, — գոռաց բեկը զայրագին:

— Տերության անունը մի հիշիր, դրանով չես վախեցնիլ ինձ. այլ ասա ուղղակի՝ ի՞նչ պահանջ ունիս այս կնոջից:

— Դուրս հանեցեք այդ թշվառականին, — գոռաց բեկը դեպի ֆարրաշները:

Նրանք մոտեցան սարկավագին:

Վերջինս, որ մտել էր այնտեղ բոլորովին անզեն, նայեց յուր շուրջը՝ տեսնելու համար թե՝ ինչ կարող է ձեռք բերել իրեն պաշտպանելու համար: Սենյակում ոչինչ չկար: Միայն նրա մի անկյունում կանգնած էր փոքրիկ ոստայն, որի վրա գտնվում էր կիսագործ գորգ: Երիտասարդը վազեց դեպի ոստայնը և անսպասելի մի ուժով, որ կարծես այդ րոպեին ստացավ, խլեց ոստայնի սեպերը և ամրացած ձողը հանելով և նրանով զինված՝ ահավոր ձայնով որոտաց.

— Օ՛ն ուրեմն, մոտեցեք ձեր ուժը փորձելու համար: Ֆարրաշները սրերը մերկացնելով՝ դիմեցին դեպի երիտասարդը:

Սարկավագը, որ Սյունյաց անապատում հոգևոր զինվորության վարժվելով հանդերձ՝ չէր մոռացել նաև մարմնական զենքով կռվելու արհեստը, այդ վայրկենին այնպիսի մի զորություն ստացավ, որ նրան թվաց թե՝ չի պիտի հաղթահարվի՝ եթե ֆարրաշների հետ միասին դրսի զինվորներն էլ հարձակվեն յուր դեմ: Այն միտքը, թե սիրած աղջկա ազատությանն են սպառնում պարսիկները, նրա սիրտը լցրեց քաջությամբ և բազուկները դարձրեց անպարտելի:

Նա մոլեգնորեն կատաղությամբ հարձակվեցավ յուր դեմ խիզախող ֆարրաշների վրա և շեշտակի մի հարվածով դուրս թռցրեց նրանցից մեկի ձեռքից սուրը և խոյացավ երկրորդի վրա:

Վերջինս սարկավագի արյունռուշտ աչքերը տեսնելով մի քայլ ետ քաշվեցավ և սպասում էր բեկի նոր հրամանին: Բայց սուսերազուրկ զինվորը դուրս թռավ բակը՝ այդտեղ սպասող զինվորներին օգնության կանչելու:

Սակայն Շահռուխը, որ չէր կամենում բռնաբարման ձև տալ յուր գազանային վարմունքին, թույլ չտվավ նորեկներին հարձակվել երիտասարդի վրա, միայն զայրացած ասաց.

— Այս աղջկա համար վաղուց գրված է շահին և սա պիտի նրա հարեմը գնա: Ես մտել եմ այստեղ շահի հրամանով և դու, որ խանգարում ես ինձ, գիտցիր որ դիմադրում ես շահին իրեն: Խելքդ գլուխդ ժողովիր և դուրս գնա, ապա թե ոչ կհրամայեմ որ հենց այս րոպեին գլուխդ թռցնեն:

— Իմ գլուխը չի թռչիլ մինչև որ քոնը իմ ոտքերի տակ չլինի, — գոռաց երիտասարդը համարձակորեն. Շահաբասը արդար թագավոր է. նա չի ընկերանալ հափշտակիչներին ու առևանգողներին, դադարիր նրա անունով խոսելուց և դուրս գնա այստեղից քանի սեփական ոտքերով կարող ես քայլել:

Սարկավագի անժույժ սպառնալիքը ծանր հարված պիտի բերեր յուր գլխին, եթե այդ վայրկենին ներս չխուժեին Խցաձորի բնակիչները:

Վարդենիի մայրը, որ մի վայրկյան սարկավագի պաշտպանության հանձնելով դուստրը՝ խույս էր տվել սենյակից և դուրս գալով փողոց՝ սկսել էր աղաղակել և օգնություն կանչել, բոլոր թաղը համարյա ոտի հանեց մի րոպեում: Այրիի մոտ վազեցին թաղի երիտասարդները, առաջավոր մարդիկ, հասակավոր կանայք և, մինչև անգամ, Խցաձորի քահանաները: Տուն մտնելով՝ նրանք հուզված ու վրդովված շրջապատեցին առևանգողներին:

— Ինչո՞ւ եք հավաքվել, ի՞նչ եք կամենում... հարցրեց բեկը զայրագին և հրամայեց զինվորներին դուրս հանել ամբոխը:

Բայց սարկավագը, որ վերջինի ներս խուժելուց ավելի էր սիրտ առել, նորեն սկսավ խոսել.

— Այս մարդիկ, բեկ, ներս են մտել իրենց հավատակցի և բարեկամի տունը և այս առաջին անգամը չէ, նրանք սովոր են այստեղ հաճախել: Բայց դո՞ւ ինչ ունես այս տան մեջ, այն ասա մեզ:

— Ես քեզ արդեն ասացի, թշվառական — ընդհատեց Շահռուխը:

— Ասացիր, այո, բայց կամենում եմ որ նույնը կրկնես նաև այս ժողովրդի առաջ, կամենում եմ որ նրանք էլ լսեն քո բերանից թե՝ Շահռուխ-բեկը, Ամիրգյունե խանից Ագուլիսի վրա կարգված վեքիլը, որ պետք է հովանավոր ու պաշտպան հանդիսանա յուր խնամքին հանձնված ժողովրդին, հարձակվել է այս տան վրա, իբրև ավազակ, նրա միակ հարստությունը հափշտակելու համար...:

— Գարշելի անհավատ... դու համարձակվում ես ավազակ անվանել ի՞նձ...— գոռաց Շահռուխ-բեկը և սուրը հանելով խոյացավ դեպի սարկավագը: Բայց մի քանի հուժկու բազուկներ բռնեցին նրան իսկույն և ամբոխի զայրացած գոչյունը ամբողջ տունը թնդացրեց:

— Դո՛ւրս, դո՛ւրս հանեցեք այդ ավազակներին, այդ անհավատ շներին... մի՛ վախենաք, տղերք, խփեցե՛ք, ջարդեցե՛ք... գոռում, գոչում էին ամբոխի մարդիկ և բռունցքներն ու բազուկները շարժում օդի մեջ:

Շահռուխ-բեկը, որ բարկությունից գրեթե կատաղել էր, հրաման արավ յուր մարդկանց՝ գնալ, սարվազներ կանչել՝ հանդուգն հայերին կոտորելու համար:

Բայց ծերունի տեր-Հովսեփը, որ ներս մտնող քահանաներից մինն էր, մոտեցավ բեկին և խաղաղ ու ամոքիչ խոսքերով խնդրեց նրան հեռանալ, որպեսզի ամբոխն ավելի ևս չգրգռվի:

— Ժողովուրդը, բեկ, նման է ծովի, որի խաղաղ ժամանակ կարող ես վրան նավարկել, որքան կամենաս. բայց երբ նա հուզվեց ու խռովվեցավ, ամենից զորեղ նավերն էլ կարող է խորտակել...

զգույշ նավապետը չպետք է յուր նավը ալիքներին մատնե, այդ օգուտ չի բերիլ իրեն, — ասաց տեր-Հովսեփը և Շահռուխի ձեռքից բռնելով առաջնորդեց նրան դեպի տան դուռը:

Բեկը, որ արդեն չափել էր հակառակորդների ուժը, ավելի չդիմադրեց: Իբրև խորամանկ պարսիկ, նա օգուտ քաղեց քահանայի միջամտությունից՝ պատվով նահանջ տալու համար:

— Քեշիշ, ես պատիվ եմ անում քո սպիտակ մորուքին և հեռանում. բայց իմացիր որ շահի հրամանը անկատար չի մնալ: Այդ աղջիկը ես սարվազներով դուրս կհանեմ այս տանից և տաս օր չանցած նա Սպահանում կլինի... — սպառնաց Շահռուխ-բեկը և յուր մարդիկներով դուրս գնաց այրիի տանից:

— Կտեսնենք, կտեսնենք, — գոռացին բեկի հետևից անժույժ երիտասարդները և սարկավագին իրենց գլուխ ունենալով սկսան սիրտ տալ ու խրախուսել հուսահատ այրիին և ահաբեկ աղջկանը:

— «Մենք պետք է մեռած լինինք որ այդ շները կարողանան Վարդենիի մի մազը պոկել», ասում էին նրանք:

Եվ այդ խոսքերը անկեղծ էին: Բայց եթե Շահռուխ-բեկը գործին այն կերպարանքը տար, որ իբր թե՝ ինքը կամենում է եղել այդ աղջկան վերցնել շահի համար և իրեն խանգարել են, և եթե նա՝ դեպքից օգտվելով՝ մի քանի բարուրանքներ էլ բարդեր ագուլեցիների, կամ նույնիսկ սարկավագի վրա, թե իբր դրանք իրենց վարմունքով կամեցել են ոչ թե աղջկան ազատել, այլ միայն շահին անպատվել, հարկավ, գործը ծանր կերպարանք կառներ և աղետալի հետևանքներ կունենար:

Անդրեաս սարկավագը, որ հեռատես ու շրջահայաց էր, այրիի դստեր ազատությունը ձեռք բերելուց հետո մտածեց նաև այդ դեպքից առաջ գալիք հետևանքների վրա և շտապեց վտանգի առաջն առնել:

Նա մի խումբ երիտասարդների հանձնեց հսկել այրիի տան ու նրա դստեր պահպանությանը գիշեր և ցերեկ, վախենալով թե՝ միգուցե Շահռուխ-բեկը հանկարծ հարձակվելով՝ դարձյալ հափշտակե օրիորդին, իսկ ինքը առնելով յուր հետ ծերունի տեր-Հովսեփին, դիմեց Երևան՝ Ամիրգյունե նախարարի օգնությունը հայցելու:

Ամիրգյունեն, որ լուրջ ու արդարասեր մարդ էր և բարեկամ լինելով Մելիքսեդեկ կաթողիկոսին՝ սիրում էր նաև նրա հոգևորականներին, համբությամբ լսեց սարկավագի և նրան ընկերացող քահանայի բողոքը, զայրույթ արտահայտեց Շահռուխ-բեկի անիրավ վարմունքի դեմ և օրիորդին ապագա հետապնդությունից ազատելու համար հետևյալն ասաց,

— Այս երկրում անիրավ բռնաբարությունից ազատ չէ ոչ ոք: Նույնիսկ ես, Ամիրգյունե խանս, որ անկախ կառավարիչ եմ ամբողջ Էրմենիստանի և Գյուրջիստանի, դարձյալ ստիպված եմ դավաճան մարդկանց զայրույթը չգրգռել, որովհետև նրանցից ամեն մինը հեշտությամբ կարող է մուտ գործել շահի արքունիքը, եթե ինձ մատնելու և դրանով շահին որևէ օգուտ ընձեռելու առիթ ունենա ձեռին... Այդ պատճառով իսկ խորհուրդ եմ տալիս ձեզ՝ վերադառնալ Ագուլիս և անմիջապես ամուսնացնել այդ աղջկան մի որևէ երիտասարդի հետ: Մեր մեջ ընդունված օրենքով՝ անկարելի է հափշտակել մի կին, որ օրինավոր ամուսին ունի: Հետևապես, ամուսնացնելով այդ աղջկան, դուք կպահովեք նրան նույնիսկ ապագա հետապնդությանց դեմ: Իսկ ինչ վերաբերում է Շահռուխ-բեկին, ես նրան արժանավոր հատուցումն կանեմ: Այս քանիերորդ անգամն է որ նա նմանօրինակ անիրավությամբ բռնանում է խեղճ ժողովրդի վրա: Պետք է վերջապես հասկացնել նրան թե՝ հոտի պահապան շունը իրավունք չունի պատառելու յուր պահպանության հանձնված ոչխարները...

Տեր-Հովսեփն ու սարկավագը սրտագին շնորհակալություն արին արդարասեր Ամիրգյունեին և ուրախությամբ վերադառնալով Ագուլիս, կատարեցին խանի պատվերը ճշտությամբ, որովհետև փեսացուն արդեն պատրաստ էր:

Երկու օրից հետո Խցաձորի սուրբ Հովհաննես եկեղեցում կատարվեցավ օրիորդ Վարդենիի և սարկավագ Անդրեասի պսակը: Իսկ դրանից մի օր հետո՝ հրաման հասավ Ամիրգյունե խանից, որով Շահռուխ-բեկը պաշտոնանկ էր լինում և նրա տեղը կարգվում էր վերակացու խանի մի ուրիշ հավատարիմը:

Այդպիսով Անդրեաս սարկավագի հաղթությունը կրկնակի էր դառնում, մին՝ որ ազատելով սիրած աղջկան՝ ամուսնանում էր հետը և մյուս՝ որ Ագուլիսից հեռացնում էր բռնավոր կառավարչին:

Սակայն վերջինս, իբրև քինախնդիր պարսիկ, չմոռացավ իրեն հասած անարգանքը: Նա թողեց իսկույն Ագուլիսը և հեռացավ դեպի Սպահան: Ամիրգյունեի հովանավորյալին պատժելու և այդպիսով իրենից խլված թե պաշտոնը և թե գեղեցկուհու վրեժը լուծելու տենչը ձեռներեցության կորով ներշնչեց նրան: Շահռուխը մուտ գործեց շահի արքունիքը իբրև հեռավոր Էրմենիստանի գործերին և նրա ժողովրդի ներքին կյանքին քաջածանոթ մարդ:

Եվ որովհետև շահը սովորություն ուներ շրջապատել իրեն յուր ընդարձակ երկրի այս ու այն կողմերը քաջ ճանաչող մարդիկներով, լինեին նրանք սրիկաներ թե ավազակներ՝ միևնույն է, նրանք հարկավորվում էին նրան ամեն ժամանակ, ուստի Շահռուխին էլ տեղ տվավ արքունիքում: Բայց հետո տեսնելով նրա մեջ նաև յուր թաքուն նպատակներին ծառայելու արտակարգ ընդունակություն, շնորհեց նրան սենեկապանի պաշտոն և շրջեցնում էր հետն ամեն տեղ:

Շահռուխ-բեկը հասել էր ուրեմն յուր նպատակին: Ամիրգյունեի խլած պաշտոնի փոխարեն, նա այժմ ստացել էր սենեկապանություն: Այդքանն, ըստ երևույթին, պիտի գոհացներ նրան: Բայց իրոք այդպես չեղավ: Քինախնդիր պարսիկը չէր մոռանում գեղանի հայուհուն, որին խլել էր իրենից Ագուլյաց դպրոցի ուսուցիչը, և այն՝ Ամիրգյունեի օգնությամբ: Պետք էր ուրեմն դեռ աշխատել՝ այդ զրկանքի վրեժը ևս լուծել:

Եվ ահա այս պատճառով, երբ երկու տարուց հետո Շահաբասը եկավ Հայաստան օսմանցիների հետ կռվելու, Շահռուխը որոշեց օգուտ քաղել հանգամանքից և իրագործել վաղուց ի վեր փայփայած յուր միտքը, եթե միայն թագավորը հաջողությամբ պսակեր յուր արշավանքը:

Այդպես էլ եղավ: Օսմանցիք խույս տվին Շահաբասի երեսից: Վերջինս այնուհետև պիտի վերադառնար Պարսկաստան: Բայց որովհետև, ինչպես պատմությանս առաջին գլխում ասացինք, սա յուր երկիրը դառնալուց առաջ կամենում էր, ըստ սովորության, մի երկու շաբաթ անցնել բարեկից Նախիջևանում, ուստի Ամիրգյունե խանը հարկ եղած կարգադրություններն արավ, որպեսզի հայերը արժանավոր ընդունելություն անեն շահին:

Սակայն Շահռուխ-բեկը փոխեց թագավորի միտքը:

— Հայոց իսկական զանձերն ամբարված են Ագուլիսում, — ասաց նա շահին, այդ գյուղաքաղաքը, որ քարավանի ճանապարհից հեռու գտնվելով՝ ծածկված է լեռնաձորում, ծառայում է հայերին իբր թաքստյան անկյուն: Այդտեղ են ապրում թե հարուստ խոջաները, որոնց տները լիքն են թե կով ու արծաթով և թե հայոց գեղեցիկները, որոնք Էրմենիստանի փառքն են համարվում: Եթե շահը հաճի յուր հանգստյան օրերը անել այդ քաղաքում, նա կտեսնե թե՝ որքան բարիքներ կան այդ խորշում ծածկված և թե հայերը, որոնք, իբր թե միշտ արժանավոր ընծաներով են դիմավորում արեգակնափայլ շահին, դեռ որքան շատ բան են թաքցնում նրա հզոր աչքերից:

Այսքանը բավական էր, որ ագահ և ցանկասեր շահի հետաքրքրությունը գրգռվեր: Նա հրաման արավ իսկույն օթևան պատրաստել յուր համար Ագուլիսում: Եվ Ամիրգյունեն, ինչպես հիշեցինք, սուրհանդակներ ուղարկեց Սիսականի ամեն կողմերը՝ Շահի այդ նոր հրամանը հայոց երևելիներին հայտնելու համար:

Այժմ դառնանք մեր պատմությանը:

## Ը

Օրը տարաժամել էր, երբ տեր-Անդրեասը յուր այցելություններն ավարտելով վերադարձավ տուն: Նա ամբողջ օրը ոտքով շրջել էր Ագուլիսի ու Դաշտի բոլոր թաղերը և այցելել այն ընտանիքներին, որոնց անունները մի օր առաջ նշանակել էր յուր ցուցակում: Հայտնելով ամենքին շահի դիտավորությունը, նա պատվիրել էր նրանց հեռացնել անմիջապես գեղեցիկ երեխաներին, հարսնացու աղջկերանց և թաքցնել հարևան գյուղերում կամ այնպիսի տեղեր, ուր շահի հետամուտների աչքը չկարողանա թափանցել:

Թեպետ սաստիկ ցուրտն ու Ագուլյաց ձորի քամին իրենց ազդեցությունն արել էին երիտասարդ քահանայի վրա՝ սառեցնելով նրա մարմինն և ոտքերը ընդարմացնելով, այսուամենայնիվ, տեր-հայրը տուն մտավ ուրախ սրտով և ժպիտը երեսին: Այն միտքը՝ թե նա հաջողել է արդեն վտանգի առաջն առնել և այդպիսով հարյուրավոր մանուկներ անխուսափելի կորստից ազատել, նրա հոգին լցրել էր անպատում ցնծությամբ: Նա շտապեց այդ ուրախության մասնակից անել նաև յուր ընտանիքին: Նստելով կրակարանի առաջ, ուր մանկամարդ տիրուհին մեծ կրակ էր բորբոքել, տեր-հայրն սկսավ պատմել այդ ավուր մեջ կատարած յուր գործերի մանրամասնությունը, այն է՝ թվել այն ընտանիքները, որոնց այցելել էր, կրկնել այն զրույցները, որ ունեցել էր ծնողների հետ, կամ այն խորհուրդները, որ տվել էր նրանց: Նա նկարագրում էր թե՝ ի՞նչ սարսափ էր պատել ագուլեցիներին՝ «մանկաժողովի» մասին տարածած լուրը լսելուց հետ և թե ինքը ի՞նչ ուրախություն էր պատճառում հուսահատ ծնողներին՝ վտանգի առաջն առնելու ճանապարհը սովորեցնելով նրանց:

Երիտասարդ քահանայի ծնողները, որոնք հասարակաց բախտով նույնչափ էին հետաքրքրվում, որչափ և իրենց որդին, ուրախանում էին նրա խելոք կարգադրությունները լսելով և առ այդ հայտնում էին իրենց գոհունակությունը: Իսկ Վարդենի տիրուհին, որ ժամանակի սովորության համաձայն անխոս էր սկեսրայրից և, հետևապես , չէր մասնակցում խոսակցության, շատանում էր միայն յուր սրտում հրճվելով՝ որ ամուսնու արիության շնորհիվ սպառնացող վտանգը վերանում էր արդեն: Սակայն զրույցի վերջում, նա նշանացի հարցրեց երեցին թե՝ ի՛նչ կարգազրություն է արել արդյոք դպրոցի աշակերտների համար:

— Նրանց մասին էլ հարկ եղածը որոշել եմ արդեն, — պատասխանեց երեցը. մեր վաթսուն աշակերտների մի մասը տգեղներ են, որոնց շահի մարդիկը, հարկավ, չեն վերցնիլ. բայց գեղեցիկներին կուղարկենք Ցղնա, խոջաԱնձրնի կինը հիսուն հոգու տեղ է պատրաստել այնտեղ, մեր աշակերտները մենք կարող ենք վստահանալ նրան:

Հազիվ երեցը յուր խոսքը ավարտեց ևահա եկեղեցու պարսպի դուռը բախեցին:

— Ո՞վ է այս ժամին այցելում մեզ, — հարցրեց ինքնիրեն տեր-հայրը և դուրս եկավ պատշգամբ:

Ծերունի ժամկոչը շտապել էր արդեն դուռը բանալ: Եկողը սուրբ Թովմաս վանքի ծառաներից մինն էր, որ հայտնեց քահանային թե՝ առաջնորդ հայր-սուրբը կանչում է իրեն:

— Ի՞նչ կա, — հարցրեց երեցը հետաքրքրությամբ:

— Չգիտեմ... ասում էին թե իբր խանից հրաման է եկել, նրա մասին պիտի խոսեն... ուրիշ քահանաներ էլ կան մեզ մոտ. — պատասխանեց ծառան:

Տեր հայրը ներս մտավ իսկույն և թեպետ դեռ հոգնած, այսուամենայնիվ, հագավ յուր նոր պարեգոտը, փոխեց հին գլխարկը և ձեռնափայտն առնելով դուրս եկավ տանից:

Վանքի ծառան, որ ձեռքին կրում էր մոմաշորի երկար, խողովակաձև լապտեր, առաջ անցավ տեր-հոր ճանապարհը լուսավորելու համար:

Որովհետև Խցաձորից մինչև ս. Թովմասի վանքը բավական երկար ճանապարհ էր և նրանք գրեթե ավանի մի ծայրից մինչև մյուսը պիտի անցնեին, ուստի տեր-հայրը յուր ընթացքն արագացրեց: Նա կամենում էր վայրկյան առաջ հասնել առաջնորդի մոտ և իմանալ, թե՝ խանի հրամանը ինչ նոր գույժ է բերել իրենց, որովհետև բարի լուրի չէր սպասում բնավ: Բայց ճանապարհը սահուն էր և սառցապատ: Տեր-հայրը շարունակ սայթաքում էր, երկաթագամ քոշերը հազիվ էին նրա ոտքերը գետնի վրա բռնում: Մինչև անգամ շուկայից անցնելու ժամանակ երեցը սահելով՝ նստեց ճանապարհի մեջտեղում. իսկ գետաձորը իջնելու միջոցին՝ քիչ էր մնում գլորվեր լճացած ջրերի մեջ, որոնց վրա այդ ժամանակ դեռ կամուրջ չէր հաստատված: Տեր-հայրն այդ վայրկենին այն աստիճան էր զբաղված օրվա ծանր խնդրով, որ ուշադրություն չէր դարձնում ճանապարհի վատթարության վրա: Եվ եթե ծառայի զգուշությունը չլիներ, գուցե մի վտանգ էլ պատահեր նրան, որ մտազբաղ լինելուց ի զատ նաև հոգնած էր օրվա ծանր աշխատությունից:

Երբ նրանք հասան ս. Թովմասի կամրջին, պատահեցին մի երկու ուրիշ քահանաների, որոնք նույնպես գնում էին առաջնորդարան:

Տեր-Անդրեասը սիրով ողջունեց նրանց և երբ իմացավ որ նրանք էլ կանչված են հայր սուրբից, ինքնիրեն շշնջաց.

— «Փառք աստուծո որ գոնե այս տագնապի օրերում կենդանության նշույլ է ցույց տալիս...»:

Այդ խոսքերը վերաբերում էին առաջնորդ վարդապետին, որ կաթողիկոսի մտերիմներից էր և, առհասարակ, համակրություն չէր տածում դեպի Սյունյաց անապատի սաները: Ինչպես որ ինքը կաթողիկոսը թշնամաբար էր վարվում այդ անապատի առաջնորդների՝ օրինակ, Մովսես Սյունեցի, Պողոս Մոկացի և այլ սրանց նման վարդապետների հետ, այնպես էլ նրա մտերիմները հակակրում էին այս վերջինների աշակերտներին: Եվ այդ հակառակության միակ պատճառը նախանձն էր: Մելիքսեդեկյանները, որոնք, ընդհանրապես, հոգևոր իշխանության պաշտոնակալներ էին, չարակնում էին տեսնելով որ ժողովուրդը ավելի համակրում է Սյունյաց անապատի վարդապետներին և նրանց սաներին քան, իրենց, որ ամեն տեղ սյունեցիներին ընդունում են գրկաբաց և վարձատրում առատորեն, մինչդեռ, իրենք կանգուն էին մնում միայն վարած պաշտոնների շնորհիվ, իսկ այդ պաշտոններն սկսել էին արդեն կորցնել իրենց նշանակությունը այն օրից որ կաթողիկոսը շահի կալանավորն էր դարձել:

Բայց սյունեցիք, իհարկե, հանցավոր չէին այդ դեպքում ժողովուրդը ճանաչել էր նրանց արժանիքը, վայելել էր նրանց անձնվեր ծառայության բազմազան արդյունքները, հասու էր եղել այն ճշմարտությանը, թե Սյունյաց անապատի առաքյալները ապրում են միայն գործելու համար և գործում են իրոք ի շահ ժողովրդի: Մինչդեռ կաթողիկոսի պաշտոնակալները ծառայում էին վարձատրության համար և գործում ի շահ անձնական դյուրության: Ահա այս ներքին հաշիվներն էին պատճառ որ Անդրեաս երեցը փառք տվավ աստծուն տեսնելով որ առաջնորդը քահանաներ է հրավիրում՝ ընդհանուր խորհրդով գործ կատարելու համար և որ իրեն էլ, իբրև հակառակորդ անձի, պատվում է այդ հրավերով:

Բայց որքան մեծ եղավ երիտասարդ քահանայի հիասթափությունն ու զարմանքը, երբ ներս մտնելով վանքի ընդունարան՝ տեսավ առաջնորդին յուր դեմ զայրացած:

Սա միջին հասակով, զիրուկ մարմնով և լայնալանջ մի վարդապետ էր: Դեմքը թեպետ դուրեկան և գեղամորուս, բայց զուրկ էր խելոք արտահայտությունից: Նայվածքը բութ և անթափանցիկ, շարժվածքը անժույժ և գռեհկական. հագած էր ասվյա պարեգոտ և նստած բարձերով զարդարուն տախտի վրա: Երբ Անդրեաս երեցը ներս մտնելով գլուխ խոնարհեց իրեն, նա իսկույն և առանց ողջունելու հարցրեց.

— Տեր-Անդրեաս, ավետարանը պատվիրո՞ւմ է ստորադրյալին հնազանդ լինել յուր իշխանավորին թե ոչ:

— Այո, առաքյալն ասում է. «Ծառայք, հնազանդ լերուք տերանց ձերոց...» պատասխանեց երեցը, մի հարցական հայացք ձգելով վարդապետի վրա:

— Ոչ, այդ չէի ուզում լսել, — նկատեց առաջնորդը, — ես տեր չեմ, դու էլ ծառա չես: Տիտոսի թղթում ուրիշ պատվեր կա գրված. «Եվ հուշ արասջիր նոցա՝ իշխանությանց հնազանդ լինել և հպատակ կալ...»:

— «...Եվ ամենայն գործոց բարության պատրաստ լինել, — հարեց տեր-Անդրեասը նույն պատվերի շարունակությունը և լռեց:

— Այդպես է, բայց դու ոչ հնազանդություն ես ցույց տալիս քո իշխանավորին և ոչ բարի գործ ես կատարում, — ասաց վարդապետը դեմքը խոժոռելով:

— Ո՞րն է իմ հանցանքը, հայր սուրբ, — հարցրեց երեցը առանց վրդովվելու:

— Քո հանցա՞նքը... լսիր, ես կհիշեցնեմ քեզ: Այստեղ գտնվող բոլոր քահանաները իրենց ձեռնադրության օրից արդեն գիտեն, որ իրենք հասարակական որևէ գործի ձեռնամուխ լինելու համար նախ և առաջ իշխանավոր առաջնորդի հաճությունը պիտի խնդրեն...

— Բայց մի՞թե ես թերացել եմ այդպիսի մի դեպքում, — ընդհատեց երեցը:

— Ձեր անապատում, ասում են, մարդկանց վարժեցնում են համբերության, բայց դու չես արդարացնում քո վարդապետարանի հռչակը, — հեգնեց վարդապետը և ապա շարունակեց, — այն օրից ի վեր որ ս. Թովմասի տասնյակ տարներով փակված տաճարի դուռը հրաշքով բացվեցավ, Ագուլյաց առաջնորդական գահը, որի ժառանգորդն եմ ես, համարվում է նախաթոռ: Գիտե՞ս դու այդ հրաշքի պատմությունը:

— Գիտեմ, այդ փակված դուռը բացվեցավ իմ վարժապետներից մեկի, Պողոս վարդապետ Մոկացու սուրբ աղոթքներով, — պատասխանեց տեր-Անդրեասը:

— Անկարելի է. այդ սուրբ վարդապետը չէր կարող լինել քո վարժապետը, կամ Պողոս Մոկացին, — բացականչեց առաջնորդը:

— Նա ինքն էր, — պնդեց երեցը:

— Ի՞նչ է ասում այս սնապարծը. — դարձավ վարդապետը մյուս քահանաներին:

— Այդպես է, հայր սուրբ, տաճարի դուռը բացվել է Պողոս վարդապետ Մոկացու ջերմեռանդ աղոթքով, — վկայեցին մի քանի ծերունի քահանաներ:

— Ես ինքս այդ ժամանակ նորընծա էի և այդ հրաշքին ականատես. — պնդեց Խցաձորի տեր-Հովսեփ քահանան:

Առաջնորդ վարդապետը, որ մի նորեկ էր և ոչ քաջ ծանոթ այդ պատմություններին, այլայլվեցավ, տեսնելով որ տաճարի դուռը բացող սուրբ հռչակված մարդը, որով ինքը կամենում էր պարծենալ, դարձյալ Հարանց անապատի անդամ և նույնիսկ տեր-Անդրեասի ուսուցիչներից է: Նա մի անհանգիստ շարժում արավ, սաթե համրիչը արագ-արագ քաշեց և ապա նորեն դեմքը խոժոռելով ասաց.

— Ավելի վատ, դու ուրեմն կրկին հանցանք ես գործել, մին՝ որ անարգել ես քո վարժապետի հիշատակը և մյուս՝ որ անպատվել ես քո վիճակավոր առաջնորդին:

— Բայց ի՞նչ եմ արել ես, վերջապես, — հարցրեց տեր — Անդրեասը հուզվելով:

— Ահա թե ինչ: Երկու օրից հետ այստեղ պիտի լինի արեգակնափայլ շահը (որի աթոռը, խնդրում եմ աստծուն, անսասան պահել հավիտյան), մեր ժողովուրդը պիտի դիմավորե նրան: Արդ, ասա ինձ, այդ դիմավորության հանդեսի մասին հոգալը քո՞ պարտավորությունն է թե առաջնորդի:

— Այդ հանդեսի համար ես ոչինչ չեմ հոգացել, — պատասխանեց երեցը խոնարհությամբ:

— Բայց երեկ երեկոյան բազմամարդ ժողով ես ունեցել քո տանը, ճառեր ես խոսել, կարգադրություններ ես արել... Այնպես չասացի՞ր, տեր-Սարգիս, վեր կաց և վկայիր, — դարձավ վարդապետը Անդրեաս երեցի պաշտոնակցին, որ նստած էր մյուս քահանաների շարքում:

Տեր-Սարգիսը, որ, ինչպես գիտենք, երիտասարդ երեցի հակառակորդն էր և նրա մասին էլ չարախոսել էր վարդապետի առաջ, վեր թռավ տեղից աշխույժով և հանդիսավոր դիրք առնելով՝ սկսավ խոսել.

— Այո, իմ պաշտոնակից եղբայրը բազմամարդ ժողով է ունեցել երեկ, այդ ժողովի մեջն է առաջին անգամ շահի գալստյան լուրը հայտնվել և այդտեղ էլ առաջին անգամ սուրբ հայրապետի նամակը կարդացվել...

— Եվ հետո ինձ ուղարկվել, այնպես չէ՞, — ընդհատեց վարդապետը, և ապա դառնալով քահանաներին շարունակեց, — լսում եք, արժանապատիվ հայրեր, կաթողիկոսի նամակը վիճակավորի ձեռքը հասնելուց առաջ կարդացվել է մի երիտասարդ և տակավին նորընծա համարվող քահանայի տանը... Այս ըմբոստությո՞ւն է թե ոչ, ասացեք: Ես ձեզ հրավիրել եմ այստեղ իբրև դատավորներ: Դատեցեք և տեսեք, եթե հանցավոր է՝ պատժեցեք, իսկ եթե արդար՝ արձակեցեք: Մի քանի քահանաներ, որոնք տեր-Սարգսի համախոհներն էին, վկայեցին որ հանցավոր է երեցը և, հետևապես, պիտի պատժվի: Իսկ տեր-Սարգիսը, որ վաղուց սպասում էր այդպիսի մի բարեհաջող դեպքի՝ յուր կարծեցյալ հակառակորդին տապալելու համար, բացականչեց.

— Մինչև այսօր, արժանապատիվ հայր, դա գործել է հարյուրավոր այդպիսի հանցանքներ, որոնք ուղղված են եղել մեր դեմ: Դա սառեցրել է ժողովրդի սիրտը մեզանից, ձգել է մեր վարկը նրանց առաջ, ամեն տեղ և ամեն գործում առաջ ընկնելով՝ մեզ թողել է ետքին, այդպիսով դա բռնացել է նաև մեր իրավունքների վրա, ժողովուրդը կարծես էլ չի ճանաչում մեզ, յուր կարիքների ժամանակ՝ նա փոխանակ ավագ քահանաներին դիմելու, դիմում է այս նորընծային և այդպիսով՝ շահ է թե արդյունք, դրա ձեռքն է հանձնում...

— Այդ մի կողմ թող, տեր-Սարգիս, խնդիրը շահուն կամ արդյունքին չէ վերաբերում, — ընդհատեց առաջնորդը:

— Այո, սրբազան (տեր-Սարգիսը իբր թե սխալմամբ տվավ վարդապետին այդ տիտղոսը), ես էլ հենց այն էի ուզում ասել թե՝ մինչև այսօր խնդիրը մեր շահուն էր վերաբերում այդ պատճառով մենք լռում, համբերում և ներում էինք տեր-Անդրեասին, բայց այժմ, երբ նա ձեռք է պարզում դեպի առաջնորդի իրավունքները՝ նրան անկարելի է ներել:

— Հա՛, այդպես պիտի խոսես, այդ է իրավացին, — հավանություն տվավ վարդապետը և ապա աչքերը շուրջը ածելով՝ հարցրեց մյուսներին. — Դո՞ւք ինչ ունիք ասելու:

— Ըմբոստ է... հանցավոր է, պետք է պատժվի,— ձայն տվին մի քանի հոգի, բայց մեծամասնությունը լռեց:

Անդրեաս երեցը, որ մինչև այն անխոս ու անվրդով լսում էր յուր դեմ եղած ամբաստանությունները, գլուխը վեր առավ և մի բարձրահոն հայացք ձգելով նախ յուր շրջապատի և ապա առաջնորդի վրա, ասաց,

— Ինձ մնում է կրկնել առաքյալի խոսքերը թե «խնդրեմք յաստուծո զի մի ինչ արասցե ձեզ չար, ոչ զի մեք ընտիրք երևեսցուք, այլ զի դուք զբարիս գործեցեք... Խրախ եմք, յորժամ մեք տկարանալցեմք և դուք զորավոր իցեք...»: Այո, հարք և եղբարք, կցանկանայի որ դուք զարդարված լինեիք առաքինությամբ այնչափ, որ ես, ձեր համեմատությամբ, համարվեի անպիտան և նախատվեի ձեզանից իմ տկարության համար, որ ժողովուրդն յուր թշվառության օրերում մխիթարվեր ձեզնով և կարյաց ժամանակ՝ օժտվեր ձեր իմաստութեամբ... և ես չէի նախանձիլ ձեր այդ առավելության: Բայց նույն առաքյալը մեզ հրամայում է, «Խոսեցարուք զճըշմարտութիւն իւրաքանչյուր ընդ ընկերի իւրում, զի եմք միմեանց անդամք», հետևապես, ոչ թե իմ անձը պաշտպանելու, այլ իմ պաշտոնին հավատարիմ մնալու պարտավորությամբ պետք է ճշմարտությունը խոսեմ, «զի եմք վերակացու ճըշ մարտության» :

«Առաջնորդ հայր, երբ ինձ ասացին թե՝ խանից հրաման ես ստացել և այդ պատճառով է որ հրավիրում ես ինձ ու իմ պաշտոնակիցներին, անչափ ուրախացա, զի հավատացի թե՝ ժողովրդի օգտին շահավոր գործ մի սկսելու համար՝ խորհուրդ պիտի անես մեզ հետ: Չէ որ այս օրերում մեզ սպառնում է մի չարիք, որի առաջն առնելու համար ամենից առաջ դու պիտի մտածես: Բայց ավաղ, եկա և տեսա որ քեզ ու քո հավատարիմներին զբաղեցնում է ոչ թե ժողովրդյան ցավը, այլ մի տեր-Անդրեաս դատելու և պատժելու խնդիրն, որ ձեզ սարսափեցնում է՝ ոչ թե շահի ձեռքով լինելիք «մանկաժողովը», որ ամեն մի ազուլեցու տուն լաց ու կոծով պիտի լցնե, այլ այն, որ մի երեց պակաս հարգանք է մատուցել առաջնորդին, կամ զրկանք պատճառել մի տեր-Սարգսի:

— Էլ ի՞նչ հարցուփորձ է հարկավոր, — բացականչեց հայր սուրբը տեսնո՞ւմ եք, ով քահանայք, ի՞նչ հանդուգն լեզվով է խոսում սա յուր առաջնորդի հետ. կա՞ ձեր մեջ մինը, որ չդատապարտե սրան:

— Ինձ իրավունք կունենայիք դատապարտել ամենքդ, եթե երբևիցե թերացած լինեի իմ պարտավորությանց մեջ, — դարձավ երեցը քահանաներին, — բայց ճշմարտություն խոսելուս համար ոչ ոք ունի իրավունք ինձ դատապարտելու, մանավանդ թե՝ պարտավոր իսկ եք միանալ ինձ հետ և կրկնել այն, ինչ որ ես եմ խոսում, զի ժողովուրդն այս վայրկյանին վտանգի մեջ է և մենք սրբազան պարտք ունինք այդ վտանգն անցնելու համար միայն գործել: Ով որ այս միջոցում դրա հակառակն է անում, ով որ հասարակաց բարիքը թողած յուր անձնական խնդիրներով է զբաղվում՝ նա մի դավաճան է:

— Չե՞ք լսում այդ մարդուն, ով քահանաներ, ինչո՞ւ համար եք լռել... — բացականչեց առաջնորդը զայրույթից զրեթե գոռալով:

— Տեր-Անդրեաս, տեր-Անդրեաս, ի նչ է պատահել, դու կորցրել ես քեզ... — մոտենալով երեցին շշնջաց ծերունի տեր-Հովսեփը:

Նույնպիսի բացականչություններ արին այս ու այն կողմից: Բայց տեր-Անդրեասը մնաց անսասան:

— Աղաչում եմ, հարք և եղբարք. հանդգնություն մի համարեք իմ խոսքերը, շարունակեց նա նույն եռանդով, ձեզանից շատերը ճանաչում են ինձ մանկությունիցս ի վեր և գիտեն իմ խոնարհության և համեստության չափը: Մի՞թե մինչև այսօր, մեր առտնին հարաբերությանց ժամանակ, լսել եք դուք ինձանից մի համարձակ խոսք, կամ նշմարել իմ աչքերում մի բարկացայտ հայացք... բայց այսօր ես առտնին գործով չեմ զբաղած և ոչ իսկ հանգիստ խոսելու իրավունք ունիմ. այստեղ ես կանգնած եմ իբրև դատախազ իմ ժողովրդի կողմից, որի առաջ այս վայրկենին բացված է փորձության անդունդ, որ սպառնում է կլանել նրան յուր մեջ... Ես պահանջում եմ որ այդ անդունդը փակելու վրա մտածեք, իսկ դուք ի՞նչ եք պատասխանում, կամ ի՞նչ հրամայում: Միթե իրավունք ունիմ ես լռել, կամ դուք ինձանից կարող եք լռություն պահանջել: Պատերազմի ժամանակ ամեն մի քաջ զինվոր իրավունք ունի նախատել և, մինչև անգամ, ի մահ հարվածել յուր հրամանատարին՝ եթե սա քաջապես կռվելու և զորքին արիություն ու կորով ներշնչելու փոխարեն՝ ծակամուտ է լինում, կամ յուր անձի վրա մտածում: Եկեղեցվո զինվորության մեջ ես մի սոսկ զորական եմ, իսկ մեր առաջնորդը հրամանատար, նա դանդաղում է գործել և ես հիշեցնում եմ նրան յուր պարտքը, ինչ ունիք սրա դեմ առարկելու: Տեր-Անդրեասի խոսքերը տպավորություն արին քահանաների վրա, ուստի նրանցից ոչ ոք չպատասխանեց նրան: Այդ նկատեց առաջնորդը և ճնշվեցավ: Բայց որպեսզի զգալի չդարձնե յուր պարտությունը, նա մի այլ ընթացք տվավ վեճին:

— Ես գոհ եմ, — ասաց նա, — որ իմ քահանաների մեջ կան քեզ նման աներկյուղ ճշմարտախոսներ: Երկչոտությամբ լռողը՝ ստոր է ստախոսից: Բայց ի՞նչպես որոշենք կեղծիքը ճշմարտությունից: Արդյո՞ք դու դիտմամբ չես արգելք եղել իմ գործելուն՝ որպեսզի այժմ հրապարակավ իմ անգործությունը դատապարտես:

— Ե՞ս, ինչպե՞ս, — զարմացած հարցրեց երեցը:

— Այո, դու, — հարեց առաջնորդը, առանց իմ գիտության ժողով ես կազմել քո տանը, ինձանից առաջ կարդացել ես կաթողիկոսի գիրը և առանց իմ հրամանի սկսել ես գործել, որպեսզի այժմ առիթ ունենաս քեզ կռվող զինվոր, իսկ ինձ՝ խուսափող հրամանատար հռչակելու: Այսպե՞ս է թե ոչ:

— Ո՛չ: Նախ իմ առաջնորդի թուլությունը ինձ չի կարող ուրախացնել, ուրեմն դրա համար ես չէի աշխատիլ: Երկրորդ ես ոչ մի ժողով չեմ գումարել այլ, իմ ժամավորները իրենք են, ըստ սովորության, հավաքվել ինձ մոտ՝ շահի գալստյան առթիվ խոսելու համար: Երրորդ՝ կաթողիկոսի գիրը, որ գրված է եղել բանտում՝ ածուխով և մի պատառ թղթի վրա, ուղղված է եղել ժողովրդին և ոչ թե քեզ, հետևապես, այդ գիրը կարող էր կարդալ ամեն ոք, և առաջին անգամ կարդացել է Ցղնայի քահանան, ապա խոջա-Անձրևը և վերջը ես...

— Հա. ինչո՞ւ խոջա-Անձրևը այդ նամակն առաջ քեզ է բերել և ոչ ինձ, — ընդհատեց հանկարծ առաջնորդը:

— Երևի նրա համար որ կաթողիկոսը գրել էր թե՝ «շտապեցեք վտանգի առաջն առնել», քանի ավերող ոտքը չի կոխել ձեր հողը: Խոջա-Անձրևը ճանաչում է ինձ և գիտե, որ ես գործելու ժամանակ դանդաղել չգիտեմ, ուստի նամակը հանձնեց ինձ, որ կարդամ և իսկույն գործի սկսեմ:

— Դարձյալ նախատինք... ուրեմն մենք պիտի դանդաղեի՞նք, — հարցրեց առաջնորդը հուզվելով:

— Մի զայրանար, հայր սուրբ, ապացույցը մեր առջևն է: Կաթողիկոսի գիրը ես երեկ երեկո կարդացի, իսկ դու այսօր առավոտ, զանազանությունը մի գիշեր է, որի ժամանակ քնած ենք եղել ամենքս: Բայց այս մի օրվա ընթացքում՝ ես ինձ վերաբերյալ գործի մեծ մասն ավարտեցի, մինչ դու դեռ նոր ատյան ես գումարում ինձ դատելու համար: Ինչպե՞ս արդյոք չհավատամ թե՝ իմ դատի գործն ավելի է քո ուշը գրավում, քան Շահաբասի աղետաբեր գալուստը:

Առաջնորդը տեսավ որ երիտասարդ երեցը ոչ միայն չէ հաղթահարվում, այլև հետզհետե ավելի է նշավակում իրեն, ուստի շտապեց վերջ տալ պայքարին և, միևնույն ժամանակ, դատապարտել նրան անգործության:

— Տեր-Անդրեաս, քո նախկին համեստությունից շատ ես հեռացել, — ասաց նա քահանային, բայց այդ մասին այլևս չեմ կամենում խոսել: Դու միայն ասա թե՝ ի՞նչ ես արել այսօր, գուցե գործել ես մի որևէ սխալ, այդ ես պիտի իմանամ, որպեսզի քանի ուշ չէ՝ շտապեմ ուղղել, որովհետև ինձ վրա մեծ պատասխանատվություն կա դրված:

— Մխա՞լ, չեմ կարծում: Ես միայն այցելել եմ Ագուլիսի ու Դաշտի բոլոր ընտանիքներին և կարգադրել որ հեռացնեն անմիջապես հարսնացու աղջկերանց, գեղեցիկ պատանիներին և, առհասարակ, այն երեխաներին, որոնք կարող են պիտանի համարվել հարեմական ծառայության համար:

— Եվ այժմ, ուրեմն, Ագուլիսում տեսքով տղաներ չկա՞ն:

— Մնում են մի քանի տասնյակ իմ աշակերտների մեջ, նրանց էլ վաղը պիտի տանեմ Ցղնա:

— Տեսնո՞ւմ ես, տեր-Անդրեաս, ի՞նչ մեծ չարիք ես հասցրել մեզ, — բացականչեց առաջնորդը՝ աչքերը մեծ բանալով և, կարծես, ուրախանալով:

— Չարի՞ք... — զարմացած հարցրեց երեցը:

— Այո, չարիք, քո հապճեպ ու անխորհուրդ վարմունքով վտանգի մեջ ես դրել մեզ... ահա թե ինչու էի զայրանում քո հանձնապաստանության վրա:

— Բայց ի՞նչ չարիք եմ հասցրել:

— Ի՞նչ չարիք, ահա, առ կարդա խանի հրամանը և կիմանաս... բայց ոչ, ինքս կկարդամ:

Այս ասելով վարդապետը հանեց ծոցից մի ծալած թուղթ և խնամքով բանալով այն՝ սկսավ կարդալ.

«Երկնքի թագավորության սիրելի, արևի պես պայծառ և փայլակի պես զորեղ թագավորների թագավոր և շահերի շահ՝ մեծ Աբասի Խոնարհագույն ծառա Էրմենիստանի և Գյուրջիստանի խան Էմիր-Գյունեից Հրաման — Հայոց Խալիֆի հավատարիմ սպասավորին և Ագուլիսի արժանահարգ առաջնորդին: «Հայտնի լինի ինչպես քեզ, նույնպես և Իրանի հզոր գահի «հպատակ Սիսիանի ժողովրդին, մելիքներին, իշխաններին, «բեկերին, դատավորներին, քեդխուդաներին, խոջաներին և «բոլոր պատվելիներին՝ որ աշխարհի պարծանք և երկնքի «պարգև արեգակնափայլ շահը որոշեց բախտավորացնել Ագուլիսը յուր բարձր այցելությամբ, որ տեղի կունենա սույն «ջեմադի-ուլ-էվալ ամսո 8-ին, մեծափառ իմամ Ալիի ծննդյան օրը: «Արդեն հրամայված է Ագուլիսի վեքիլին տնօրինել ինչ «որ արժանն է նորին մեծության ընդունելության համար: «Քեզ ևս հրամայում եմ առանձնապես՝ պատրաստել հայ ժողովրդի և հոգևորականության կողմից այնպիսի փառավոր «ընդունելություն, որի նմանը տեսած չլինի իմ շահը ոչ Երևանում, ոչ Նախճվանում և ոչ իսկ նախկին հարուստ Ջուղայում: Քո ժողովուրդն ու հոգևորականությունը պիտի դիմավորեն իմ վեհապետին Որտուատում: Այդտեղ ներկա պիտի «լինին բոլոր այն ընտիր դասակարգերը, որոնց անունը հիշեցի, «այլև հայոց բոլոր հոգևորականությունը յուր փայլուն արդուզարդով: Այդտեղ պիտի լինին Ագուլիսի բոլոր գեղեցիկներն ու գեղեցկուհիները մեծ թե փոքր, առանց քողերի ու ծածկոցների. այլև Միսիանի բոլոր կուսանոցների, ինչպես Ագուլիսի ու Շոռոթի, նույնպես և Շնհերի ու Հալիձորի միանձնուհիները, որոնց թիվը, ինչպես հայտնի է մեզ, հասնում է մի քանի հարյուրի: Ընդհանուր զնացքը կարգավորելու իրավունքը տրված է Ագուլիսի մեր վեքիլին: Նրա պահանջները «պիտի կատարվին անհապաղ և առանց ընդդիմության, մինչև «անգամ, եթե կաքավողների խմբի համար ընտրելու լինի նա «հայոց գեղեցկուհիներից, իսկ շերբեթ ու գինի լցնելու պաշտոնը հանձնելու լինի երիտասարդ միանձնուհիներին:

«Ընդունելության ամենափոքր թերության համար պատասխանատու պիտի ճանաչվին՝ պարսիկների կողմից — իմ «վեքիլը, իսկ հայոց կողմից — հոգևոր առաջնորդը: «Գրվեցավ Երևանում: Ջեմադի-ուլ — էվալ ամսո 3-ին Հիջրի 1034 թվին»:

— Ի՞նչ կպատասխանես այժմ սրան, — հարցրեց առաջնորդը՝ խանի հրամանը կարդալուց և նորեն խնամքով ծոցը դնելուց հետո:

— Ի՞նչ պիտի պատասխանեմ, չգիտեմ. — հարեց տեր-Անդրեասը;

— Այստեղ ուղղակի ասված է թե՝ պետք է շահի առաջը տանենք մեր բոլոր գեղեցիկներին ու գեղեցկուհիներին: Արդ, դու, որ ամբողջ ավանը դատարկել ես, էլ ես որոնց պիտը տանեմ:

— Տգեղներին: Ագուլեցիք հո ստորագրություն չեն տվել շահին թե՝ անպատճառ գեղեցիկ որդիներ պիտի ծնեն:

— Բայց դա կլինի հանդուգն խաբեություն, խանը մեզ ուղղակի հրաման է գրում, ի՞նչպես կարող ենք անսաստել այդ հրամանին:

— Այդ միևնույն խանը գաղտնի իմացրել է կաթողիկոսին թե՝ շահը մտադիր է «մանկաժողով» անել, ուրեմն և անուղղակի խորհուրդ է տվել՝ շտապել այդ չարիքի առաջն առնել: Արդարասեր Ամիրգյունեն չի կամենում որ մեր զավակները շահի դուռը զնան, դու ինչո՞ւ ես հակառակը պահանջում:

— Իսկ այս հրամանը Ամիրզյունեինը չէ՞:

— Դա պաշտոնական թուղթ է. շահի նախարարը չէր կարող ուրիշ կերպ գրել, բայց դու իրավունք ունիս ուրիշ կերպ հասկանալ կամ կատարում տալ նրան:

— Դու կամենում ես կախաղա՞ն բարձրացնել տալ ինձ:

— Քեզ ոչ ոք չի կախիլ մի անիրավ հրաման պակաս եռանդով կատարելուդ համար: Եվ հենց մեր սխալն այն է՝ որ այդ բարբարոսների ամեն պատվերները կատարում ենք ճշտությամբ, ամեն պահանջները լցնում ենք անդիմադիր, որով հետզհետե գրգռում ենք նրանց ախորժակը պահանջել և ստանալ ավելի ու ավելի: Այդպիսով նրանք սովորել են նայել մեզ վրա իբրև անասունների վրա. ուստի և շարունակ կթում են մեր կաթը՝ ստինքներնիս ցամաքեցնելու չափով, դնում են մեր վզին արորի ծանր լուծը և հողի փոխարեն հերկել տալիս մեզ առապարները, բարձում են մեր մեջքին դժվարատար բեռներ և վարում մեզ դեպի լեռնալանջեր. և ի վերջո, երբ քաղցենում են անզթաբար մորթոտում և ուտում են մեզ... Բայց վերջ պետք է լինի մի օր այս բոլորին թե ոչ:

— Ինչ վերջ կարող է լինել քանի որ աստված դրանց ձեռքն է մատնել մեզ:

— Աստված ոչինչ չի արել, ամեն ինչ մենք ենք արել: Երբ տասը հրամանին հինգը կկատարենք, երբ շատ պահանջներից միայն կլցնենք, երբ ստացած հարվածների փոխարեն մինն էլ մենք կչափենք, այն ժամանակ սրանք երես չեն առնիլ և մեկի տեղը տասը չեն պահանջիր: Շահը հրամայում է որ մեր բոլոր գեղեցիկները հանենք յուր առջևը, որպեսզի նրանց միջից ընտրե յուր սպանդանոցին հարմար զոհեր, մենք ինչո՞ւ պետք է այդ անարդար ու զարշելի հրամանը կատարենք կուրորեն...

— Ս՛ս՛ս... ի՞նչ բառեր ես գործածում, — երկյուղով ընդհատեց առաջնորդը:

— Հա, ի՞նչ է. վախենո՞ւմ ես. բայց ես չեմ վախենում. աշխարհի առաջ կգոռամ, շահին իրեն կբողոքեմ թե՝ սա մի զարշելի, մի գազանային պահանջ է, որ նա անում է յուր հայ հպատակներից...

— Լսի՛ր, տեր-Անդրեաս, դու սաստիկ գրգռված ես և խոսածդ չես հասկանում, տեղից վեր կենալով՝ խոսեց առաջնորդը. գնա տուն և հանգստացիր, իսկ վաղը ոչնչի չձեռնարկես, ամեն ինչ ես կտնօրինեմ. և հույս ունիմ որ գալիք չարիքի առաջն առնեմ..

— Ես կերթամ, բայց անգործ նստել չեմ կարող, վաղն եթ իմ աշակերտները Ցղնա պիտի տանեմ. ես նրանց չեմ թողնիլ այստեղ:

— Օ՛ն և օ՛ն, այդպես բան չանես, թող գոնե հարյուրավոր տգեղների մեջ մի քանի տասնյակ շնորհքով տղաներ գտնվին: Մի գրգռիր շահի զայրույթը մեր դեմ. բարիք անելու փոխարեն դու չարիք կբերես մեր գլխին:

— Հազարավոր ամբոխի մեջ եթե պակաս լինեն մի երեք տասնյակ մանուկներ, բնավ աչքի չեն ընկնիլ:

— Այո՛, այդ ճիշտ է, բայց Ազուլիսի վեքիլը գիտե որ Խցաձորում աշակերտներ ունիս դու: Ընտանիքների միջից պակասածները, իհարկե, չեն նկատվիլ. բայց քո աշակերտների նվազությունը աչքի կընկնի իսկույն, որովհետև նրանց թիվը հայտնի է վեքիլին:

Տեր-Անդրեասը մի վայրկյան լռեց և ընկավ մտածության մեջ: Ապա գլուխը բարձրացնելով՝ վճռաբար ասաց.

— Ոչ. ես նրանց կծածկեմ, կանհետացնեմ. թող թեկուզ դրա համար իմ գլուխը կտրեն, «լավ է մեզ՝ զի այր մի մեռանիցի ի վերա ժողովրդյանս և մի ամենայն ազգս կորիցե...»:

— Բայց, Տեր-Անդրեաս, քո գլուխը չեն կտրիլ, այլ իմը կկտրեն, — հարեց առաջնորդը, որովհետև ամեն մի թերության համար Խանն ինձ է պատասխանատու ճանաչում:

— Հոգ չէ. դու ժողովրդի առաջնորդն ես և հարկը պահանջած ժամանակ պարտավոր ես քո անձը տալ նրա փոխարեն: Լավ է որ հիսնի, երեսնի և նույնիսկ հնգի փոխարեն մինը մեռնի, առանց զոհի փրկություն չկա...

— Չէ, բարեկամ, երիտասարդ ես և անփորձ տղայի պես ես խոսում: Մահը չտեսած մի արհամարհիլ նրան: Գնա, գնա և անհոգ եղիր, ես ամեն ինչ կկարգադրեմ:

— Կարգադրիր, ինչ վերաբերում է քեզ, իսկ իմ աշակերտների համար ես կհոգամ, — ասաց տեր-Անդրեասը և պատրաստվեց դուրս գնալ:

— Քո աշակերտները անձեռնմխելի կմնան, այդ մեկը ինձանից պահանջիր դու, — ասաց առաջնորդը:

— Ներիր ինձ, չեմ կարող այս դեպքում վստահանալ քո խոստման:

— Եթե ավելի համառես, կալանավորել կտամ քեզ այս գիշերը, իսկ եթե ինձ չլսելով աշակերտները տանես Ցղնա, վաղն նեթ վերադարձնել կտամ նրանց այնտեղից, «և եղիցի վերջին չար քան զառաջին» — սպառնաց առաջնորդը:

Տեր-Անդրեասը մի սուր հայացք ձգեց վարդապետի վրա, շարժեց գլուխը տխրությամբ և առանց մի բառ արտասանելու դուրս գնաց ընդունարանից:

— Այս մարդը կամենում է որ մենք ամենքս զոհվենք յուր փառամոլությանը, — ասաց առաջնորդը և արհամարհանոք ժպտաց:

— Այո՛, այո՛, միայն իր փառամոլությանը, — հարեց տեր-Սարգիսը, — դա իրանից զատ ուրիշ ոչ ոքի չի տեսնում:

— Փարիսեցի է, իսկական փարիսեցի, — ձայն տվավ տեր-Սարգսի համախոհներից մինը:

— Ամենքդ էլ սխալվում եք, նա ազնիվ հոգի է և արժանավոր քահանա, — լուրջ ձայնով նկատեց ծերունի տեր-Հովսեփը և վեր կացավ տեղից:

Ժողովականները հետևեցին նրա օրինակին և հետզհետե ցրվեցան:

Թ

Հետևյալ առավոտ տեր-Անդրեասը դուրս չեկավ փողոց: Աշակերտներին Ցնա տանելու միտքը նա թողել էր առ ժամանակ, մինչև որ տեսնե թե՝ հանգամանքներն ինչ ընթացք են ստանում:

Բայց նախընթաց երեկոյան տեղի ունեցած եղելությունը տպավորություն էր արել տեր-հոր վրա: Թեպետ նա եղելությունը պատմել էր ընտանիքին և նրանից սփոփական շատ խոսքեր լսել, այնուամենայնիվ յուր սիրտը տակավին տխուր և հոգին խռոված էր: Դառնալով եկեղեցուց, ուր ավելի էր գրգռվել տեր-Սարգսին տեսնելով, նա լուռ ու մտահույզ անցուդարձ էր անում սենյակում երկար ժամանակ, մինչև որ տիրուհին հիշեցրեց նրան, թե դպրոց իջնելու ժամանակ է: Բայց տեր-հայրը չլսեց նրան և շարունակում էր յուր անցուդարձը: Տիրուհին անհանգստացավ: Այս առաջին անգամն էր՝ որ ամուսինը անուշադիր էր թողնում յուր խոսքը և անփույթ գտնվում դեպի պարապմունքը: Նա մոտեցավ երեցին և կամենալով, կարծես, կասեցնել նրա ընթացքը, ասաց.

— Աշակերտները վաղուց սպասում են քեզ. գնա պարապիր, դրանով գուցե տխրությունդ ցրվի:

— Տեր-Անդրեասը կանգ առավ, նայեց տիրուհուն և ասես թե հանկարծ արթնացավ: Մանկամարդ կնոջ աչքերում նա այնքան սեր ու գորով տեսավ, որ յուր տխրությունը մի վայրկյան մոռացավ: «Գնա , պարապիր, դրանով գուցե տխրությունդ ցրվի...»: Այդ խոսքերը այնքան մեղմ ու քաղցր հնչեցին յուր ականջին, որ դրանցից զգացված հաճելի տպավորությունը չխանգարելու համար, երիտասարդ երեցը ոչ մի առարկություն չարավ:

— Լավ ասացիր, կերթամ, — պատասխանեց նա և փակեղն առնելով՝ իջավ դեպի դպրատուն:

Աշակերտները, քարե սեղանի շուրջ շարված՝ ոմանք սովորում և ոմանք խոսակցում էին. տեսնելով քահանային ոտքի ելան իսկույն: Տեր-հայրը գլխի լուռ շարժումով ողջունեց նրանց և նշան արավ աղոթելու: Աշակերտներից մինը բարձր ձայնով սկսավ Տերունական աղոթքը կարդալ: Երբ նա արտասանեց «Եվ մի տանիր զմեսի ի փորձություն, այլ փրկյա ի չարե» խոսքերը, տեր-հոր ջերմեռանդությունը ասես թե աճեց: Նա աղաչավոր աչքերը բարձրացրեց դեպի երկինք և ձեռքերը տարածեց օդի մեջ: Նա կրկնում էր նույն խոսքերը, բայց ավելի ջերմ հավատով: Եվ երբ աշակերտն ավարտեց, երեցի շրթունքները տակավին նոր աղոթքներ էին մրմնջում:

Վերջապես նա նստեց սովորական տեղը և սկսավ դաս հարցնել աշակերտներից: Բայց նրա սիրտը դարձյալ անհանգիստ և մտքերը ցրված էին: Նա հազիվ էր կարողանում յուր ուշադրությունը կենտրոնացնել պարապմունքի վրա: Եվ յուրաքանչյուր անգամ, երբ պատասխանելու համար մոտենում էին իրեն այն աշակերտները, որոնք մյուսներից ավելի առույգ ու գեղեցիկ էին, քահանայի հուզմունքը կրկնապատկվում էր: Նա հավատում էր, որ բռնավոր շահը պիտի խլե դրանց ծնողների գրկից, և առաջավոր հայերից ոչ ոք պիտի կարենա ազատել այդ զոհերին:

Վերջապես դասերը մի կերպ ավարտելով՝ նա արձակեց աշակերտներին: Եվ առարկելով թե՝ տկար է ինքը, պատվիրեց որ ճաշից հետո չգան այլևս պարապելու:

Այնուհետև բարձրանալով յուր սենյակը, սկսավ մտածել թե ի՞նչ հնար գործ դնի այդ տղաներին փրկելու համար: Այս նպատակավ երեցը որոշում էր կանչել ծնողներին և հայտնել նրանց առաջնորդի պահանջը՝ տղայոց վիճակի տնօրինությունը թողնել իրենց կամքին: Բայց հետո խորհելով թե այդ բանից ծնողները կարող են գրգռվել և առաջնորդի դեմ խռովություն հարուցանել, որով և, գուցե, ավելի վնասեն գործին, թողնում էր այդ դիտավորությունը: Ապա մտածում էր անուշադիր թողնել հայր-սուրբի պահանջը և տանելով աշակերտներին Ցղնա, հանձնել նրանց խոջա Անձրևի կնոջը: Սակայն այս միջոցն ևս ապահով չէր թվում, ըստ որում դեռ հիշում էր առաջնորդի սպառնալիքը և, հետևապես, վախենում նրա անխոհեմությունից: Տեր-Անդրեասը գիտեր որ ամենից ավելի զգույշ պետք է լիներ տխմար հակառակորդից, զի խելոք թշնամուց ավելի՝ նրա տված վնասը կլինի անդիմադրելի: Այս պատճառով, ահա, վերջին միտքն ևս թողնում էր անկատար:

Դեռ այս մտատանջությունների մեջ էր քահանան, երբ ծերունի ժամկոչը ներս մտնելով հայտնեց թե՝ ֆրանկների (հայ ունիթորների) կարգապետը գալիս է իրեն այցելելու:

— Նա անցյալ օրն էլ այստեղ էր, ինչ փորացավ ունի,— հարցրեց ինքն իրեն տեր-հայրը և սակայն, քաղաքավարության համար դուրս եկավ նրան դիմավորելու:

Եկողը հայր Մատթեոս Երազմոսն էր, մի բարձրահասակ և հաղթանդամ տղամարդ, որին հոգևորական սքեմը մի առանձին շուք ու վեհություն էր տալիս: Նրա ոչ խոշոր դեմքը ծածկված էր հարուստ և գորշախայտ մորուքով, որ իջնում էր, մինչև գոտին: Թավ հոնքերի տակից նայող աչքերը թեպետ կկոցված կապիճների մեջ, բայց նայում էին սուր և թափանցող հայացքով: Շրթունքների վրա փայլում էր մեղմ ժպիտ, որ սակայն արտահայտում էր ավելի կեղծիք, քան սրտի բարություն:

Մոտենալով քահանային, հայր Երազմոսը ողջունեց նրան սիրով, իսկ վերջինս վայելուչ հարգանքով հրավիրեց նրան յուր տունը:

Հայր Մատթեոս Երազմոսը հասարակ աստիճանի մարդ չէր: Նա արքեպիսկոպոս էր և Հռովմա պապից կարգված ընդհանրական առաջնորդ, որ հովվում էր Նախճվանի և նրա շրջակայքի միաբանող կամ ունիթոր կոչված հայ կաթոլիկներին: Նա ազգով հայ էր ու յուր նախկին ազգանունն էր որդի Սիրանշայի: Բայց երկար ժամանակ Իտալիայում մնալով և այդտեղ Դոմինիկյան կարգին հարելով՝ ձեռնադրվել էր վարդապետ և ապա եպիսկոպոս, և վերադարձել հայրենիք

Երազմոս մականունով: Եվ որովհետև ազգուրացներն ու հավատափոխներն ընդհանրապես ավելի ջերմեռանդ են լինում նոր ընդունած կրոնի մեջ և աշխատում են օտարանալ հինից ոչ միայն հոգվով ու սրտով, այլև կոչմամբ ու անունով, ուստի հայր Երազմոսն ևս այդ դիտումով թողել էր ազգանունը: Նրա հոտի անդամներն իսկ, հետևելով թե նախկին և թե վերջին առաջնորդների օրինակին կամ հրամանին, փոխում էին հայ ազգանվան յան կամ յանց վերջավորությունը և վրան ավելացնում լատինական դի մասնիկը, իբր թե գլխովին լատինանալու համար: Այդ ձևով կազմված ազգանունները, հարկավ, Նախճվանի ու Երնջակա ձորերում, սյունեցի հայի ականջին՝ հնչում էին իբր ծաղրանուններ: Եվ ամեն անգամ երբ լսում էին Թոմաս դի-մահտեսի-Պետրոս, Օվանես դի-Միրզա, Պիոս դի-Եաղուբ, Եղիա դի-Հայրապետ և այլ նման անուններ, ծաղրում, այպանում էին ազգուրացների այդ միմոսական գունափոխությունը, հեգնում մանավանդ նրանց առաջնորդների այդ մասին ունեցած նախանձախնդրությունը: Բայց վերջինները միայն այդ չնչին բաներում չէին նախանձախնդիր: Այդ «չնչինները» ապացուցում էին այն՝ թե որպիսի մոլեռանդությամբ էին տոգորում նրանք իրենց հետևողներին: Ապա թե ոչ՝ նշանավոր դեպքերը, կամ կշիռ ունեցող խնդիրներն երբեք չէին վրիպում նրանց ուշադրությունից: Եվ եթե այդպես չլիներ, Սյունյաց նահանգի նշանավոր գավառները — Նախճվանը, Ջահուկը, Երնջակը նրանց ձեռքը չէին անցնիլ, ամեն տեղ և ամեն անկյունում ունիթորների ցանցերը չէին լարվիլ և հայադավաններին հարյուրներով չէին որսալ: Մխիթար Աբարանցու և Հովհաննես Քռեցու արժանավոր հաջորդները, Հռովմից տրված հրահանգների համեմատ, անընդհատ գործում, հայ եկեղեցվո հիմունքը փորում և ազգի ամբողջությունը քայքայում էին, որպեսզի արևելքում հայոց անկախ եկեղեցին կործանելով՝ նրա ավերակների վրա Հռովմա անազգ ու անհայրենիք եկեղեցին հաստատեն:

Ահա այս մոլեռանդ գործիչներից մինն էր Մատթեոս Երազմոսը, որ պապից կարգված էր հայ-ունիթորների առաջնորդ, նույնիսկ վերջինների կամքին հակառակ: Զի սրանք իրենց կողմից մեկին ընտրելով՝ ուղարկել էին Հռովմ ձեռնադրվելու, բայց Պապը ավելի շահավոր էր համարել մերժել այդ ընտրությունը և Նախճվանի Աթոռը հանձնել պրոպագանդայի արբանյակներից մեկին, որ հարկավ, ավելի հավատարիմ պիտի լիներ իրեն, քան ժողովրդի վրա առաջարկածը:

Հայր Երազմոսը հասնելով Սյունիք, արդարև, գործել սկսավ եռանդով: Բայց ի մեծ ցավ յուր առաքողի, չէր կարողանում առատորեն որսալ, որովհետև այդ ժամանակ Սյունյաց անապատի առաքյալները արդեն ցրված էին հայ գավառների մեջ և գործում էին մեծ հաջողությամբ, մրցելով, մանավանդ, պապականների դեմ:

Հայր Երազմոսը, որ, առհասարակ, չէր սիրում ընդհարվիլ Հարանց անապատի հոգևոր զինվորների հետ, վասնզի նրանցից ամենաթույլն անգամ մարտնչում էր յուր դեմ աննահանջ կերպով, այսուամենայնիվ, շատ տեղերում ստիպված էր լինում գործ ունենալ դրանց հետ, ըստ որում վերջինները հետևում էին ունիթորներին քայլ առ քայլ և արգիլում նրանց գործել ազատորեն: Նույնիսկ այդ օրը գերապայծառ կարգապետը հաճել էր պատվել յուր այցելությամբ հայոց եկեղեցու հասարակ սպասավորեն՝ նմանօրինակ մի արգելք բառնալու հույսով:

Մինչդեռ աննշան հայ վարդապետը՝ առաջնորդական պաշտոնի տեր լինելու պատճառով ոչ միայն գոռոզանում ու բարձրից էր նայում տեր-Անդրեասի վրա, այլև, նրա արժանիքն ու օգտակարությունը ուրանալով՝ աշխատում էր ճնշել նրան և ստորացնել, զոհելով յուր կրքին նույնիսկ հասարակաց շահը, հայր Մատթեոս գերապայծառն, ընդհակառակն, արքեպիսկոպոս և ունիթորների կարգապետ լինելով հանդերձ, չէր քաշվում խոնարհել ու անձամբ մտնել այդ երեցի տունը, պատվել նրան յուր այցելությամբ, որպեսզի դրանով կարողանա հասնել ոչ թե իրեն՝ այլ պապական աթոռին շահ բերող մի որևէ նպատակի:

Հայ վարդապետը մեծն ու օգտակարը զոհում էր փոքրին, ոչնչության, հասարակաց շահը ստորադրում էր անձնականին, մինչդեռ կաթոլիկ արքեպիսկոպոսը գործում էր հակառակը, նա յուր անձը ուրանում, յուր պատվասիրությունը ճնշում էր միայն նեթ յուր եկեղեցու կամ պետի շահը խնամելու համար: Այսպիսի համեմատական առավելության շնորհիվ, հարկավ, կաթոլիկ կղերը պիտի տիրապետեր, իսկ Հայ եկեղեցին՝ հետզհետե ընկճվեր: Բայց իրոք, այդպես չեղավ, Սյունյաց արգավանդ հողի մեջ կաթոլիկական ծառը հաստատուն արմատ չբռնեց, — որովհետև Հարանց անապատից ելնող մշակները շարունակ փորում, չորացնում էին ծառը արմատները, որովհետև ժամանակի անիշխանության ստեղծած ապականությունից դուրս, հայ եկեղեցին դեռ ուներ անձնվեր մարդիկ, որոնք թեև փոքրաթիվ, բայց և այնպես գործում էին եռանդով և մրցում քաջաբար:

Հայր Մատթեոս Երազմոսը եկել էր այսօր նվաճելու հենց այդ գործող ու մրցող քաջերից մինին:

— Անշուշտ չես զարմանում, որ Ագուլիս մտնելուցս ի վեր քեզ այցելում եմ երկրորդ անգամ, — ասաց հայր-Երազմոսը երեցին՝ սովորական ողջույնը նրան տալուց հետո:

— Գերապատիվ հայրը երևի կարևոր հրաման ունի ինձ տալու, — պատասխանեց տեր-հայրը համեստությամբ:

— Ոչ թե հրաման, այլ խնդիր, խոնարհագույն մի խնդիր:

— Որը կատարել չեմ մերժիլ, թե ուժերս ներեն:

— Օ՛, դրա համար դու շատ զորավոր ես, — պատասխանեց գերապայծառը և ապա անփույթ կերպով ժպտալով՝ ավելացրեց, — գործն ասենք թե վերջացած է. մնում է միայն քո հաճությանը ստանալ:

— Բայց ի՞նչ գործ՝ այդ, —հարցրեց երեցը հետաքրքրությամբ:

— Ի՞նչ պետք է լինի, միթե չես գուշակում: — Քրիստոնեական եկեղեցին վտանգի մեջ է, բռնակալ թագավորը արդար հոգիներին սպառնում է կորուստ... Չե՞ս լսել «մանկաժողովի» մասին:

— Ի՞նչպես չէ, լսել եմ:

— Եվ ի՞նչ միջոց ես գործ դրել այդ զազանային հարկահանության առաջն առնելու համար:

— Արել եմ, ինչ կարողացել եմ...

— Գիտեմ, շատերին հեռացնել ես տվել դեպի գյուղերը, — ընդհատեց գերապայծառը, — գիտեմ մինչև անգամ, թե որ ընտանիք որտեղ է թաքցրել յուր գեղեցիկներին:

Տեր-Անդրեասը մի անհանգիստ շարժում արավ և աչքերը անթարթ Երազմոսի վրա ուղղելով ասաց,

— Հույս ունիմ որ քո այդ հետաքրքրությունը մեզ վնաս պատճառելու նպատակով չէ եղած:

— Ով Տիրամայր, սուրբ Աստվածածին, — բացականչեց հայր Երազմոսը ձեռքերը դեպի երկինք ամբառնալով. — լուսավորիր դու խավարած մտքերը, հավատ ներշնչիր կասկածով տանջվող սրտերին... — Ապա դառնալով երիտասարդ երեցին՝ ավելացրեց.

— երբեք չէի հուսալ թե եկեղեցվո ընտիր և իմաստուն մի պաշտոնյա, որպիսին դու ես, կարող է հավատալ թե՝ մի արքեպիսկոպոս կկատարե այնպիսի գործ, որ վնաս բերե Քրիստոսի հոտը զարդարող մանուկներին, թե նա կմոռանա Հիսուսի սուրբ պատվերը, որ ասում է, «Ոչ են կամք հոր իմոյ, որ յերկինս է, թե կորիցե մին ի փոքրկանցս յայսցանեձ»:

— Մի մեղադրիր ինձ իմ կասկածոտության համար, — հարեց երեցը մեղմությամբ. — մինչև այսօր ունիթորները այնքան թշնամաբար են վարվել մեր եկեղեցու հետ, որ ես իրավունք ունիմ այժմ...

— Թերահավատել այն բարիքի մասին, որ մեզանից պիտի հասնի ձեզ, այնպես չէ՞, — ընդհատելով երեցին՝ հարցրեց Երազմոսը:

— Այո, չեմ ծածկում ճշմարտությունը:

— Եվ երբեք չպետք է ծածկել: Բայց այժմ, պատվելի եղբայր, մի կողմ պիտի դնենք ամեն թշնամություն, եկեղեցուն վտանգ է հասնում, դրա առաջն առնելու համար մենք պիտի միանանք:

— Միանանք... ի՞նչպես:

— Դուք պիտի ընդունեք փրկության այն միջոցը որ ես առաջարկում եմ ձեզ:

— Այսի՞նքն:

— Մի անմեղ միջոց, մի անվնաս ճանապարհ:

— Բարի, բայց ի՞նչ միջոց է այդ:

— Դուք պիտի ցուցակագրեք և հանձնեք ինձ Ագուլիսի այն բոլոր ընտանիքների անունները, որոնք ունին գեղեցիկ տղաներ ՈՂ աղջիկներ, և իհարկե, հայտնեք Շահաբասին, որ դրանք բոլորն էլ պատկանում են իմ հոտին:

— Ինչու համար այդպես անենք:

— Դրա համար՝ որ եթե հիշածս ընտանիքներից մանուկներ վերցնե շահը, նրան հայտնեմ թե՝ դրանք պատկանում են սրբազան պապի հոտին:

— Այդ առարկությունը չի փրկիլ մեր մանուկներին, — նկատեց երեցը:

— Ինչպե՞ս թե չի փրկիլ, մի՞թե չես լսել այն մենաշնորհի մասին, որ շահը հատկացրել է սրբազան պապի հոտին: Հայր Պողոսն այդ մասին խոսել է կաթողիկոսի հետ:

— Ո՞վ է հայր Պողոսը:

— Միթե չգիտես: Հայր Պողոս Մարիաի-Չիտտագինի. սրբազան պապի գերապայծառ նվիրակը:

— Այո, լսել եմ նրա մասին:

— Բայց լսելը բավական չէ. պետք է իմանալ, թե՝ ինչ մեծ ծառայություն է արել նա քրիստոնյա աշխարհին: Այսինքն. ոչ թե նա, այլ սրբազան պապի սուրբ նամակը, որ նա բերել է շահին: Ծանո՞թ ես դու այդ պատմության հետ:

— Լսել եմ մի քանի բան:

— Բոլորը պետք է լսել, այդ կարևոր է:

Այս ասելով՝ հայր Երազմոսն յուր դիրքն ուղղեց, փակեղը, որ իջել էր ճակատի վրա՝ բարձրացրեց և գլուխը վեր առնելով՝ նորեն սկսավ խոսել.

— Դու գիտես, պատվելի եղբայր, թե ի՞նչ զոռոզ թագավոր է Շահաբասը: Նա երկյուղ չունի աշխարհի և ոչ մի հզոր տիրապետից: Բայց և այնպես մի տարի առաջ երբ հայր Պողոս Չիտտագինին ներկայացավ նրան Ֆարահաբադում — իբրև նվիրակ սրբազան պապի և իբր դեսպան Ֆրանգի ու Սպանիո թագավորների, Շահաբասը ընդունեց նրան ամենամեծ պատվով, նստեցրեց ոսկեկար օթոցի վրա և լսեց նրա խնդիրը լուրջ ուշադրությամբ: Այդ բավական չէ, շահը հայր Պողոսին սեղանակից արավ իրեն երեք անգամ և ընծաներ տվավ նրան յուր թանկագին գոհարներից: Դրանք այնպիսի մեծ պատիվներ են, որոնց պարսկաց գահակալները, գոնե մեր ժամանակներում, դեռ չեն արժանացրել ոչ ոքի: Բայց հայր Պողոսին արժանացրին: Որովհետև նա ձեռքին ուներ սրբազան պապի նամակը, նա ներկայացել էր շահին իբրև նվիրակ այն մեծ ու վեհապանծ Աթոռի, որի առաջ ծունկ են խոնարհում թագավորները և որի փոշին համբուրում են աշխարհի հզորագույն իշխանները...:

Վերջին խոսքերը գերապայծառն արտասանեց հանդիսավոր եղանակով և մի քանի վայրկյան լռելուց հետո՝ նորեն շարունակեց.

— Այո, ծանր է այն ազգի դրությունը, որին զորավիգ չէ այսպիսի հզոր գահակալ և որի մեծավորի կամ առաջնորդի վրա ակնածությամբ չեն նայում արդի բռնակալները: Ինչ կարող է անել, օրինակ, Մելիքսեդեկ կաթողիկոսը յուր ազգի համար... մի մարդ, որ յուր անձն իսկ չկարողացավ պաշտպանել Շահաբասի բռնությունից և որը մի ամբողջ ազգի գլուխ լինելով՝ բանտարկված ու շղթայված է այսօր իբրև հասարակ մի հանցավոր...:

— Ի՞նչ ես ուզում ասել դրանով, գերապայծառ հայր, — ընդհատեց երեցը կարգապետին:

— Այն, թե անհրաժեշտ է որ մարդիկ այսպիսի թշվառության օրերում պաշտպան ունենան իրենց այնպիսի մի հզոր անձն, որպիսին է, օրինակ, սրբազան պապը:

Տեր-Անդրեասը ժպտաց:

— Դու չհավանեցի՞ր իմ խոսքին, — հարցրեց կարգապետը՝ հայացքը սևեռելով քահանայի վրա:

— Ընդհակառակն: Բայց կուզենայի իմանալ թե ինչու սրբազան պապը չի պաշտպանում Արևելքի բոլոր քրիստոնյաներին՝ եթե արդարև՝ այդքան զորավոր է նա:

Հայր Երազմոսի սիրտը թունդ ելավ, նրան թվաց թե՝ բախտըն արդեն մաքրում է յուր ճանապարհի արգելքները:

— Զորավո՞ր, մի՞թե դու կասկածում ես նրա զորության մասին, — խոսել սկսավ նա զվարթ ձայնով: — Քահանայապետի զորության ապացույցը յուր նվիրակի փառավոր ընդունելությունն է և ավելի ևս՝ այդ ընդունելության հետևանքը: Սրբազան պապը յուր նամակում առաջարկել էր Շահաբասին երեք խնդիր. ա) պարսկի փոխարեն՝ հայ ունիթոր կարգել վերատեսուչ այն գավառների վրա, ուր ապրում են վերջինները: բ) «Մանկաժողով» չանել Հռովմա գահին հավատարիմ բոլոր հայերի մեջ: գ) Վերադարձնել այն սրբազան սպասները, որ պարսիկները հափշտակել էին Երնջակա և Ջահուկի մեր եկեղեցիներից: Շահաբասը այդ երեք խնդիրներն ևս կատարեց անմիջապես: Բայց այդ դեռ բոլորը չէ: Նա այնքան է սիրել հայր Չիտտագինիին, որ շարունակ պտտեցնում է հետը ուր որ գնում է, և այդ հանգամանքը օգնում է սրբազան պապի նվիրակին հետզհետե նորանոր արտոնություններ ձեռք բերել: Այժմ ահա, օրինակ, մեր գյուղերից մի քանիսին «թարխանություն» է տվել շահը, մի քանի ավաններ «խաս» է արել. իսկ շատ անձինքների պաշտոններ է հատկացրել թե բանակի մեջ և թե վարչական գործերում: Հայր Պողոս Չիտտագինին հույս ունի այսուհետև դեռ էլի նորանոր արտոնություններ ձեռք բերել: Այս ամենը, պատվարժան եղբայր, հաջողվում է մեզ նրա համար, որ շահը ցանկանում է հաճելի լինել սրբազան պապին: Դու հարցնում ես թե՝ ինչո՞ւ, ուրեմն, սուրբ քահանայապետը, այդքան զորավոր լինելով՝ չէ պաշտպանում Արևելքի բոլոր քրիստոնյաներին, բայց չգիտես որ նա, ընդհակառակն, սաստիկ ցանկանում է, ի սրտե փափագում է ամենքին հովանավորել և հենց այդ իմաստով էլ նոր կոնդակ է ղրկել ընդհանրական երեսփոխան հայր Չիտտագինիին: Իսկ վերջինս, պետք է խոստովանել, աշխատում է այդ մասին գերազանց եռանդով: Քեզ օրինակ այս վերջին դեպքը: Հենց որ Շահռուխ-բեկը հայտնում է նրան «մանկաժողովի» մասին, նա իսկույն հրավիրում է ինձ Նախճվանից Երևան: — Քրիստոսի հոտը, գերապայծառ հայր, վտանգի մեջ է, շտապիր փրկել նրան... ասում է նա ինձ և իսկույն էլ գործելու հրահանգներ տալիս: Այս հրահանգների մասին, խոստովանանք լինի մեր մեջ, նա խոսել է նաև Ամիրգյունե նախարարի հետ և նրա հաճությունը ստացել: Բացի այդ, հայր Չիտտագինին տեսնվել է նաև կաթողիկոսի հետ...:

— Ի՞նչ հրահանգներ են դրանք, — հարցրեց երեցը հետաքրքրությամբ:

— Այն, որ ես շտապեմ Ագուլիս, հայտնեմ բոլորիդ գալիք վտանգը և ձեզ հետ միասին հոգամ նրա առաջն առնելու միջոցների մասին:

— Բայց ինչո՞ւ առաջին այցելությանդ ժամանակ չհայտնեցիր ինձ այդ... — հարցրեց երեցը կասկածոտ մի հայացք ձգելով հայր Երազմոսի վրա:

— Որովհետև դեռ չգիտեի թե կհաջողի մեզ այդ բարի գործը կատարել... կամ թե դուք կօգնե՞ք մեզ այդ բանում:

— Ի՞նչպես թե կօգնենք... մի՞թե մենք մեր ժողովրդի թշնամին ենք:

— Ինչ մեղքս ծածկեմ, տարակուսում էի, մանավանդ որ ձեր կաթողիկոսը, երևի տանջանքներ կրելուց անզգայացած, չէր կարողացել հայր Չիտտագինիի տված խորհուրդների իմաստը ըմբռնել և հետևապես, օգտվել նրանցից: Բայց ես եկա այստեղ, որպեսզի խոսեմ ժողովրդի հետ և խորհրդակցեմ նրա սիրտն ու հոգին ի մոտո ճանաչող հովիվների, այսինքն ձեզ հետ, հուսալով որ դուք ավելի խոհեմ և հեռատես կգտնվիք և չեք վարանիլ այսպիսի դեպքում զոհել փոքրիկ շահերը առավել մեծագույնը ձեռք բերելու համար:

— Փոքրիկ շահե՞ր... ի՞նչ շահեր պիտի զոհենք, — հարցրեց երեցը աչքերը մեծ բանալով:

— Մնոտի, պարծանքի, ինքնասիրության և այլ նման շահեր:

— Որո՞նք են դրանք:

— Այն, որ չեք հակառակի՝ եթե Ագուլիսում մի քանի հարյուր տուն՝ հայ կոչվելու փոխարեն, ունիթոր անունը կրեն:

— Բայց ինչո՞ւ այդ անունը կրեն:

— Որպեսզի ազատվին իրենց որդիքը շահի դուռը ղրկելու հարկից:

— Եվ ուրեմն ա՞յդ գնով մենք, պիտի վայելենք սրբազան պապի հովանավորությունը, — հարցրեց երեցը ժպտալով:

— Անշուշտ, ուրիշ կերպ անհնար է: Շահը խոստացել է «մանկաժողով» չանել միայն ներ պապական հոտի մեջ:

— Եվ որպեսզի մենք «մանկաժողովից» ազատվենք, պիտի անպատճառ պապակա՞ն դառնանք:

— Այդ է միակ ճանապարհը, — հարեց կարգապետը: Տեր-Անդրեասը լռեց: Բայց յուր հայացքը սևեռել էր հայր Երազմոսի վրա:

Ի՞նչ կարդաց վերջինս այդ հայացքի մեջ, գուշակել դժվար էր, բայց նա երևի զգաց յուր առաջարկության ստորացուցիչ լինելը, ուստի ավելացրեց.

— Մեր պահանջն այն չէ, որ այդ մի քանի հարյուր տունը անպատճառ այսօր պապականություն ընդունին, չէ՛, այլ որ վկայեն Շահաբասի առաջ թե՝ այո, իրենք պատկանում են մեր հոտին, իսկ դուք ձեր կողմից այդ վկայությունը հաստատեք:

— Այդպիսի առաջարկության պատասխանելն մեր իրավունքից վեր է, — ասաց տեր Անդրեասը, — այդ հարցին կարող է լուծումն տալ միայն հոգևոր տերը:

— Իսկ եթե նա մերժո՞ւմ է:

— Մենք ևս պիտի մերժենք…

— Բայց եթե ժողովուրդը ցանկանա հետևել մեր խորհրդին:

— Մենք կարգիլենք նրան այդպիսի քայլ անել:

— Դուք ուրեմն ժողովրդի թշնամի՞ն եք:

— Ոչ, բարեկամը:

— Բայց ո՞րն է ապացույցը:

— Այն, որ թույլ չենք տալիս նրան մայրենի եկեղեցու ծոցից հեռանալ:

— Այստեղ եկեղեցու խնդիր չկա, այլ միայն հոգիներ փրկելու… Ձեր առաջնորդն, ըստ երևույթին, ավելի խելոք և հեռատես է, նա ոչ միայն համաձայնեց իմ առաջարկության, այլև շնորհակալ եղավ այն խնամքի համար, որ ես տածում եմ դեպի յուր հոտը:

— Առաջնորդն համաձայնե՞ց, — հարցրեց երեցը զարմանալով:

— Այո, և այն էլ ուրախությամբ:

— Բայց ի՞նչ պայմանով:

— Այն, որ քահանաները ևս միանան յուր հետ: Եվ նա, պետք է ճշմարիտը խոստովանել, ամենից ավելի նշանակություն է տալիս քո խոսքին:

— Իմ խոսքի՞ն, ինչո՞ւ համար, չէ՞ որ քահանաների մեջ ես ամենից կրտսերն եմ:

Այո, բայց նա ասաց թե՝ ամենից մեծ հեղինակություն դու ես վայելում ժողովրդի մեջ և եթե դու համակերպիս իմ առաջարկության, մյուսներն անմռունչ կհետևին քեզ: Նույնը կրկնեցին ինձ շատ ազդեցիկ ազգւլեցիներ, որոնց հետ առիթ ունեցա խոսելու: Ամենքն ասում են թե՝ կընդունենք այդ առաջարկությունը եթե միայն տեր-Անդրեասը միանա մեզ հետ: Իսկ ես կարծում եմ թե՝ դու այնքան հեռատես կլինիք, որ ի չարը չես գործ դնիլ ժողովրդի դեպի քեզ ունեցած վստահությունը և նրան կսիրես այնքան, որ նույնիսկ յուր շահը պաշտպանելու համար կընդունես իմ խորհուրդը՝ առանց վարանելու, զի փրկության միակ ճանապարհն այն է, որ ահա առաջարկում եմ քեզ:

Երիտասարդ երեցը լուռ նայում էր կարգապետին և կարծես դժվարանում էր պատասխանել: Առաջնորդն ու ժողովրդի մեծերը խնդրի վտանգավոր կողմը տեսնել չկարողանալով, տվել էին իրենց համաձայնությունը: Բայց ինքը գիտեր, տեսնում էր այն թակարդը, որ ունիթորների կարգապետը, հանգամանքներից օգտվելով, լարում էր հայ ժողովրդի համար: Հետևապես, եթե համաձայներ նրա առաջարկության, կգործեր յուր խղճի և պարտավորության դեմ, դավաճանելով ընդնմին և յուր հոտի շահուն, իսկ թե հակառակեր, կգրգռեր յուր դեմ կարգապետի թշնամությունը, որով և, գուցե, կորուստ պատճառեր մի քանի տասնյակ մանուկների: Վերջին հանգամանքը կշարժեր յուր դեմ նաև առաջնորդի և յուր կարգակիցների զայրույթը, որոնք և իրենց կողմից ժողովրդին կկանգնեցնեին յուր դեմ:

Այս մտածությունները երկար պիտի զբաղեցնեին տեր-Անդրեասին, եթե հայր Երազմոսը լռությունը չընդհատեր:

— Հա, ի՞նչ ես որոշում. համաձայնո՞ւմ ես թե ոչ:

Կարգապետի ձայնը ցնցեց քահանային և նա գլուխը բարձրացնելով վճռաբար պատասխանեց.

— Ոչ:

— Այդ պատասխանը չէի սպասում, — ասաց կարգապետը:

— Ուրիշ պատասխան չէի կարող տալ, — հարեց երեցը: Քանի որ առաջնորդը իմ համաձայնությանն է սպասում, քանի որ ժողովուրդը իմ ընտրությանն է հավատում, ես ի չարը չեմ գործ դնիլ ոչ մեկի և ոչ մյուսի հավատարմությունը:

— Բայց նրանք համաձայնել են, — ընդհատեց հայր Երազմոսը:

— Նրանք խնդրի մի երեսն են նայել, իսկ մյուսը՝ ինձ են թողել նայելու:

— Եվ դու ի՞նչ ես գտնում այդ երեսի վրա:

— Այն, որ տեսնում եմ թե՝ քո առաջարկած խորհրդին հետևելով իմ ժողովուրդը կստանա միայն խաբուսիկ և ժամանակավոր օգուտ, մինչդեռ կրած վնասը կլինի հավիտենական:

— Ինչո՞ւ այդպես ես կարծում:

— Որովհետև դու առաջարկում ես իմ առաջնորդին, կարգակիցներին և ժողովրդին՝ որ նրանք Շահաբասի առաջ վկայեն թե՝ այսքան հարյուր տուն պատկանում են քո հոտին: Բարի: Դիցուք թե վկայեցին: Այդ մի քանի հարյուր տան մեջ գտնվող մի քանի տասնյակ գեղեցիկները, հարկավ, կազատվին Շահի ձեռքից, բայց ի՞նչ կհետևի դրան, այն՝ որ մի քանի տասնյակ մանուկների պատճառով մենք կկորցնենք մի քանի հարյուր ընտանիք և կկորցնենք անդառնալի կերպով:

— Ի՞նչպես թե կկորցնեք, — հարցրեց կարգապետը, իբր երեցին չհասկանալով:

— Այդ մի քանի հարյուր ընտանիքը կդառնան պապական, — պատասխանեց երեցը: Դուք հո թույլ չեք տալ որ հրապարակավ և շահի ներկայությամբ ունիթոր հռչակված հայերը մեկ էլ նորեն իրենց եկեղեցու գիրկը դառնան: Նույնիսկ բռնի ուժով, ֆարրաշների օգնությամբ դուք այդ կարգելեք նրանց, և ոչ մեկը դրանցից չի համարձակվիլ հայտնել թե ինքը Շահի առաջ սուտ վկայություն է տվել, այդպիսի հանցանքի համար կախաղան կհանեն նրան:

— Էհ, թող չդառնան, մի՞թե պապական մնալով նրանք կկորչեն:

— Իմ խորին համոզմունքով՝ պապական եկեղեցուն հարող հայը ընդմիշտ կորչում է յուր ազգի համար:

Կարգապետը տեսավ որ երիտասարդ երեցը թափանցել է արդեն յուր զաղտնիքների խորքը և որ ինքը նրան էլ չի պիտի կարենա համոզել, ուստի ավելորդ համարելով շարունակել զրույցը, վեր կացավ տեղից:

— Ես կամեցա մի բարիք գործել քո ազգի համար, ասաց նա երեցին, դեպի դուռն ուղղվելով, բայց դու արգելք եղար ինձ: Դա մի չարիք, մի հանցանք էր, որ գործեցիր: Շահաբասի նման հզոր թագավորը պտրում է սրբազան պապի բարեկամությունը, հայերը չպետք է մերժեին այն: Այն անխոհեմության հետևանքը կծանրանա, անշուշտ, ազգի վրա և այն ժամանակ մարդիկ կանիծեն քեզ, որ աշխարհային հաշիվների պատճառով արգելք եղար դու բազմաթիվ հոգիների փրկության:

— Այդ հոգիները, գերապայծառ հայր, կփրկվին մեր ձեռքով: Հայոց եկեղեցին, այո, չունի հզոր վեհապետ, միակ կաթողիկոսը կալանավոր է և բանտարկյալ, բայց այդ եկեղեցին ունի դեռ արի զինվորներ, որոնք կդիմադրեն սպառնացող վտանգին, կկռվին քաջաբար, և եթե հարկ լինի, կմեռնեն անտրտունջ՝ եթե չարիքը կզորանա: Ինչ վերաբերում է անեծքին, ես նրանից չեմ վախենում, քանի որ համոզված եմ թե՝ արդար գործ եմ կատարում: Այո, կգտնվին մարդիկ, որոնք կանիծեն ինձ այսօր, բայց նրանց որդիքը կօրհնեն ինձ ապագայում:

— «Արյուն ձեր ի գլուխ ձեր» ասաց կարգապետը և առանց հետևը նայելու դուրս գնաց սենյակից:

## Ժ

Ավանի մեջ շուտով տարածվեցան զանազան լուրեր թե ժողովի մասին, որ տեղի էր ունեցել առաջնորդարանում և թե այն առաջարկության, որ ունիթորների կարգապետը արել էր տեր-Անդրեասին: Այդ պատճառով ժողովուրդը, որ շահի գալստյան առթիվ արդեն վարանման մեջ էր, այժմ սկսավ հուզվիլ ներքին երկպառակությունից: Շուկայի մեջ, հրապարակում և եկեղեցիների բակերում խոսում, դատում և վիճում էին այդ խնդիրների մասին: Մարդիկ բաժանվել էին մի քանի կուսակցության: Դրանցից մինը պաշտպանում էր առաջնորդին և պահանջում՝ որ ետ դարձնեն թաքցրած երեխաներին և նրանց հետ միասին դիմավորելով շահին՝ իրենց հույսը դնեն նրա մեծանձնության վրա, այսինքն, «մանկաժողովն» արգելելու համար՝ փոխանակ անձնիշխանաբար գործելու՝ խոնարհին շահի առաջ և նրա գթությունը հայցեն, հակառակ դեպքում ասում էին նրանք, շահը իմանալով որ գեղեցիկներին թաքցրել ենք, կզայրանա և ավելի մեծ չարիք կհասցնե ժողովրդին: Երկրորդ կուսակցությունը, որ թեպետ փոքրաթիվ, բայց կազմված էր գեղեցիկ զավակների տեր հարուստ ծնողներից, պահանջում էր որ ընդունվի հայր Երազմոսի առաջարկությունը և ցանկացողները ունիթորների թվում գրվելով՝ հաշվվին ու վկայվին հայ հոգևորականությունից իբր պապական եկեղեցուն պատկանողներ: Երրորդ և ավելի զորեղ կուսակցությունը, որ բաղկացած է հոգվով ու սրտով հայ մարդիկներից, երիտասարդներից և քաջ հոգևորականներից, պաշտպանում էր տեր-Անդրեասին և պահանջում՝ որ ամենքն հետևեն նրա խորհրդին և կատարեն այն ինչ որ նա բարվոք և անհրաժեշտ է համարում, որովհետև իրենք մեծ հավատ ունեին այդ մարդու խելքի և հայրենասիրության վրա: Նրանք պաշտպանում էին տեր-հոր այն միտքը թե՝ չպետք է կուրորեն հնազանդել շահին կամ նրա կառավարիչների ամեն մի անիրավ հրամանին, այլ՝ թե երբեմն պետք է, նաև, ընդդիմանալ ցույց տալու համար թե՝ արդարև ժողովուրդը կազմված է կենդանի և զգացող մարմիններից և ոչ թե դիակներից, որոնց կարելի լինի գլորել ուր էլ որ կամենան: Կար և անտարբերների, կամ արքայական հաճության որոնող պաշտոնյաների մի խումբ, որ պնդում էր թե՝ պետք է ամեն բան անել, ամեն ինչ զոհել միայն նեթ Շահի ընդունելությունը փառավոր կացուցանելու համար, և այդ նկատմամբ առաջարկվում էր հետևել միայն մարմնավոր իշխանության ներկայացուցչի, այն է՝ Ագուլյաց վեքիլի հրամաններին և մատակարարել նրան այն ամենը, ինչ որ նա անհրաժեշտ է համարում ունենալ՝ շահնշահի ընդունելությունը փառավորագույն կացուցանելու համար:

Հայոց կողմից լինելիք ընդունելության պատրաստությունը վեքիլը հանձնել էր այս վերջին կարգի պաշտոնյաներին, որոնք և արյուն-քրտինք մտած՝ մեծ աշխատությունների մեջ էին: Դրանցից ոմանք զարդարել էին տալիս տներն ու պատշգամբները, ոմանք քաղաքը լուսավորելու կարիքն էին հոգում, ուրիշները հրավառություններ պատրաստելու ետևից էին. ռազմական կարգերին ծանոթ եղողները շահին դիմավորող խմբերն էին կազմակերպում, իսկ ավելի կիրթ ճաշակ ունեցողները կարգավորում էին երգչուհիների, կաքավողների և, ընդհանրապես, գեղեցկուհիների խմբակներն, ընտրելու այդպիսիներին ոչ միայն ամուսնացյալ կանանցից ու հարսնացու աղջկերանցից (որքան որ կարողանում էին գտնել), այլև կուսանոցներից բերած միանձնուհիներից: Սույն կարգադրիչներն էին, որոնք և վեքիլի անունով հրաման ղրկեցին Անդրեասին, որ նա նշանակված օրն ու ժամին պատրաստ գտնվի Որտուատում յուր բոլոր աշակերտներով: Վերջիններս հարուստ ու ծաղկյա շապիկներ հագած՝ պետք է հետևեին եկեղեցական թափորին, որը կազմելու էր առանջորդը և իրենց քաղցր երգերով շահի լսելիքը զվարճացնեին:

Այս հրամանի վրա աշակերտների ծնողները թափվեցան դպրատունը և լաց ու կոծով խնդրում էին տեր-Անդրեասին մի ճար անել իրենց զավակները շահի առաջ չհանելու համար:

Երեցը ծանոթացրեց նրանց գրոծի դրության հետ և ցավելով հայտնեց, որ այլևս չի կարող օգնել իրենց այդ գործում, որովհետև յուր ծրագիրները վերջնականապես խանգարվել էին կարգադրիչների այդ նոր հրամանով: Բայց նա խորհուրդ տվավ նրանց դիմել առաջնորդին, ասելով թե գուցե նա, իբրև հոգևոր հովիվ, ձեռնհաս լինի գտնել մի պատճառով աշակերտներին Որտուատ չտանելու համար: Երեցը, որ ժողովի օրը այնքան խստությամբ հանդիմանում էր առաջնորդին և այժմ իսկ ամեն անհաջողության պատճառ նրան էր համարում, մի բառով անգամ տրտունջ չհայտնեց նրա դեմ, չկամենալով ծնողների առաջ նվաստացնել յուր իշխանավորին: Այս պատճառով ծնողները, թեպետ և ամեն բանի տեղյակ՝ այսուամենայնիվ, լսեցին տեր-հորը և գնացին առաջնորդի մոտ:

— «Աման, հայր սուրբ, հրամայիր կոտորել մեր երեխաներին, միայն թե նրանց հոգիները դժոխքից ազատիր», — այս խոսքերով դիմեցին նրանք վարդապետին, և չեին կեղծում: Արդարև, նրանք ավելի հեշտությամբ իրենց որդվոց մահը կտեսնեին՝ քան թե նրանց՝ շահի դուռը տանելն ու թուրքացնելը:

Առաջնորդը ծնողների հուսահատությունը տեսնելով, նոր հասկացավ թե՝ ինչու տեր-Անդրեասը յուր բոլոր ուշադրությունը դարձրել էր միայն այդ խնդրի վրա, և շատ զղջաց, որ յուր անխորհուրդ ժողովով ու աղմուկով բանը մեծացրել և երեցի գործին արգելք էր դարձել: Բայց որովհետև սխալն արդեն արված էր և այն ուղղելու ոչ մի հնար չկար, ուստի վարդապետին ոչինչ չէր մնում անել, եթե ոչ խորհուրդ տալ ծնողներին՝ դնել իրենց հույսը աստուծո ողորմության վրա: — «Նա, որ Իսրայելի երեք որդիները ազատեց Նաբուգոդոնոսորի վառել տված հնոցից, անշուշտ ձեր զավակներին էլ կազատե չարիքից», — ասաց նա ծնողներին:

Բայց վերջիններին այդքանը չգոհացրեց: Երկար ու բարակ այս մասին խոսելուց հետո, ծնողներից մինը, որ արհեստով վարսավիրն էր, ասաց.

— Հայր սուրբ, եթե քեզ չլսենք և մեր որդիները չուղարկենք Որտուատ, նրանց, միևնույն է, զոռով դուրս կքաշեն տանից, այդ հաստատ գիտենք: Ուրեմն ուզենք —չուզենք՝ պիտի ղրկենք: Բայց ինչ կասեիր դու, օրինակ, եթե մենք նրանց տգեղացնեինք և այնպես ուղարկեինք:

— Տգեղացնե՛իք... ի՞նչպես,— հարցրեց առաջնորդը:

— Այնպես, ինչպես որ կարող ենք, կամ հնարավոր կլինի:

— Եթե կարողանաք տգեղացնել այնպես՝ որ չերևա թե արհեստական կերպով եք տգեղացրել, ինչո՞ւ չէ կարելի է,— համաձայնեց առաջնորդը:

— Ես այնպես կանեմ, որ արհեստական չի երևալ:

— Բայց ի՞նչ կանես, — հարցրեց մի ուրիշը:

— Նախ կսափրեմ երեխայի գլուխը. այդպիսով նրա գեղեցկության մի մասը կկորչի: Ապա գիտեմ մի դեղ, որ մորթի վրա քսելուց՝ նրան կարմրացնում և վրան զոնջի պես վերք է գոյացնում: Այդ դեղը կքսեմ և երեխայի գլուխը զոնջոտված (քաչալ) կերևա:

— Մի՞թե այդ վնաս չի պատճառի երեխային,— հարցրեց ծնողներից մինը:

— Ոչ մի վնաս, կամեցած ժամանակդ կարող ես վերքը բուժել մի հասարակ օծանելիքով:

— Եթե այդպես է, մենք ամենքս կարող ենք գործածել այդ միջոցը, — խոսեցին այս ու այն կողմից:

— Եվ դա այն առավելությունն ունի, — հարեց վարսավիրն, որ ամենքին կարծել կտա թե՝ երեխաները վարակված են զոնջով, իսկ այդ հիվանդությունը, ինչպես գիտեք, սաստիկ տարածվող է և մանավանդ, ատելի պարսիկներին, թեպետ հենց նրանք են որ մեծ մասամբ վարակված են այդ ախտով:

Ծնողները բանավոր գտին վարսավիրայի առաջարկությունը և առ այդ վարդապետի համաձայնությունն առնելով իրենց տները ցրվեցան:

Երկու օրից հետ, այն է՝ Որտուատ ուղևորվելու համար նշանակած ժամին Խցաձորի դպրատունը հավաքվեցին տեր-Անդրեասի աշակերտները, բոլորն էլ սափրած գլուխներով և նրանցից գեղեցիկները՝ վարակված արհեստական գոնչով:

Տեր-Անդրեասը առաջին անգամ տեսնելով աշակերտներին, այդպես այլանդակված, զարմացավ, որովհետև ինքը դեռ անտեղյակ էր ծնողների որոշման, բայց երբ հասու եղավ իրողությանը՝ շատ վշտացավ, որովհետև կատարված գործը, ըստ յուր կարծյաց, կարի անխորհուրդ էր: Աշակերտների արտաքին տգեղությունը այնպես էր աչքի ընկնում, որ նրա արհեստական լինելը անկարելի էր ծածկել Շահաբասի սուր տեսությունից:

Բայց այլևս ուշ էր. սխալն անկարելի էր ուղղել: Մնում էր որ տեր-հայրը հնազանդվելով հայ տնօրենների հրամանին պատրաստեր յուր աշակերտները և միանալով հոգևորականների խմբին՝ ուղղվեր Որտուատ:

Այդպես էլ արավ նա:

## ԺԱ

Չնայելով որ Որտուատի հարուստ այգիներն ու պարտեզները զրկված էին իրենց կանաչազեղ զարդերից և ձյունը ծածկել էր ոչ միայն ավանի հետևից բարձրացող լեռնալանջերը, այլև Որտուատն ու նրա շրջակաները, այսուամենայնիվ պայծառ արևը, որ հուշիկ բարձրանում էր Ալանգեոզի ետևից, մի առանձին կենդանություն էր տվել թե կանաչազուրկ այգեստանին և թե նրա առապարուտ շրջականերին: Գյուղաքաղաքը, որ արդեն անսովոր շարժման մեջ էր, գեղեցիկ եղանակի շնորհիվ ավելի ուրախ կերպարանք առավ: Փողոցներում գեռում էր ամբոխը. ֆարրաշները պտտում էին խմբերով, իսկ ֆարրաշբաշիները հրամաններ էին տալիս, որոնք կատարվում էին արագ ու ճշտությամբ: Դրանցից շատը կայանում էր նրանում՝ որ հայհոյանքով ու հարվածներով հալածում էին խուժանը մի փողոցից դեպի մյուսը, կամ անցքերը մաքրում խռնված ժողովրդից: Այդ ճնշումներից ազատ էին մնում կտուրների վրա հավաքված հանդիսատեսները, տղամարդիկ թե կանայք, որոնք հետաքրքրությամբ սպասում էին շահի գալստյան: Դրանցից առաջինները խռնված էին տանիքների բաշերի վրա, իսկ վերջինները՝ նրանց հետևում, ծածկված սպիտակ շղարշատեռերով և ապավինած, կարծես, տղամարդկանց պաշտպանության: Փողոցներից անցնող ֆարրաշները դիտում էին այդ ծածկվող դեմքերը վայրենի հայացքով և, կարծես, զայրանում, որ չեն կարողանում բարձրանալ դեպի վեր և հափշտակել նրանց պաշտպանների ձեռքից: Սակայն ժողովուրդը ապահով էր այդ օրը ամեն օրերից ավելի, որովհետև շահի գալուստը ամեն չարագործական եռանդ զսպել ու սառեցրել էր:

Ագուլիսի վեքիլը, որ անձամբ հսկում էր տեղի ունեցող պատրաստությանց վրա, այդ միջոցին գտնվում էր ավանից դուրս: Որտուատի կարգապահությունը հանձնելով յուր վերակացուներին, նա իջել էր դեպի Երասխը ձգվող մեծ հարթավայրը ուր ժողովված էր արդեն աշխարհախումբ բազմություն: Այդտեղ գտնվում էին Սիսականի այն բոլոր ընտրյալները, որոնք պիտի դիմավորեին շահին առանձնապես: Մելիքներ, ազնվականներ, դատավորներ, խոջաներ, ամեն մինը յուր սեփական մարդիկներով և ավագության կարգով՝ բռնած էին մի որոշ տեղ: Դրանց հետևում էին պարսիկ կրոնավորներն իրենց կրոնապետով և հայ ու կաթոլիկ հոգևորականներն իրենց առաջնորդներով, երգեցիկներով և եկեղեցական հարուստ սպասավորությամբ: Դրանց հետ էին նաև Սյունյաց կուսանոցներից եկած միանձնուհիները, այլև, տեր-Անդրեասի աշակերտները, որոնք, հայ տնօրենների կարգադրությամբ, հագած էին ծաղկյա հարուստ շապիկներ և ձեռքերնին բռնած դեղնամոմի ճրագներ: Աշակերտներից հետո գալիս էին գեղեցիկ պատանիների և երիտասարդուհիների խմբերը՝ շքեղապես զարդարված: Ապա գուսանական պարերը (խումբ), կազմված ամենաընտիր գեղեցկուհիներից:

Այս առաջին ու ընտրյալ խմբերին հաջորդում էին արհեստավորների դասակարգերը՝ իրենց բազմազան ու գույնզգույն դրոշակներով, ապա Սիսականում գտնվող զորքերը և վերջն՝ ամբոխաասատ մի բազմություն, որ գրաված ուներ ոչ միայն հարթավայրի տարածությունը, այլև մերձակա բլուրներն ու կարավանի ընդարձակ ճանապարհը:

Վեքիլն աշխույժ նժույգի վրա նստած և ֆարրաշներին հետևից ձգած՝ անընդհատ անցուդարձ էր անում բազմության միջով, հրամաններ էր տալիս վերակացուներին և երբեմն էլ քաղցրությամբ ու ժպտադեմ խոսում էր մելիքների, բեկերի և հոգևոր առաջնորդների հետ, սպասելով բոլոր ժամանակ թե երբ կերևա առաջին սուրհանդակը, որ պիտի ավետեր շահի գալուստը:

Եվ ահա կեսավուր մոտ, Ջուղայի ճանապարհով արշավասույր ընթացող մի ձիավոր՝ ձեռքին բռնած դրոշը ծածանելով՝ հայտնեց ամենքին շահի մերձենալը: Իսկույն ամբոխի մեջ բրդեց մի շշուկ, ժողովուրդը տեգից խլրտեցավ և խումբերը սկսան տատանիլ ինչպես ալեկոծության մոտեցող ծովի կոհակներ: Փողերն ու թմբուկները որոտացին և նրանք արձագանքը սկսավ մերձակա ձորերն ու լեռները թնդացներ:

Շուտով երևաց շահին ուղեկցող հեծյալների գունդը, որ արշավասույր դիմում էր Որտուատ, ապա արքայական ասպախումբը, որի առաջին հեծյալը ինքը հզոր Շահաբասն էր, նստած ահիպարանոց նժույգի վրա: Նրան հետևում էին յուր մերձավոր իշխաններն ու գլխավոր զորապետները, որոնց գեղեցիկ զեն ու զարդը փայլփլում էր հեռվից իբրև ոսկեղեն միապաղաղ զանգված: Դրանցից հետո գալիս էր Շահի հարեմը, զետեղված զանազան պատգարակներում, ոմանք ծածկված էին թանձր քողերով ու վարագույրներով և բարձված զույգ զույգ ջորիների վրա: Սևամորթ ներքնապետը, յուր զրահավորված ներքինիներով հսկում էր այդ անմատույց սրբարանին: Իսկ դրանց բոլորին հետևում էին վերջապահ հեծելախմբերը:

Հասնելով հարթավայրին՝ շահը ողջունեց իրեն ընդառաջող բազմամբոխ ժողովրդյան, որը լուռ և խոնարհ երկրպագում էր իրեն, ապա արշավասույր ընթացքով ուղվեցավ Որտուատ, ուր փոքր միջոց հանգստանալով ապա պիտի ճամփվեր Ագուլիս:

Բյուրավոր աչքեր այդ վայրկյանին իրենց տեսությունը լարել էին ահավոր Շահաբասին տեսնելու համար: Տների կտուրներից, պատուհաններից և փողոցների բարձրավայրերից նայում էին նրան երկյուղով և հիացմամբ: Եվ տիրապետն այդ վայրկյանին արժանի էր, արդարև, յուր համբավին: Նա նստած էր արաբական ազնվարյուն նեջեղիի վրա, որի ասպազենը ծածկված էր ոսկեձույլ ու հակնթակապ զարդերով: Նժույգի բարձր ու սեգ հասակին քաջ համապատասխանում էր հեծյալի հաղթանդամ և քաջալանջ իրանը, հպարտ բայց կարճավիզ գլխով, խոշոր և գիրուկ դեմքով, հարուստ ու առատ ընչացքներով, որոնք անոլոր ցրված էին ածիլած ծնոտների վրա և մեծ մեծ ու գեղեցիկ աչքերով, որոնք նայում էին յուր շուրջը սուր և թափանցող հայացքով և կարծես սպառնում՝ որ ոչ մի մահկանացու՝ հարուստ լինի նա թե աղքատ, արդար թե հանցավոր, չհամարձակվի փախչել յուր արքայական տեսությունից: Նա հագած էր հնդկական նրբագործ խլա, որի օձիքն ու կուրծքը բանված էին ոսկով, մարգարիտով և մեծագին գոհարներով: Կապած էր ոսկեհուռն և հակընթակապ գոտի, որից քարշ էր ընկած դամասկյան կեռ սուրը՝ համակ ոսկեպատ և ակնակուռ: Գլխին ուներ արքայական խույր, որին հովանավորում էին թանձր ցցունքներ: Խույրի ճակատը զարդարված էր գույնզգույն քարերով, իսկ նրա ձախ կողմի վրա փայլում էր շողակնյա մի մեծ աստղ, որի մեջ ցցված էր արքայական ջղան: Շահի հարուստ զարդարանքները լրացնում էին նրա երկու գինդերը, բաղկացած երկու խոշոր ձվաձև հակինթներից, որոնք փայլում էին նրա ականջների վրա՝ իբրև զույգ հրավառ աստղեր և ոսկեձույլ հմայելը, որ կապած էր թևի վրա:

Անցնելով Որտուատի կամուրջը, նա ուղղվեցավ դեպի մեծ հրապարակը, որի վրա կառուցած էր նախկին տիրապետ Ղասաբ Հաջիի շքեղ ապարանքը, որ տասննչորս տարիներից, այն է՝ Ղասաբ Հաջիի օսմանցիներից գերվելուց ի վեր՝ գտնվում էր տխուր և անփառունակ դրության մեջ: Այդ օրը, սակայն, այդ ապարանքն զգացել էր յուր նախկին պերճությունը: Նրան զարդարել էին թավշով ու կերպասով, հատակների վրա փռել մեծագին գորգեր, փենջարանները զարդարել վարագույրներով, իսկ սանդուղքներից սկսած մինչև հրապարակի դուռը տարածել էին կարմիր փիանդազ, որի վրայով պիտի անցներ երկրի տիրապետը: Ապարանքի գլխավոր դահլիճի մեջ, որ զարդարված էր ոսկեկար օթոցներով և փղոսկրյա կահերով ու կարասիներով՝ բացված էր համադամ նախաճաշի սեղան: Այդտեղ պատրաստ կեցած էին նաև երգիչ գուսաններ և ընտիր գեղեցկուհիների մի խումբ, որ պերճորեն հագնված, կիսամերկ կրծքով ու հոլանի թևերով պիտի սպասավորեր շահին՝ մատուցանելով նրան անուշ խորտիկներ, ազնիվ գինի, ընտիր պտուղներ և քաղցրահույզ օշարակ:

Միսականցվոց ընդունելությանը հաճելի տպավորություն էր արել շահի վրա. այդ պատճառով նա յուր օթևանը մտավ ուրախ տրամադրության մեջ, սիրալիր կերպով ողջունեց հանդիսապետներին: Երբ նրա շուրջը խմբվեցան յուր ավագներն ու իշխանները, նա հրամայեց ներս հրավիրել նաև հայոց գլխավորներին, այն է՝ մելիքներին, ազնվականներին և նրանց հոգևոր առաջնորդներին, ի թիվս որոց և ունիթորների կարգապետին և պապի նվիրակին: Ըստ յուր հաճոյախոս բնավորության, շահն ամենքին ողջունելով՝ արժանի արավ նրանց, նաև, մի քանի բարեհաճ հարցերի, որից հետո և հրավիրեց ամենքին՝ նախաճաշ վայելել յուր հետ միասին:

Այդպես նա անում էր հաճախ, չնայելով որ յուր պարսիկ իշխանների համար մեծագույն մի նախատինք էր՝ նստել քրիստոնյաների հետ միասին և ճաշել միևնույն սեղանի վրա: Բայց որովհետև հրամայողը հզոր Շահաբասն էր, ուստի ոչ մի շրթունք չէր համարձակվում տրտունջ շշնջալ նրա դեմ:

Նույնիսկ պարսիկ կրոնապետը կատարում էր այդ հրամանը կուրորեն, որովհետև համոզված էր, որ հակառակ դեպքում կկապեին իրեն ձիու պոչին:

Բայց շահի յուրաքանչյուր այդպիսի արարք կապ ուներ մի նենգ և, շատ անգամ, անարգ դիտավորության հետ: Հաճախ նա պատվում կամ բարձրացնում էր մարդուն միայն նրա համար, որ նորեն նվաստացնելով ավելի ևս զգալ տա նրան յուր անկման նախատինքը: Բազմացնելով յուր սեղանի վրա հայոց գլխավորներին՝ նա, միևնույն ժամանակ, առանձին հրամայել էր՝ ներս բերել նաև հայոց կաթողիկոսին, որին շղթայակապ հասցրել էին Որտուատ՝ այդտեղից Ագուլիս և անտից Պարսկաստան տանելու համար: Գուսանական երգերով և զինարբությամբ համեմված հացկերույթի միջոցին՝ հանկարծ հնչեցին դահլիճում կալանավորի շղթաները: Բոլորը ետ նայեցան: Պարսիկ իշխաններին տիրեց մեծ հրճվանք, հաճության ժպիտ խաղաց, նաև, ունիթորների կարգապետ Հայր Երազմոսի և պապի նվիրակ Չիտտազինիի դեմքերին, մինչդեռ հայ ավագները կարծես շանթահար եղան, նրանց դեմքերը այլագունեցան և քիմքերը դառնացին...: Նրանց առաջ կանգնած էր Մելիքսեդեկ կաթողիկոսը՝ ճնշված և նվաստացած, նիհար ու դալկադեմ: Աղքատիկ մի քուրձ հագիվ էր պաշտպանում նրա մարմինը ձմռան ցրտությունից և դեղնած վեղարը ծառայում էր իրեն ոչ իբր գլխանոց՝ այլ իբրև ծածկույթ յուր դեմքին, որի վրա նկարված էր այնքան վիշտ ու տառապանք:

— Այսպիսի մի ուրախության օր, երբ հայ իշխաններդ վայելում եք ինձ սեղանակից լինելու բախտավորությունը, ես կամեցա մի ուրիշ հաճույք էլ պատճառել ձեզ, — խոսել սկսավ շահը կեղծավորաբար. — գիտեմ որ դուք սիրում եք ձեր խալիֆին, ուստի նրան Իրան դրկելուց առաջ (որտեղից այլևս նա չի դառնալու), կամեցա որ վերջին անգամ յուր տեսությունը վայելեք:

— Թող աստված երկար կյանք պարգևե շահին, որ այդքան առատորեն թափում է մեզ վրա յուր ողորմածության պարգևները, — պատասխանեց հայոց առաջնորդը՝ խոնարհելով մինչև գետին:

Այդ պատասխանը թեպետ միամտաբար տրվեցավ, բայց նա ազդեց խորագետ շահի վրա, որովհետև զգալ տվավ նրան թե հայ առաջնորդի բարեմաղթությունը նույն արժեքն ունի յուր համար, ինչ որ յուր «պարգևները» հայ ազգի համար:

Բայց ինչու արդյոք շահը բերավ կաթողիկոսին այդտեղ, ինչ նպատակի էր ծառայում նրա այդ վայրենի զվարճությունը:

Առաջին նպատակն այն էր՝ որ հայ իշխանները տեսնելով իրենց պետին այդ նվաստ դրության մեջ, ամաչեն, նամուսի գան, և շահին տալիք նվերների հետ միասին վճարեն, նաև, կաթողիկոսի, կամ որ նույնն է, Էջմիածնական Աթոռի պարտքը (որը դեռ օսմանցիների տիրապետության ժամանակից հանիրավի դրված էր սուրբ Աթոռի վրա), երկրորդ՝ կամենում էր հաճույք պատճառել պապի նվիրակին՝ գիտենալով նրա հակառակությունը հայոց եկեղեցու հետ և դրանով նրան պարտավորեցնել՝ ծառայել յուր կամքին ուրիշ դեպքերում: Երրորդ՝ այդպիսով ամոքում էր շահը յուր հավատարիմների սիրտը, միևնույն ժամանակ հասկացնելով նրանց թե ձեր համար միայն վայրկյանի գործ է՝ գլորել մեկին ամենաբարձր աստիճանից մինչև ստորագույնը, եթե նա կիանդգնի անհաճո լինել իրեն որևէ մի բանով:

Կաթողիկոսը կանգնած մնաց դահլիճում մինչև նախաճաշի վերջը, որից հետո զինվորները վերադարձրին նրան յուր արգելանոցը: Ոչ ոք հայերից չհամարձակվեցավ նույնիսկ ամենաթույլ դժգոհության մի ցույց արտահայտել շահի դեմ: Միայն Անդրեաս երեցը, որ յուր աշակերտների հետ միասին կանգնած էր դրսի սրահում և ի պատիվ շահի երգել էր տալիս նրանց, տեսնելով կաթողիկոսին շղթայակապ, իսկույն հուզվեցավ և ծունկ չոքելով նրա առաջ՝ աջը համբուրեց: Նույնն անել տվավ նա և յուր աշակերտներին: Բացի այդ, բոլոր ժամանակ որ կաթողիկոսը գտնվում էր դահլիճում, նա թույլ չտվավ որ յուր աշակերտները երգեն: Այս հանգամանքը, բարեբախտաբար, աննկատելի մնաց շահի և դահլիճում գտնվող մեծամեծների համար, որովհետև գուսանական երգերը ավելի էին գրավում նրանց, քան հայ աշակերտների մեղեդիները:

Քիչ ժամանակից հետո հանդիսապետները դուրս եկան դահլիճից՝ արքային ուղեկցող գնացքը կարգավորելու:

Այժմ ամենից առաջ պիտի ընթանար հայ հոգևորականությունը, կազմելով շքեղ եկեղեցական թափոր, կրելով ձեռքին նվիրական սպասներ և շարունակ երգելով ու խնկարկելով: Նրան պիտի հետևեին հայ միանձնուհիները, իրենց առանձին երգչուհիներով: Ապա տեր-Անդրեասը՝ յուր աշակերտական խմբով: Սրանցից հետո պիտի գային պարսիկ հոգևորականները, ազնվականները, ժողովրդյան ավագները, ապա գեղեցիկների և գեղեցկուհիների խմբերը, գուսաններն ու կայթողները, վերջը՝ Շահաբասը յուր թիկնապահներով ու իշխաններով, որոնց և կհետևեին՝ հարեմը, հեծելախումբը և այլն և այլն:

Երբ ամեն ինչ պատրաստվեցավ, դուրս եկավ շահը յուր ապարանքից: Արաբական նեջեդին պատրաստ կեցած էր գլխավոր մուտքի առաջ: Նրա ոսկե սանձը բռնել էր արքայի հավատարիմ Շահռուխը, իսկ ասպանդակը՝ Ամիրգյունե խանը: Շահը մոտենալով ձիուն՝ թռավ նրա վրա ինչպես քսանամյա մի պատանի և առաջ անցավ:

Հանդիսավոր գնացքը, որի մի ծայրը գտնվում էր ապարանքի ընդարձակ հրապարակում և մյուսը՝ Որտուատից մի քարընկեց դուրս, նշան անելուն պես առաջ շարժվեցավ: Չնայելով հետիոտների ահագին բազմության՝ նա ընթանում էր արագ, և յուր այդ դիրքում նմանում լեռնային մի լայնատարր հեղեղի, որ զորեղ հոսանքով առաջ մղվելով՝ ծավալվում է աջ ու ձախ, գրավում ընդարձակ դաշտեր ու հովիտներ և յուր շատաջուր ողողման ներքո ծածկում պատահած ամեն խոչ ու խութ, բայց ծածկում առ ժամանակ և ապա ամեն ինչ յուր տեղը թողնելով հոսում, անհետանում:

Այդ հանդիսավոր գնացքը, որ արտաքուստ երևում էր կարի շքեղ ու փառավոր, ներքուստ չուներ ոչ մի ներդաշնակություն: Առջևից գնացող հայ հոգևորականությունը երգում էր շարականներ, իսկ նրան հետևող գուսանների խումբը՝ աշխարհային անպարկեշտ երգեր: Մի տեղ կրում էին խաչ ու վառեր և սրբազան սպասներ, մյուս տեղ՝ դափ ու ծնծղա և ածպարարական գործիքներ: Միանձնուհիների և աշակերտների համեստ խմբերին հաջորդում էին կայթողներ ու կաքավողներ, իսկ ազնվականության գլխավորներին՝ խեղկատակներ և ձեռնածուներ: Միով բանիվ, ամեն տեղ երևում էր անճաշակ զվարճասիրության արդյունք: Շահաբասը ցանկանում էր, որ ուր որ էլ գնար՝ դիմավորեին իրեն հանդիսով, որ ամեն ազգ և ժողովուրդ հաներ յուր առաջ ամենը՝ ինչ որ ուներ փայլուն ու գեղեցիկ, իսկ թե դրանց մեջ կա՞ր միություն կամ ներդաշնակություն, այդ բանը նա չէր պտրում բնավ:

Այնուամենայնիվ, այդ հանդիսական գնացքին ամենից ավելի փայլ էր տալիս հայ հոգևորականությունը յուր վեհաշուք թափորով և արտաքին արդուզարդով, Շահաբասը, որ մի առանձին հաճությամբ հաճախում էր Սպահանում հայոց եկեղեցին և ներկա լինում նրանց տոնական արարողությանց, նամանավանդ ջրօրնյաց, զատկի, համբարձման և վարդավառի տոներին, այստեղ էլ զննում էր թափորի հանդեսը ոչ առանց հետաքրքրության: Այդ նպատակով իսկ, Որտուատից բավական հեռանալուց հետո՝ նա առաջ վարեց յուր նժույգը և մոտեցավ հայ հոգևորականներին, թափորն ի մոտո զննելու համար: Քահանաների երգեցողության ձայնակցում էին այդ միջոցին տեր-Անդրեասի վաթսուն աշակերտները: Եվ այդ ձայնակցությունը այնքան զորավոր ու ներդաշնակ էր, որ գրավեց շահի բարձր ուշադրությունը: Բայց հազիվ նա նայեց նրանց վրա մի վայրկյան և ահա իսկույն դեմքը խոժոռեց և դառնալով թիկնապահներին հրամայեց:

— Կանչեցեք այստեղ Ամիրգյունեն:

Նախարարը մոտ եկավ իսկույն:

— Խան, այս ի՞նչ աղտեղություն է, որ հանդես ես բերել այստեղ, — հարցրեց շահը զայրագին:

— Ի՞նչ, ձերդ մեծություն, — հարցրեց նախարարը, չկարողանալով իսկույն հասկանալ թե ինչի մասին է խոսում շահը:

— Նայիր, ահա, այս գոնջոտների խմբին, ինչի՞ համար են սրանք այստեղ:

Ամիրգյունեն նայեց տեր-Անդրեասի աշակերտների վրա, որոնք, չնայելով որ հագած էին հարուստ շապիկներ, այնուամենայնիվ, իրանց սափրած և կեղծ-գոնջոտ գլուխներով ներկայացնում էին մի կատարյալ տգեղություն:

— Դրանք հայոց դպրոցի աշակերտներն են, տեր. հայերը սովորություն ունին զերծել ուսանող տղաների գլուխները, — պատճառաբանեց նախարարը:

— Բայց նրանք ամենքն էլ վարակված են գոնչով, ո՞վ համարձակվեց հանել նրանց իմ առաջ, — հարցրեց Շահը ավելի գրգռվելով:

Ամիրգյունեն մնաց լուռ, որովհետև չգտավ մի պատճառ, որով կարողանար արդարացնել իրեն: Այդ դեպքում նա չէր կարող մեղադրել վեքիլին կամ հայոց առաջնորդին, որովհետև շահի առաջ ինքն էր միակ պատասխանատուն:

Շահաբասը նախարարի լռությունը տեսնելով՝ մի խուլ մռնչյուն արձակեց և նժույգի գլուխը դարձնելով՝ յուր առաջվա տեղը դարձավ:

Արքայի զայրույթը, որ ուղղված էր Ամիրգյունեի դեմ, տխրեցրեց նրա բարեկամներին, որոնք ծանոթ էին շահի չարահույզ բնավորության հետ, իսկ Շահռուխ բեկին, ընդհակառակն, մեծ հաճույք պատճառեց, որովհետև այդ դեպքը հույս տվավ նրան թե՝ շուտով պիտի կարողանա վրեժխնդիր լինել ոչ միայն նախարարին, որ պաշտոնանկ արավ իրեն, այլև տեր-Անդրեասին, որ խլեց իրենից գեղեցիկ Վարդենիին:

Չնայելով անախորժ միջադեպին, շահը մտավ Ագուլիս գեթ առերես ուրախ, որովհետև իբրև փորձառու մարդ անպատշաճ էր համարում խոժոռված դեմքով ու սպառնացող հայացքով մուտ գործել մի քաղաք, ուր ամենքը սրտատրոփ սպասում էին իրեն, ուր ամեն ինչ պատրաստած էր յուր աչքերը պարարելու և հաճույքը գրգռելու համար: Չնայելով ձմեռային եղանակին, փոքրիկ ավանը զարդարված էր կարի շքեղորեն: Սարավույթներն ու պատշգամբները զարդարված էին վառերով, իսկ տների բարձունքը գույնզգույն լապտերներով: Շահի անցնելիք փողոցներում կանգնեցրած էին զանազանակերպ կամարներ, իսկ հրապարակներում հրավառության գահեր ու ճախրակներ: Տունը, որի մեջ օթևան էին պատրաստել շահի համար, Ագուլիսի միակ հոյակապ շենքն էր և պատկանում էր հայոց խոջաներից մինին: Ներքուստ ու արտաքուստ զարդարել էին նրան թավշով, կերպասով և հնդկական դիպակներով, իսկ հատակները ծածկել ազնիվ ու մեծագին գորգերով: Նրա սենյակները կահավորված էին արծաթե ու փղոսկրյա կարասիներով, ապակեզարդ փենջարեները՝ սքողված նուրբ ոսկեթել վարագույրներով, իսկ նրանց քիվերը՝ ծածկված ծաղիկներով, որոնք դրված էին ճենապակյա սկահակներում: Լայնադիր սանդուղները ծածկում էր քրքմագույն փիանդազ՝ տարածվելով մինչև բակի մեծ դուռը, որ զարդարված էր գույնզգույն վառերով, լապտերներով և մշտադալար ծառերի ոստերով:

Շահն ամեն ինչ Ագուլիսում գտավ պատշաճավոր և հաճոյական, նամանավանդ, երբ երեկոյան քաղաքը լուսավորեցին տասնյակ հազարավոր լապտերներով և ահարկու հրավառությամբ: Թեպետ դրանք չնչին բաներ էին համեմատելով այն փառահեղ ընդունելության հետ, որ Շահաբասի համար պատրաստել էին մի օր բարգավաճ ջուղայեցիք և որոց միայն լապտերների թիվը հասնում էր այն ժամանակ հիսուն հազարի, այնուամենայնիվ, փոքրիկ Ագուլիսի համար՝ եղած պատրաստությունններն էլ շատ հերիք էին: Մանավանդ որ Շահաբասը (որի կործանիչ ձեռքը ավերել էր ոչ միայն անվանի Ջուղան, այլև շատ քաղաքներ ու գեղեր՝ ցրելով ու տարագրելով նրանց բնակիչներին), վաղուց էր, ինչ չէր տեսել այնպիսի ընդունելություն, որպիսին այժմ պատրաստել էին տակավին շեն ագուլեցիք: Այս պատճառով նա զվարճանալով զինքը շրջապատող հրապույրներով՝ մոռացավ մինչև անգամ այն տհաճությունը, որ նա ճանապարհին զգացել էր իրեն ընդառաջող տղաների «գերծած գլուխները» տեսնելով:

Բայց սատանան, որ միշտ գործում է մարդու ձեռքով և խոսում նրա լեզվով, չէր դադարում հայոց բախտի անիվը դեպի ձախ դարձնելուց: Երբ թագավորն յուր մեծամեծների առաջ գոհունակություն հայտնեց ագուլեցվոց ընդունելության մասին, Շահռուխ-բեկն իսկույն հիշեցրեց նրան «գերծած գլուխների» չարահուշ դեպքը, ավելացնելով թե՝ «այդ ամենամեծ անարգանքն է, որ հայերն, առհասարակ, ցույց են տալիս իրենց անհաճո եղող թագավորին»: Այդպիսով բեկը կամենում էր շարժել շահի զայրույթը, որի հետևանքը, հարկավ, պիտի լիներ նախատինք Ամիրզյունեին և կորուստ՝ բազմաթիվ ու անվանի հայերի:

Բայց որովհետև Ամիրզյունեն ներկա էր այդ զրույցին, ուստի թույլտվություն խնդրելով թագավորից՝ ծանր դիտողություն արավ չարասեր Շահռուխին:

— Դու արքայի հավատարիմն ես և քեզ չի վայելիլ չարախոսել նորին մեծափայլության առաջ յուր հպատակ ժողովրդից և դրանով արքայի սիրտը վշտացնել, այն արքայի, որ միայն նեթ յուր ժողովրդի բարօրության ու հանգստության վրա է մտածում: Եթե հայերը երազեին նվազեցնել իրենց հարգանքը դեպի արեգակնափայլ շահը, ապա նրանք չէին ընդառաջել նրան այնպիսի աշխարհախումբ բազմությամբ, որպիսին տեսար դու այսօր: Նրանցից ոչ մեկին մենք չենք ստիպել, այլ իրենք են հոժարակամ եկել տեսնելու այն մեծ արքային, թագավորաց թագավորին, որի մի բարի խոսքը ազգեր է բախտավորեցնում, մի քաղցր հայացքը թշվառություններ վերացնում, որն ամենակարող աստծուց ու նրա մարգարեից հետո՝ միակ պաշտպանն է անօգնական այրիների, խղճուկ որբերի, ոտնակոխ եղած իրավունքների... որ ուրախությամբ վարձատրում է բարությունը և քաջալերում յուր ծառաների հավատարմությունը, որ իհարկե, չի կայանում զաղտնի քսությամբ անմեղներին մատնելու մեջ...:

Նախարարի վերջին հաճոյախոսությունը ավելի ազդեցություն արավ շահի վրա՝ քան Շահռուխի չարախոսությունը, այդ պատճառով կամենալով յուր հաճությունը ցույց տալ Ամիրզյունեին, շահը ընդհատեց.

— Ես շնորհակալ եմ հայերից, խան և, մինչև անգամ պիտի ներեմ նրանց, եթե իմանամ որ տղաների գլուխները նրանք գերծել են միամտաբար: Բայց և այնպես, ես Շահռուխին իրավունք եմ տալիս քննել այդ բանի պատճառները և հայտնել ինձ անհապաղ թե՝ ով որքան հանցավոր է այդ գործում:

Եվ սակայն «գերծած գլուխների» գործը կարելի էր մոռացնել, կամ, գոնե, այդ առթիվ ներողություն հայցել, մանավանդ որ Ամիրզյունեն հոգում էր հայերի համար: Բայց շուտով առաջ եկավ նաև մի հանգամանք, որ կրկին Շահաբասի զայրույթը գրգռեց, որով և հայոց հանցանքի կշիռը ծանրացավ:

Շահի Ագուլիս մտնելու երկրորդ օրը, ինչպես օրենք էր, ժողովրդի գլխավորները ներկայացան արքային՝ բարի գալուստ մաղթելու և այդ առթիվ նրան ընծաներ տալու համար:

Պարզ է, որ ներկայացողների ամենամեծ մասը հայոց մելիքները, խոջաները և ազնվականներն էին: Չնայելով որ նրանց բերած թե ընծաները և թե ոսկիները ավելի շքեղ ու առատ էին, բայց որովհետև համաձայն տեր Անդրեասի խորհրդի և կանխավ արած որոշման, նրանցից յուրաքանչյուրը ընծաներն առաջարկեց Շահին իբրև նվեր, իսկ ոսկին՝ իբրև ս. Աթոռի պարտավճար, ուստի շահն այդ բանից սաստիկ վիրավորվեց:

Երբ ամենքն արդեն իրենց ընծաները տվին, իսկ ոսկիները կուտակեցին ոսկե սկուտեղներում, շահն սկսավ ոլորել յուր հարուստ ընչացքները և ապա նորեն ցրվել նրանց յուր գիրուկ ծնոտների ուղղությամբ: Այդ նշան էր որ նա կամենում էր խոսել, ուստի ամենքը ձեռքները կրծքին և գլուխները խոնարհած՝ լարեցին իրենց լսողությունը:

— Նրանք, որոնք այժմ իմ գալուստը շնորհավորեցին իսկությամբ ըմբռնելով Իրանի մեծ գահակալին և արքայից արքային պարտ ու պատշաճ հարգանք մատուցանելու պարտքերին, հարկավ, կարժանանան իմ բարեհաճ ուշադրության: Իսկ նրանք, որոնք թերահավատել են իրենց պարտավորության մեջ կամ գոեհկությամբ աշխատել են աչքերը խաբել, նրանք, եթե չիջնեն իսկ իրենց արդի դիրքից, գեթ կմնան այնտեղ, ուր երբեք չի հասնիլ մեր վեհ աթոռի կենդանարար ճառագայթը...

Այս բարձրահոն պատգամից հետ՝ շահը դարձավ նախարար Ամիրգյունեին.

— Խան, — ասաց նա, — ես սիրում եմ և ճշմարտախոսին, և փիլիսոփային, բարեբախտաբար դու և առաջինն ես, և երկրորդը, արդ, ասա ինձ, կարելի է փրկել այն անհատին կամ ժողովրդին, որ կամենում է կորչել:

— Ոչ, տեր իմ, — պատասխանեց Ամիրգունեն:

— Ես էլ այդ կարծիքին եմ, — հարեց իսկույն շահը, — այս հայերը, խան, շատ թարս մարդիկ են. ինձ թվում է թե՝ նրանց մանուկներին մանկաբարձը միշտ ձախ ձեռքով է ընդունում... այսպիսի սովորություն կա՞ ձեր մեջ, — հարցրեց շահը հայոց մելիքներին:

— Ոչ, մեծափառ տեր, — պատասխանեցին նրանք:

— Ուրեմն ուրիշ տեղ պետք է որոնել ձեր թարսության պատճառները:

Այս ասելով շահը նորեն սկսավ յուր ընչացքը ոլորել և ապա

դառնալով Խոջա Նազարին, որ հարուստ ու անվանի լինելուց զատ, նաև պաշտոն ուներ արքունիքում, խիստ ձայնով հարցրեց.

— Խոջա-Նազար, ինչո՞ւ քո այս հայերը անպատճառ կամենում են կորչել:

— Եթե քո մեծափառության աջը հովանավորում է նրանց, նրանք չեն կորչիլ, — պատասխանեց Նազարը:

— Այս օրվանից իմ աջը ես հեռացնում եմ նրանցից:

— Այդ անելուց առաջ, մեծափառ արքա, հրամայիր որ իմ հայրենակիցները մատնեն իրենց Երասխի կատաղի ալիքներին:

— Քո խելքը, Նազար, չի փրկիլ դրանց:

— Բայց քո զթությունը կփրկե:

— Անկարելի է, ասում եմ քեզ:

— Արևը միայն լույս ու կենդանություն է սփռում, — նկատեց Նազարը այլաբանորեն:

— Բայց նա շատ անգամ, նաև, չորացնում ու այրում է, — պատասխանեց շահը նույն ձևով:

— Ինչո՞վ արդյոք, մեծափառ տեր, իմ հայրենակիցներն արժանացան քո արդար բարկության:

— Ինչով, դու սպասավորում ես արքայի դռանը և դեռ չգիտես թե՝ ինչ հանցանք գործեցին այժմ իմ առաջ:

— Իմ միտքը լուսավորվում է միայն արքայի իմաստուն թելադրությամբ, — առարկեց Նազարը:

Եթե այդպես է, ուրեմն լսիր: — Այս ասելով շահը դարձավ դեպի հայոց իշխավորներն ու շարունակեց. — ասացեք ինձ անկեղծորեն, երբ ձեզ մոտ գալիս է մի թանկագին հյուր, որի հետ դուք առաջուց ունենում եք հաշիվներ, արդյոք դուք նախ նրա գալո՞ւստն եք շնորհավորում, ողջույնի ճաշ մատուցանում և ապա թե նրա հաշվի մասին խոսում, թե ամենից առաջ հաշվի մատյանն եք բանում.

Հայերը լուռ էին:

— Ձեր Աթոռը, կամ ճիշտն ասած, ձեր կաթողիկոսը պարտ է իմ գանձարանին երեք հարյուր թուման, այդ փողը պիտի վճարվեր ընդունված եղանակով, հակառակ դեպքում, ձեր կաթողիկոսը պիտի կրեր յուր շղթան մինչև կյանքի վերջը, այդ հայտնի՞ էր ձեզ թե ոչ;

— Հայտնի էր, տեր, — պատասխանեցին մելիքները:

— Արդ, ինչ իրավունքով դուք նրա հաշիվները խառնել եք

այսօր այն նվերների հետ, որ պիտի մատուցանեիք ձեր վեհապետին:

Ամենքը լուռ էին:

— Սկզբից արդեն դուք սովոր էիք ընծաների հետ միասին բերել ձեր արքային նաև առատ ոսկի: Այդ կարգն առաջին անգամ ես տեսա Ջուղայում, ուր մուտ գործեցի ես տասներկու տարի առաջ: Այդպե՞ս է թե ոչ, խոջա-Անձրև, — դարձավ թագավորը Ցղնայի խոջային:

— Այո, տեր իմ, և ոսկվո առաջին սկուտեղը բախտ ունեցավ ներկայացնել քո մեծափառության խոջա-Խաչիկը:

— Այո, իմ բարի հյուրընկալը, որ Երասխի ափից մինչև յուր տունը մետաքսե ազնիվ փիանդազ էր փռել իմ ոտքերի տակ... տեսնո՞ւմ եք, ես չեմ մոռանում իմ լավ հպատակի արժանավոր գործը... բայց ինչպես եղավ նրա վախճանը, չեմ հիշում, հարցրեց շահը՝ դառնալով Նազարին:

— «Խոջա Խաչիկը խեղդվեցավ Երասխում այն տարին, երբ քո մեծափառության հրամանով հայերը քշվեցան Պարսկաստան: Քշող վերակացուներից մինը երկաթե գավազանով հրել էր նրան դեպի գետը այն, ժամանակ, երբ խոջան կամենում է եղել ազատել յուր տասներկու տարեկան աղջկան, որին, գետից անցնելու պատրվակով առևանգում է եղել մի զորական:

— Թող աստված լուսավորե նրա հոգին — հարեց շահն անտարբերությամբ և ապա դառնալով մելիքներին՝ շարունակեց.

— Ջուղայեցվոց այդ ընդունելությունը հաճելի եղավ ինձ. և ես հրամայեցի որ այնուհետև ամեն տեղ իմ երկրում նույն կերպով ընդունեն ինձ: Արդ, եթե այս ոսկիները դուք խնդրում եք ընդունել կաթողիկոսի պարտքի տեղ, հապա ուր են այն ոսկիները, որ պարտավոր եք մատուցանել իբրև գին այն շնորհին, որ արավ ձեզ Իրանի մեծ զահակալը՝ այցելելով ձեր այս խղճուկ քաղաքին:

Հայերը դարձյալ լուռ էին:

— Ի պատիվ իմ ազնիվ խան Ամիրգյունեի, որ հոգում է միշտ ձեր բարօրության համար և ի շնորհս ձեր հայրենակիցների, խոջա Նազարի, խոջա-Սուլթանումի, մելիք-Հայկազի, մելիք-Սուջումի, քաջ Միրվելիի և ուրիշների, որոնք արժանացել են իմ դրան մեծագույն պատվին, ես ներում եմ ձեզ ձեր այդ հանցանքը և այս ավուր բերած թե ընծաներն և թե ոսկիները ընդունում եմ միայն իբրև ողջույնի նվեր, որն ամեն մի հավատարիմ հպատակ պատրաստ է դնել յուր շահնշահի ոտքերի տակ...: Իսկ ինչ վերաբերում է կաթողիկոսի պարտքին, այն պիտի վճարվի իմ գանձարանին մինչև վերջին փողը, հակառակ դեպքում կաթողիկոսի միսը ես պոկել կտամ աքցաններով, ինչպես որ արի չորս տարի առաջ, Ամիրգյունեի որդու ձեռքով Երևանի հրապարակում: Ես մինչև անգամ կախել պիտի տայի նրան Գորիում, ուր եկել էր այդ ժամանակ իմ գթությունը հայցելու, եթե իմ այս բարի խանը կրկին և կրկին բարեխոսած չլիներ նրա մասին և թողություն խնդրած:

Հայոց գլխավորները առանց մի բառ անգամ արտասանելու խոնարհեցին շահի առաջ մինչև գետին և միայն խոջա-Անձրևը համարձակություն առավ բոլորի կողմից ասելու՝

— «Թող կատարվի հզոր շահի կամքը, որի առաջ խոնարհելը ոչ միայն պարտավորություն, այլև բախտավորություն է մեզ համար»:

Շահի հեռանալով մեջլիսը ցրվեցավ:

## ԺԳ

Թեպետ Շահռուխ-բեկը գոհ չեղավ արքայի դեպի հայերըն ունեցած ներողամտությունից, այսուամենայնիվ, նա քաջալերվեցավ այն դեպքից, որն առիթ տվավ շահին՝ երկրորդ անգամ հայերի դեմ զայրանալու, ըստ որում այդ նշանակում է թե կրակն արդեն պատրաստ է, մնում էր միայն փչել վրան և հրդեհն ինքնիրեն կբորբոքի:

Այս պատճառով, ահա օգտվելով շահի «գերծած գլուխների» գործը հետազոտելու մասին իրեն տված իրավունքից, Շահռուխ-բեկը սկսավ մի կարի խիստ և բազմակողմանի քննություն: Նրա նպատակն ոչ այնքան գործի պատճառները հետազոտելը և ճշտությունը երևան հանելն էր, որքան հայոց վրա նոր հանցանքներ բարդելը: Եվ այդ նպատակին հասնելու համար՝ նա գործ դրեց ամեն հնարավոր միջոց:

Երկու օրից ետ Շահռուխը ներկայացավ շահին և հետևյալն ասաց,

— «Հայերի հանդգնությունը, տեր, անցել է ամեն չափ ու սահման: Քո արևափայլ մեծության նրանք հասցրել են այնպիսի անարգանք, որի նմանը մինչև այսօր չէ հասել Իրանի ոչ մի գահակալին...»:

Թագավորը կատաղեց.

— Կարճիր լեզուդ, թշվառական, ո՞վ է այն ապերասանը, որ համարձակվի երազել՝ անարգանք հասցնել ահավոր Շահաբասին, — գոչեց նա տեղից վեր թռչելով և յուր մեծ-մեծ աչքերում վայրենի հուր ցոլացնելով:

— Ավաղ, տեր իմ, կատարված քննությունն ապացուցեց որ հայերը ոչ միայն կարողացել են երազել, այլև գործադրել: Ներիր քո ծառային, որ դժբախտությունն ունի այսօրինակ մի անախորժ լուր քո մեծության հաղորդելու, պատասխանեց Շահռուխը կեղծ ակնածությամբ:

— Դու իրավունք չունիս ոչինչ թաքցնելու, խոսիր, ինչ որ գիտես, հրամայեց թագավորը՝ հրացայտ աչքերը պաշտոնյայի վրա սևեռելով:

— Ես պտտել եմ Իրանի շատ գավառներ, գտնվել եմ շահնշահի հովանին վայելող ամենահեռավոր երկրներում և ամեն տեղ, տեր իմ, տեսել եմ ժողովրդին քեզ սիրող ու անձնվեր, քո անվան երկրպագու: Ընդարձակածավալ Իրանի մեջ ես չեմ պատահել մի մարդու, որ երջանիկ չհամարեր իրեն, եթե վերցնեին նրանից ոչ միայն յուր գույքն ու հարստությունը, այլև բոլոր զավակները՝ մեծափառ շահին նվիրելու համար: Ամեն մի ուղղափառ սիրով կխոնարհեր գլուխը այդօրինակ հրամանի առաջ հավատալով թե դրանով պիտի արժանանա շահի գեթ մի ողորմած հայացքին...:

— Ինչո՞ւ համար է այդ նախաբանը, — ընդհատեց շահն անհամբերությամբ:

— Համեմատելու համար մեր ուղղափառներին այդ քրիստոնյա հայերի հետ, որոնց դու իրավամբ «թարս» անվանեցիր: Երբեք չէի կարող կարծել, կամ նույնիսկ երևակայել թե՝ այս ազգուլեցի հայերը իրենց մանուկների գլուխները կզերծեին՝ արհեստական կերպով նրանց տգեղացնելու համար, որպեսզի մեծափառ շահը նրանցից ոչ ոքին գեղեցիկ չգտնելով, չտանե յուր հետ Սպահան:

— Անկարելի է... Ճշմարտությունը խոսիր, Շահռուխ, ապա թե ոչ, այս րոպեին մեխել կտամ գլուխդ դարբասի պատի վրա, — գոչեց թագավորը այնպիսի սրտմտությամբ, որից ամեն ոք կարող էր դողալ: Բայց Շահռուխը, որ լավ էր ճանաչում յուր վեհապետին, խաղաղ ձայնով պատասխանեց.

— Ինչպե՞ս կհանդգնեմ ստել քոահավոր մեծության առաջ, տեր իմ:

— Թշվառական, ես ինքս տեսա, որ այդ մանուկները վարակված էին գոնջով, անշուշտ նրանց գլուխները գերծել են՝ գոնջը դարմ անելու համար:

— Հենց գլխավորն այն է՝ որ այդ գոնջն էլ կեղծ է:

— Ինչպե՞ս, դու չե՞ս զառանցում:

— Ոչ, տեր իմ, ես ճշմարտություն եմ խոսում. հայ ծնողներն այդ գոնջը առաջացրել են մանուկների գլխների վրա արհեստական եղանակով: Այդպես է վկայում քո բժշկապետը:

— Ողուրլու-բե՞կը:

— Այո, տեր իմ:

— Կանչեցեք նրան այստեղ, — հրամայեց շահը շաթիրներին:

Բժշկապետը ներս եկավ և հաստատեց այն ամենը, ինչ որ հաղորդել էր Շահռուխը, այլև ավելացրեց թե ինքն այդ գոնջի նմանող վերքերը կարող է բուժել երկու օրվա մեջ ամենահասարակ օծանելիքով, մինչդեռ գոնջը, ինչպես հայտնի է, հազիվ է բուժվում մի քանի ամիսների և երբեմն, ամբողջ տարվա ընթացքում:

Թագավորը թեպետ սաստիկ զայրացավ, բայց չկամենալով իսկույն ևեթ պատժել հանցավորներին, հրամայեց հետևյալ օրը կազմել բազմամարդ ատյան, բերել այդտեղ նաև մանուկների ծնողներին և յուր ներկայությամբ հարցուփորձել նրանց: Եվ որպեսզի հանցավորները ժամանակ չունենային միմյանց հետ տեսնվելու և արդարացման պատճառներ հերյուրելու, շահը պատվիրեց չհայտնել ոչ ոքի թե՝ ինչո՞ւ համար ատյան է հրավիրվում:

Եվ հետևյալ օրը մունետիկները հնչեցրին քաղաքում շահի հրամանը: Իսկույն ավազանին շտապեց ապարանքի սրահը: Եկան այդտեղ հայ ու պարսիկ մեծամեծները, մելիքները, բեկերը, խոջաները, դատավորները, հայոց առաջնորդը և քահանաները, ունիթորների կարգապետն ու պապի նվիրակը և վերջապես տեր-Անդրեասի վաթսուն աշակերտների ծնողները, որոնք գուշակելով թե՝ ինչի համար են հրավիրված, մտնում էին սրահը իբրև մահապարտներ: Նրանց դեմքերի վրա նկարված էր երկյուղ և սարսափ:

Երբ ատյանը բոլորեց, ներս մտավ Շահաբասը, հագած

հանդիսավոր զգեստ և շրջապատված դրանիկներով ու շաթիրներով:

Նստելով գոհարազարդ գահի վրա, նա հրամայեց դպրապետին կարդալ մեղադրականը:

Եվ վերջինս կարդաց:

Ապա շահը հրամայեց խոջա Նազարին բացատրել մեղադրականի բովանդակությունը այն հայերին, որոնք անծանոթ էին պարսկական լեզվին:

Այդ հրամանը նույնպես կատարվեցավ: Ապա թագավորը դառնալով հայոց առաջնորդին՝ բարձր ու ցասկոտ ձայնով հարցրեց.

— Ճշմարիտը խոստովանիր, մահրասա, քո գիտությամբն է կատարվել այս հանցանքը թե՞ ոչ:

— Աստված մի՛ արասցե, տեր, ինչպե՞ս կհամարձակվեի թերանալ իմ պարտավորության մեջ, որ է երկրպագել իմ թագավորին ուղիղ սրտով և ծառայել նրան հավատարմությամբ, — պատասխանեց վարդապետը խոնարհելով մինչև գետին:

— Ո՞վ է ուրեմն առաջին անգամ այս դժոխային կատակը մտածել, թող առաջ գա և խոստովանե, — գոչեց թագավորը նորեն և յուր հրացայտ հայացքը սևեռեց ծնողների վրա, որոնց դեմքերը այլագունել էին արդեն ահից:

Եվ սակայն ոչ ոք չշարժվեց տեղից և ոչ իսկ ձայն հանել համարձակվեցավ:

— Առաջ արի և խոստովանիր, ե՞րբ և ինչպես գերծեցիր քո որդու գլուխը կամ ով խորհուրդ տվավ քեզ այդ, դարձավ շահը ծնողներից մինին:

Վերջինս մոտեցավ դողդողացող ծնկներով և ասաց ավելի ևս դողացող ձայնով.

— Ես ոչինչ չգիտեմ... իմ որդու գլուխը տեսել եմ գերծած և չգիտեմ թե ով է արել...

— Թշվառական, եթե քո որդվո գլուխը գերծելու փոխարեն կտրեին, միթե չի պիտի իմանայիր թե ով է արել:

Մարդը լուռ էր:

Թագավորը դարձավ երկրորդին, երրորդին, չորրորդին, բայց ամենքն, համարյա, նույն պատասխանը տվին, ոչ ոք նրանցից չկամեցավ խոստովանել յուր մասնակցությունը այդ գործի մեջ: Ահն ու սարսափը այնպես էր տիրել խեղճերին, որ նույնիսկ խոսածները չէին հասկանում. «չգիտեմ», «չեմ արել», «տեղեկություն չունիմ», այս էր նրանց միակ պատասխանը:

Թագավորի կատաղությունը հասավ յուր գագաթին: Նա գոռում, գոչում էր և երդվում յուր գլխով, որ բոլորին միասին գլխատել կտա իսկույն, եթե չեն խոստովանիլ իրենց հանցանքը: Բայց ոչ ոքի բերանից խոստովանության խոսք չլսվեցավ:

Այն ժամանակ թագավորը հրամայեց ատյան բերել բոլոր վաթսուն տղաներին և նրանց բերանից իմանալ ճշմարտությունը:

Սոսկումը կալավ ծնողներին. էլ ազատության հույս չէր մնում, տղաները միամտաբար պիտի մատնեին նրանց, այդ մասին բնավ չէին մտածել և ոչ իսկ կանխավ մի բան հոգացել: Ի՞նչ անեին ուրեմն: Նրանք շվարած նայեցին իրար վրա և ապա դեպի երկինք: Այդտեղից էին այժմ օգնություն սպասում:

— Ես պիտի գլխատեմ ոչ միայն ձեզ, այլև ձեր զավակներին, ձեր իսկ աչքերի առաջ, որպեսզի աշխարհն իմանա թե ինչ պատիժ են կրում խաբեբաները, — գոչեց նորեն Շահաբասը և նրա որոտացող ձայնը զարհուրեցրեց ամենքին:

Բայց հազիվ բռնավորն յուր վերջին խոսքն արտասանեց և ահա սրահի խորքից լսվեցավ մի անակնկալ ձայն.

— Մեծափառ արքա, թույլ տուր քո խոնարհ ծառային՝ հայտնել ատյանի առաջ այն հանցավորի անունը, որի պատճառով սպառնում ես դու կոտորել այս անմեղներին:

— Ո՞վ է խոսողը, թող առաջ գա, — հրամայեց թագավորը:

Քահանաների խմբից ելնելով՝ սկսավ դեպի ատյանն առաջանալ Անդրեաս երեցը:

Բոլորի վրա տիրեց ահ և զարմացում. ի՞նչ պիտի հայտներ արդյոք նա ատենի առաջ, որի՞ն պիտի մատներ, ի՞նչ տեղեկություններ պիտի տար: Գործված հանցանքի մեջ, այո, նա ինքը մաս չուներ, ուրեմն և կարող էր անվանել հանցավորներին... բայց մի՞թե տեր Անդրեասը կգործեր այդպիսի ոճիր, մի՞թե նա ժողովրդին կդավաճաներ... անկարելի էր. ոչ ոք չէր հավատում, մանավանդ նրանք, որոնք ճանաչում էին երեցին: Բայց միևնույն ժամանակ ամենքը վախենում էին նրա ճշմարտախոսությունից: Իսկ ինչ վերաբերում է առաջնորդին, նա ահից ու սարսափից արդեն սառել էր: Չէ՞ որ վերջին օրերում նա անպատվել էր այդ քահանային և նախատել նրան ժողովի առաջ: Ահա, ուրեմն, հասել էր ժամանակը որ տեր-Անդրեասը վրեժխնդիր լիներ առաջնորդին:

Եվ դրա համար նա ուներ զորավոր միջոց, «գլուխներ զերծելու» խորհուրդը առաջին անգամ հղացվել էր առաջնորդարանում, իսկ այդ բանը հայտնի էր երիտասարդ երեցին...Այսպես էր մտածում առաջնորդը և սոսկալով նայում էր տեր-Անդրեասի վրա, որ խաղաղ քայլերով առաջանում էր դեպի ատյանը:

Բայց քահանայի դեմքի վրա չէր նշմարվում մատնիչի մաղձ և նախանձ, ոչ էլ աչքերում չարության կրակ: Նրա դեմքն, ընդհակառակն, վեհ էր այդ վայրկյանին և հույժ պատկառելի, հայացքը վճիտ և հրեշտակային, կեցվածքը սեգ և գեղեցիկ: Երբ նա կանգ առավ ատյանի առաջ, թագավորն ակամայից հառեց աչքերը նրա վրա և սկսավ դիտել երեցի աննման գեղեցկությունը, որ մի առանձին շուք ու վեհություն էր տալիս նրա քահանայական տխուր սքեմին:

— Ո՞վ ես դու և ինչ գիտես այստեղ քննվող գործի մասին, խոսիր ճշմարտությամբ և դու կարժանանաս իմ բարեհաճ ուշադրության, դարձավ շահը երեցին:

— Ես, տեր արքա, վարժապետ ու դաստիարակ եմ այն վաթսուն աշակերտների, որոնց զերծած գլուխները այս ատենի քննության առարկան են դարձել, պատասխանեց երեցը խաղաղ ձայնով:

— Դու նրանց վարժապե՞տն ես, հարցրեց շահը հետաքրքրությամբ:

— Այո՛, տեր:

— Բարի, ուրեմն ամենից առաջ քեզ պետք էր հարցնել: Ասա այժմ ինձ, ովքե՞ր են զերծել քո աշակերտների գլուխները, և ո՞վ է հնարել արհեստական գոնջը: Անշուշտ դու ամենից ավելի տեղյակ ես այդ բանին:

— Թե գլուխները զերծելու, և թե արհեստական գոնջ առաջացնելու հեղինակը մեկն է, տեր, — խոսեց քահանան:

— Այստե՞ղ է այդ հանդուգն հոգին, — գոչեց թագավորը բարկությամբ:

— Այո, տեր, նա կանգնած է քո առաջ:

— Տուր շուտով նրա անունը, — հրամայեց թագավորը:

— Ես ինքս եմ, տեր արքա:

— Դո՞ւ...

— Այո, տեր:

Թագավորը աչքերը սևեռեց քահանայի վրա և սկսավ դիտել նրան քննական հայացքով: Նրան թվում էր թե՝ երեցը խելագարին մեկն է, որ մի ամբողջ ժողովրդի գործած հանցանքն առնում է յուր վրա: Մնացին ապշած նույնպես ատենականները, պարսիկ իշխանները և նամանավանդ, ունիթոր կարգապետները: Վերջիններս րոպե առ րոպե սպասում էին շահի հանցավորները կոտորելու մասին տրվելիք հրամանին, որպեսզի իրենք, հանուն Հռովմա զահի միջամտելով՝ արգիլեն կոտորածը, իսկ դրա փոխարեն իրենց կողմը դարձնեն մի քանի հարյուր հայ ընտանիք: Եվ սակայն տեր-Անդրեասի խոստովանությունը ոչնչացնում էր նրանց հույսը:

Զարմացողների թվին պատկանում էին նաև տեր-Անդրեասի հակառակորդները և նրանց հետ միասին ինքն առաջնորդը, որ մինչ այդ այնքան աննպաստ կարծիք ուներ երիտասարդ երեցի մասին, որին և այդ պատճառով վշտացրել էր հանիրավի:

Չզարմացան միայն հայ ծնողները և երեցին կուսակից քահանաները, որոնք քաջապես ճանաչում էին նրան և գիտեին թե՝ որպիսի գեղեցիկ համարձակության տեր և ինչ անօրինակ անձնվիրության ընդունակ պաշտոնյա է նա: Երբ վերջինս հանցանքն առավ յուր վրա, ամենքի համար պարզվեցավ այն միտքը թե՝ հայրենասեր երեցը յուր անձը զոհ է բերում ժողովրդին, ավելի լավ համարելով որ ինքը զոհվի միայնակ, քան շատերը միասին: Այդ պատճառով նրա վրա բարեկամներն սկսան նայիլ սրտահույզ արգահատությամբ, իսկ հակառակորդները ամոթով և խղճահարությամբ:

— Ուրեմն դո՞ւ ես գերծել տղաների գլուխները, — հարցրեց շահը առժամանակյա լռությունից հետ:

— Այո՛, տեր, պատասխանեց քահանան:

— Իսկ զո՞նջը ով առաջացրեց:

— Այն էլ ես արի, իմ պատրաստած դեղով:

— Նպատակդ ի՞նչ էր, բացատրիր տեսնեմ, — հարցրեց շահը առանց բարկանալու, որովհետև քահանայի խոստովանությունը իջեցրել էր արդեն նրա զայրույթը:

— Որպեսզի իմ նպատակը բացատրեմ, շահը պիտի հաճի լսել ինձ համբերությամբ:

— Խոսիր, ես կլսեմ, քեզ, — ասաց վերջինս մեղմով և միևնույն ժամանակ հետաքրքրվելով թե ի՞նչ պիտի ասե քահանան:

— Մեր օրենքը, տեր արքա, հրամայում է մեզ՝ աստծունը տալ աստծուն և թագավորինը՝ թագավորին...:

— Այդ լավ օրենք է, ընդհատեց շահը:

— Այդ միևնույն օրենքը, շարունակեց երեցը, ամբարիշտ է համարում նրան, ով արգիլում է մեզ առ աստված ունեցած մեր պարտքը կատարել: Եվ այդ իսկ պատճառով հրամայում է մեզ՝ դիմադրել ամբարիշտների ձգտումներին՝ թագավորներ լինին նրանք թե հասարակ մարդիկ:

— Ճանաչո՞ւմ ես արդյոք այդպիսի մի մարդու, որ արգիլում է ձեզ տալ աստծունը աստծուն, — հարցրեց շահը անհամբերությամբ:

— Այո, տեր:

— Արտասանիր անունը, ես գլխատեղ կտամ նրան:

— Նա կոչվում է Իրանի մեծ զահակալ, Խուդավենդի որդի՝ հզոր Շահաբաս:

— Դահճապետ, խլիր այս թշվառականի լեզուն, — գոչեց թագավորը այնպիսի մի ձայնով, որից սրահը դողաց:

Սուսերամերկ դահիճը մոտ վազեց իսկույն, սարսափը պատեց բոլորին, բայց երեցն անվրդով էր:

— Դու չե՞ս զարհուրում, հանդուգն արարած, — գոչեց թագավորը զայրագին:

— Երկու անհաղթելի ուժեր կան աշխարհում տեր. մինը պատկանում է նրան՝ որ որոշել է մեռնել, մյուսը նրան որ խոսում է ճշմարտությունը: Այդ երկուսն էլ այժմ գտնվում են իմ մեջ...

— Իսկ երրորդը մոռացար, նա գտնվում է ահա դահճապետի ձեռքում, որ պիտի լռեցնե քեզ, — ընդհատեց թագավորը:

— Ոչ, տեր իմ, երրորդ անհաղթելի ուժը գտնվում է այն թագավորի սրտում, որ իրեն անհաճո եղող ճշմարտությունը կարողանում է համբերությամբ լսել, — հարեց երեցը մեղմորեն:

— Այս մարդը, խան, կարի հանդուգն է, բայց զուրկ խելքից, լսենք նրան մինչ վերջը,— դարձավ շահը Ամիրգյունեին:

— Մեծափառ շահի ցանկությունը վեր է մեր բոլորի իմաստությունից — պատասխանեց խանը:

— Ես քեզ սպանել կտայի իսկույն, եթե այդ ինձ համար մի խոսքից ավելի արժենար, — դարձավ շահը երեցին, — ապրիր ուրեմն և ասելիքդ շարունակիր: Ես արդեն խոստացել եմ և կլսեմ քեզ համբերությամբ:

Շահաբասի մեջ այդ վայրկյանին խոսում էր ոչ թե արքայական մեծանձնությունը, այլ մի կասկածոտ հետաքրքրություն: Նրան թվում էր թե՝ ժողովուրդն ունի որոշ գաղտնիքներ կամ դիտավորություններ, որոնք կապ ունին, անշուշտ, մեծ հանցանքների կամ, գուցե, դավադրության հետ, որոց մասին սակայն, ինքը տեղեկություն չունի: Այդ պատճառով նա հանցավորին չէր զրկում կյանքից, որպեսզի ինքն ևս զուրկ չմնա երևակալած գաղտնիքների ծանոթությունից:

Այն զահակալը, որ հաճախ ծպտյալ մտնում էր հպատակների տունը, ընկերանում էր անցորդներին կամ ուղեկցում գյուղացվոց՝ որպեսզի նրանց հետ խոսակցելով՝ կարողանա հասու լինել իրենից ծածկվող ճշմարտության, և կամ ստուգե թե՝ ժողովուրդն ի՞նչ չափով սեր կամ ատելություն է տածում դեպի իրեն, բնական է որ այժմ ձեռքից չթողներ տեր-Անդրեասին, հուսալով թե՝ նրա խոստովանությունը գաղտնիքների մեծ աշխարհ պիտի բանա յուր առաջ:

Եվ երիտասարդ երեցը անվրդով սկսավ յուր խոսքը շարունակել.

— Ասացի որ մեր օրենքը ուսուցանում է մեզ՝ դիմադրել նրանց, որոնք արգիլում են մեզ՝ դեպի աստված ունեցած մեր պարտքը կատարել...

— Եվ թե՝ ես ինքս եմ, որ այդպիսի արգելք եմ դնում ձեր առաջ, ընդհատեց շահը:

— Այո՛, տեր:

— Թվիր ուրեմն, այդ արգելքները:

— Այն մանկաժողովը, տեր, որ քո հրամանով պիտի կատարվի այս քաղաքում, մինն է այդ արգելքներից:

— Մանկաժողո՞վը: Մի՞թե նա արգիլում է ձեզ՝ առ աստված ունեցած ձեր պարտքը կատարել:

— Նա արգելում է շատ ծնողների՝ հայրենի հավատով մեծացնել իրենց որդիներին: Իսկ ամեն մի այդպիսի արգելքին մենք դիմադրում ենք, որովհետև...

— Ոճիր եք գործում, թշվառականներ, — ընդհատեց թագավորը. միթե չգիտեք որ երկրի ամենալավ ծաղիկները նախ թագավորի արքունիքը պիտի զարդարեն:

— Այո, այն ծաղիկները, որոնց թուփերը չեն արտասվում՝ երբ զրկում ես նրանց իրենց զարդերից: Բայց այն ծաղիկները, որոնց «մանկաժողովն» է փնջում, լաց ու կոծով լցնում են այն պարտեզները, որոնց մեջ նրանք ծնվել ու սնունդ են առել:

— Ո՞ր ծնողն է դժգոհ մնում այն բանից, որ յուր որդին աննշան անկյունից ելնելով՝ ապրում է արքունիքում և ամեն օր արքայի երեսը տեսնելու և խոսքը լսելու բախտին արժանանում:

— Ընդհանրապես բոլոր հայ ծնողները:

Թագավորը մի անհանգիստ շարժում արավ և դեմքը խոժոռեց: Բայց նորեն զսպելով իրեն՝ հարցրեց,

— Ի՞նչ է պատճառը:

— Այն, որ նրանց որդիքը քո արքունիքը մտնելուց հետ դադարում են այլևս քրիստոնյա լինելուց, կորչում են հոգվով և մարմնով: Իսկ հայ ծնողի համար՝ ավելի լավ է հայ թաղել յուր որդուն, քան տեսնել նրան կյանքի մեջ փառավորյալ և սակայն՝ մահմեդական:

— Ով տեր, հրամայիր ինձ ելնել այս ատենից, զի ականջներս չեն հանդուրժում լսել այսօրինակ հայհոյանքներ մի պիղծ քրիստոնեի բերանից, — բացականչեց պարսիկ կրոնապետը՝ տեղից վեր թռչելով:

— Նրանք, որոնք չեն կամենում համբերություն սովորել իրենց թագավորից, պիտի գնան ախոռը՝ չորքոտանիներից այդ բանը սովորելու, գոռաց շահը՝ միջամտող կրոնապետի վրա և վերջինս այլագունելով՝ յուր տեղը կծկվեցավ: Ապա շահը դառնալով քահանային, նույն ցասկոտ ձայնով հրամայեց.

— Շարունակիր, քեշիշ, ես կամենում եմ տեսնել թե՝ հայը ո՞ր աստիճան կարող էր լրբանալ՝ եթե նրա գլխից զսպող սանձը հանվի:

— Ես կշարունակեմ, տեր, հզոր շահնշահին ցույց տալու համար թե՝ արժանավորը որ աստիճան աներկյուղ կարող է ճշմարտությունը խոսել, երբ հարկը պահանջե, պատասխանեց քահանան և ապա հարեց, — որովհետև, տեր իմ, ես արդեն գիտեի թե կատարվելիք «մանկաժողովը» մեծ վիշտ պիտի պատճառե իմ ազգակիցներին, ուստի մտածեցի՝ կարյացս չափով մեղմել հարվածի ծանրությունը, այսինքն՝ ազատել այդ պատուհասից գեթ իմ աշակերտներին, որոց վրա ես մեծ աշխատանք ունեի, որոց հետ միասին տարիներ էի անցուցել՝ ուսուցանելով նրանց ճշմարտության և առաքինության ճանապարհները... Բայց ի՞նչ կարող էի անել այդ դեպքում: Արքայի հրամանին անսաստել անհնար էր. մնում էր ուրեմն խորամանկել: Այդ, արդարև, մի հանցանքն էր. քրիստոնեական օրենքը արգիլում է մեզ նմանօրինակ գործ: Բայց որովհետև այդ օրենքից առաջ նախախնամությունը դրել է մեր սրտում և մի ուրիշ մեծ օրենք, որ կոչվում է եղբայրասիրություն, ուստի ես հնազանդվեցի այդ անդրանիկ օրենքին, ես խորամ տնկեցի, այո, բայց խորամանկեցի նրա համար, որովհետև հայտնապես դիմադրել չէի կարող: Եվ գիտցիր, ով արքա, որ չկա աշխարհում ավելի մեծ պատուհաս՝ քան հնազանդիլը բռնավորին, որ ստիպում է մարդկանց ստել, կեղծել, և խորամանկել՝ բռնության զրկանքներից ազատվելու համար... Խոստովանում եմ հանցանքս, ես ինքս գերծեցի աշակերտների գլուխները. վարակեցի նրանց արհեստական գոնչով՝ միայն ներ լինելիք «մանկաժողովից» նրանց ազատելու համար: Եվ մի՞թե հանցավոր էի, կամ հանցավոր կլինեին նրանք, որոնք կհետևեին իմ օրինակին: Երբ որսորդի բարակը հալածում է էրեին, սա փախչում, թաքնվում է անտառի խորքերում, կամ թռչում է ահավոր անդունդների վրայից՝ այրերն ու խորշերը ապավեն առնելու իրեն... մի՞թե հանցավոր է թշվառ կենդանին, որ խույս է տալիս բռնության երեսից, որ ճգնում է յուր կյանքն ու ազատությունն ապահովել...:

— Հանցավոր է քեշիշ, որովհետև նա ծնվել է մարդ արարածին կերակուր լինելու համար, — ընդհատեց շահը զայրագին:

— Հանցավոր է, որովհետև թույլ է և տկար...:

— Կամ այդպես ընդունիր, իսկ թույլերը միշտ կուր պիտի լինին զորեղին, այդպես է սահմանել ինքը նախախնամությունը: Միթե չգիտես որ առյուծը պատառում է գիշախանձ բորենուն, իսկ վերջինս ցրվում է գայլերի ոհմակները: Եթե ոչխարն էլ ժանիք ունենար, անշուշտ յուր հերթում կհալածեր եղջերուին. բայց այդպիսի զենքից զուրկ լինելուն համար ինքն է գայլերին կերակուր դառնում:

— Եվ հենց այդ պատճառով մենք խոնարհում ենք նախախնամության սուրբ կամքի առաջ:

— Բայց ո՞ւր է այդ խոնարհությունը, հարցրեց շահը զայրագին:

— Այդ դու տեսնում ես ակներև: Մենք ծառայում ենք քեզ հավատարմությամբ և նույնը ուսուցանում մեր որդվոց, մենք կատարում ենք դեպի քո մեծ իշխանությունն ունեցած մեր օրինական պարտավորությունները. զոհում ենք քո գահին մեր մարմնական ու ստացական բարիքները և այդ բոլորի փոխարեն՝ ձգտում ենք միայն պահպանել մի բան — մեր հոգեկան բարիքը, այն է՝ հայրենի կրոնը պաշտելու, հայրենի լեզվով աղոթելու մեր միակ իրավունքը...

— Ո՞վ է արգիլում ձեզ այդ, աղոթեցեք, որքան կարող եք:

— Մենք աղոթում ենք. մեզ ոչ ոք չէ արգիլում, բայց զրկանքը հասնում է մանուկներին, «մանկաժողովի» ցանցում բռնվողները զրկվում են հայրենական լեզվից և հավատից:

— Ծնողներին չե՞ն արգիլում, զոհ եղեք դրանով, ի՞նչ եք մանուկների մասին մտածում:

— Օ՛, տեր իմ, երանի թե միայն ծնողներին արգիլեիք... ինչ հոգ երբ կացինը տապալում է այգու չորացող ծառերը: Բայց այգին, ավաղ, ավերակ է դառնում, երբ նրա միջից հանում են ծաղկածին ծառերը, մատղաշ տունկերը... և այդ դեպքում մի զայրանար երբ խեղճ այգեպանը կռվում է ավերող ձեռքի կամ ուժի դեմ...:

— Ես ուրեմն ավերող ձեռքն եմ, իսկ դու այգեպանը, որ կռվում ես իմ դեմ... թշվառական, մի՞թե մուկերն էլ պիտի երազեն թե՝ կարող են կռվել առյուծի դեմ...: Երբ Շահաբասը ցանկանում է որ ձեր որդիքը հայ չմնան, միթե դուք կարող եք դիմադրել այդ ցանկության: Ինչու զոհ չեք լինում որ չեմ փակում ձեր եկեղեցիները և չեմ մահմեդականացնում ձեզ ամենքիդ. կա՞ միթե աշխարհում մի ուժ, որ համարձակվի իմ արքայական հրամանին դիմադրել...

Այս խոսքերն արտասանվեցան այնպիսի մի եղանակով, որ ներկա եղող քրիստոնյաները սարսափեցան: Նրանց թվում էր թե՝ ահա, ուր որ է, թագավորը կհրամայե եկեղեցիները փակել և իրենց ամենքին բռնի մահմեդականացնել... Չէ՞ որ Իրանի զահակալները կատարել էին նմանօրինակ բռնություններ, իսկ Շահաբասը ահավորագույնն էր նրանց մեջ:

Բայց թագավորի զայրույթը երիտասարդ քահանայի դեմ էր: Մի վայրկյան լռելուց և յուր բարկացայտ հայացքը ատենի վրա շրջելուց հետ՝ նա նորեն դարձավ երեցին.

— Դու պիտի գիտենաս, ով սինլքոր, որ չնչին մի որդ յուր նմանների ազատարարը լինել չի կարող: Նա միայն չարիք կբերե յուր գլխին, եթե համարձակվի որդն լինելուց զատ մի ուրիշ բան լինել... Դու ցանկանում էիր քրիստոնյա պահել քո աշակերտներին, իսկ ես այժմ հրամայում եմ, որ ինքդ թողնես քրիստոնեությունը և դավանես այն հավատը, որը քո թագավորը և հզոր Իրանի գահակալն է դավանում: Քո ամենափոքր ընդդիմությունը կարող է կենազուրկ անել քեզ:

Տեր-Անդրեասը չպատասխանեց և միայն արհամարհական մի ժպիտ խաղացրեց շրթունքների վրա:

— Այդ բանի համար քեզ տալիս եմ միայն մի օր ժամանակ հարեց թագավորը:

— Իմ պատասխանը, տեր արքա, կարող ես լսել այս վայրկյանին:

— Ասա՛:

— Ես կարող եմ մեռնել, բայց քո հավատը դավանել երբեք:

— Քեզ հրամայում է Շահաբասը, գոռաց թագավորը:

— Եթե ինձ հրամայեին տասը Շահաբասներ միասին դարձյալ չէի սասանիլ իմ հավատից, — պատասխանեց երեցը համարձակորեն:

— Դու հանդգնում ես մինչև այդտե՞ղ... գոռաց շահը, դահճապե՛տ, քաշիր այս թշվառականին դեպի մահապարտների բանտը, շղթայիր ոտները ամենածանր շղթաներով, պրկիր ձեռները գելարանի մեջ, իսկ պարանոցը անցցրու ծանր օղակներ, որոնք շարունակի դեպի գետին խոնարհեն սրա հիմար և հպարտ գլուխը: Թող նա տանջվի այդտեղ ամենածանր տանջանքներով և ապա պատրաստվի անարգագույն մահվան համար:

Այս ասելով շահը բարձրացավ տեղից զայրագին և հետևորդների հետ միասին հեռացավ դեպի յուր հանգստարանը:

Իսկ դահճապետը մոտենալով՝ բռնեց տեր Անդրեասի թևից և կոպտաբար քաշելով՝ դուրս հանեց նրան դահլիճից:

## ԺԴ

Տեր Անդրեասի կալանավորության լուրը կայծակի արագությամբ տարածվեց ավանի մեջ և ամենքին էլ, մեծ թե փոքրը, համակեց տխրությամբ: Երբ մանավանդ հայտնի եղավ այն՝ թե երիտասարդ երեցը Շահի ցասումը ժողովրդի վրայից հեռացնելու նպատակով է մատնել իրեն, էլ չկար մի հայ որ խոր սրտից չվշտանար նրա համար: Գրեթե այն վայրկյանից, որ երեցին բանտը տարին, նա ժողովրդի համար դարձավ պաշտելի սուրբ: Տղամարդիկ ու կանայք, ծերեր և երիտասարդներ գունդագունդ դիմում էին դեպի զնդանը՝ անձնվեր հովվին տեսնելու համար: Այդտեղ եկան նաև հայոց մեծամեծները — մելիքներ և իշխաններ՝ կալանավոր երեցին մխիթարելու կամ նրան քաջալերական խոսքեր ասելու: Բայց քահանային շտապել փակել էին ամենախուլ գետնափորներից մինում և Շահռուխի հրամանով թույլ չէին տալիս ոչ ոքի տեսնվիլ նրա հետ: Նույնիսկ տեր-Անդրեասի ծնողներին, որոնք իրենց որդու գլխին հասած դժբախտությունը լսելով՝ լաց ու կոծով և մազերնին փետտելով բանտն էին վազել՝ չկարողացան սիրելվո գեթ երեսը տեսնել, պահապանները սրանց ևս մյուսների նման հեռացրին զնդանի դռներից: Եվ սակայն այս ամենը չէր արգելում Ագուլյաց ժողովդին շարունակ գալ և խռնվիլ բանտի շուրջը, կանգնել այդտեղ ժամերով և սիրեցյալ հովվի վիճակն ավաղել: Թեպետ այդպիսով երեցի դրությունը չէր թեթևանում, այսուամենայնիվ, ամեն մի հայ յուր պարտքն էր համարում այցելել այն տեղին, ուր բանտարկված էր քահանան և լսել նրա մասին մի որևէ նորություն: Այդպիսի նորություններ, իհարկե, չկային, որովհետև դեռ ոչ ոք չէր հաջողել տեսնել բանտարկյալին, կամ տեղեկություն առնել նրա դրության մասին: Սակայն ամեն մի այցելու գոհ էր լինում և այն լուրերով, որոնք հետզհետե ստեղծվում էին ամբոխի մեջ և տարածվում իբրև ճշմարտություն:

Երբ երեցի կալանավորության առթիվ տիրող երկյուղը մի փոքր թուլացավ, հայոց մեծամեծները մտածեցին դիմել շահի գթության և ներումն հայցել բանտարկյալի համար: Սա թեպետ հանդուգն մի հայցված էր և խնդրարկուները դրանով կարող էին իրենց վտանգի ենթարկել, այնուամենայնիվ, արժանավոր հովվին նեղությունից ազատելու ցանկությունը այնքան էր մեծ, որ նրանք այդ որոշումը կայացրին: Նույնիսկ այս անգամ գործի գլուխ անցավ ինքն առաջնորդը, որի մեջ տեր-Անդրեասի անձնվիրությունը զարթուցել էր նախաձավորության գեղեցիկ զգացում: Այն մարդը, որ սովոր էր հանգստության, որին մինչև այդ հետաքրքրել էին միայն անձնական հաշիվները, պաշտոն և շահը և իշխանական իրավունքը, այժմ կերպարանափոխվել, նոր մարդ էր դարձել: Նա աներկյուղ ձեռնարկում էր վտանգավոր գործիք որպիսին էր զայրացած Շահաբասին միջնորդելը, և այդ անում էր բռնավորի երեսը մի անգամ տեսնելուց, նրա ահավոր ձայնը սարսափով լսելուց հետո: Անձնվիրության լավագույն մի օրինակը դարձել էր վարակիչ, և առաջնորդը չէր քաշվում սովորել առաջնորդյալից հոգևոր պաշտոնին արժանապես ծառայելու դժվարին արհեստը:

— «Քաջ հովիվը կատարեց յուր պարտքը՝ հոտն ազատելու համար, այժմ էլ հոտի վրա է պարտք մնում հոգալ յուր հովվի ազատության համար...», — ասում էր նա հայոց մեծամեծներին, որոնց ժողովել էր յուր մոտ՝ մտադրյալ միջնորդության մասին խորհրդակցելու:

Ժողովականներն առաջնորդի խոսքերը լսում էին սիրով և պատրաստակամություն հայտնում՝ չխնայելով ոչինչ՝ տարապարտ զոհին ազատելու համար: Եվ այդ իսկ նպատակով հարուստը բերում էր դրամական նվերներ շահի մերձավորներին գրավելու, իսկ արքայի առաջ հարգ ունեցողը՝ խոստանում էր յուր բարոյական աջակցությունը:

Մինչդեռ հայերը այս պատրաստության մեջ էին, Շահռուխբեկն աշխատում էր ուրիշ գործի համար: Նա մոտեցավ թագավորին և իրավունք խնդրեց նրանից ստիպել բանտարկյալին կատարել արքայի հրամանը, այն է ընդունել փութով մահմեդականություն, կամ ենթարկվիլ տանջանքների, «հակառակ դեպքում ասում էր բեկը, երեցի անհնազանդությունը իբր օրինակ կծառայէ տեղացի քրիստոնյաներին և ըմբոստությունը հետզհետէ աճելով նրանց մեջ՝ մեծ հոգսեր կպատճառէ արքայից արքային»:

Շահը բանավոր գտավ սենեկապետի խորհուրդը և հրաման տվավ նրան վարվիլ բանտարկյալի հետ ըստ յուր ցանկության:

Շահռուխն, առանց ժամանակ կորցնելու, շտապեց դեպի զնդանը:

Կամենալով հասու լինել թե՝ որքան ճշգրտությամբ են կատարել յուր հրամանը, նա անձամբ իջավ այն գետնափորը, ուր փակված էր քահանան:

Խուլ ու խավարչտին մի նկուղ էր այն, բորբոսնած պատերով ու խորշերով, հատակը թաց, օդը տոգորված գարշահոտությամբ: Մի նվազ լույս, որ թափանցում էր այդ գուբը պատուհանի տեղ ծառայող խողովակի միջով՝ հազիվ նշմարելի էր կացուցանում թշվառ բնակարանի թշվառագույն բնակչին: Նա ընկած էր գետնի վրա՝ ինչպես անշնչացած մի դիակ, ոտքերը կապված շղթաներով, ձեռքերը պրկված կոճղի մեջ, իսկ պարանոցը անցցրած երկաթյա օղակ, որի ժանգոտած շղթայի ծայրը ամրացած էր բորբոսնած պատի մեջ: Այս դրությամբ կապյալը չէր կարողանում ոչ նստել, ոչ կանգնել և ոչ իսկ պառկել ցանկացած ուղղությամբ, զի սնարի կոճղը արգիլում էր նրա ամեն մի շարժումն, իսկ ծանր օղակը պարանոցը ճնշելով՝ թույլ չէր տալիս գեթ գլուխը բարձրացնել: Խեղճն ստիպված էր կծկվել շարունակ մի կողմի վրա, զարշահոտ ցեխի մեջ... և անկարող օգտվելու այն մի կտոր ճաթից (կորեկահաց) ու գավաթ ջրից, որ դրել էին նրա առաջ իբրև կերակուր:

Եվ ահա բորբոսնած խորշերի կողմը լսվեցավ ոտնատրոփ, փականքը շարժեցին և ժանգահար դուռը բացվեցավ: Երեցը վարձեց գլուխը վեր առնել, բայց չկարողացավ, միայն մարմնի շարժվելով ոտքերի և օղակի շղթաները շաչեցին:

— Հա, քեշիշ, ի՞նչպես է քեֆդ. — հնչեց հանկարծ նկուղի մեջ Շահռուխի ծաղրող ձայնը:

Կապյալը չպատասխանեց: Նրան մինչև անգամ չհուզեց այցելուի ծաղրը:

— Անշուշտ, գոհ ես քո վիճակից և շարունակ աղոթում ես. այնպես չէ, — հեգնեց բեկը նորեն և մի քայլ առաջ անցավ:

— Գոհ եմ և աղոթում եմ...— պատասխանեց երեցը կիսաձայն:

— Չեմ զարմանում, հայ չե՞ս, — հարեց բեկը և ապա դառնալով իրեն հետևող բանտապետին՝ ասաց, — այստեղ անկարելի է շնչել, վերև հանիր սրան:

Այս ասելով Շահռուխը դուրս գնաց, բանտապետը մոտենալով երեցին՝ արձակեց ձեռները գելարանից, հանեց օղակը պարանոցից և թողնելով միայն ոտքերի շղթաները՝ առաջնորդեց նրան դեպի վեր:

Մտնելով բանդապետի սենյակը, Շահռուխը սպասում էր երեցին և միևնույն ժամանակ մտածում թե՝ ինչ եղանակով սկսե զրույցը, որպեսզի հաջողություն ունենա. — արդյոք բարկությամբ ու սպառնալիքով, թե քաղցրությամբ և համոզիչ խոսքերով, շշնջում էր նա ինքնիրեն:

Մինչև երեցի տեսնիլն, այո, նա այն կարծիքին էր թե՝ կապանքների խստությունը ճնշած կլինի կապյալի կամակորությունը և, հետևապես, մի քանի նոր սպառնալիքներ կհաղթահարեն նրան բոլորովին: Բայց երբ յուր արած ծաղրական հարցի պատասխանը լսեց, նա համոզվեցավ որ քահանայի մեջ տակավին չէ ընկճվել հոգեկան արիությունը: Ուստի որոշում է խոսել նրա հետ կարելույն չափ մեղմ և ամոք եղանակով:

Բայց ի՞նչ հաջողություն էր սպասում բեկը: Միթե, արդարև, նա հետաքրքրվում էր քահանայի կրոնափոխությամբ, կամ մտածում էր այն մասին թե՝ շահին անպատվողը անպատճառ պիտի պատժվի՞: Իհարկե ոչ: Նա իբրև մինը բնության այն այլանդակություններից, որոնք ապրում և վայելում են կյանքը միշտ ուրիշների կենաց և արյան գնով՝ մտածում էր միայն յուր հաճույքների, յուր զգայական զվարճության մասին: Նա չէր մոռանում այն աղջկան, որին մի օր խլել էին իրենից, չէր մոռանում և այն անպատվությունը, որ կրել էր նրա պատճառով: Եվ ահա այժմ, երբ բախտը հաջողում էր իրեն, նա կամենում էր օգտվիլ այդ հաջողությունից: Նա տեսնում էր հակառակորդին յուր ճանկերում, ուրեմն և պիտի ճնշեր նրան որքան ուժերը կթույլատրեին, մինչև որ կդարձներ յուր հին կորուստը, մինչև որ կլուծեր յուր պատվի վրեժը...:

Երբ երեցը ներս մտավ՝ Շահռուխը հրամայեց բանտապետին հեռանալ: Ապա դառնալով քահանային, որ հյուծված դեմքով և տխուր աչքերով կանգնել էր յուր առաջ, հարցրեց.

— Ճանաչո՞ւմ ես դու ինձ:

Երեցը նայեց նրա վրա դեմքի խաղաղ արտահայտությամբ, հազիվ նշմարելի արհամարհանքով և ապա հայացքը դարձրեց ուրիշ կողմ:

— Չե՞ս պատասխանում ինձ, — հարցրեց Շահռուխը կրկին:

— Ճանաչում եմ, — պատասխանեց երեցը անփույթ եղանակով:

— Իհարկե, կճանաչես: Բայց ինչ կարծիք ունիս այժմ իմ մասին:

— Քաջ ես և հզոր,— պատասխանեց երեցը հեգնորեն:

— Այդքան միայն:

— Եվ, ամենակարող:

— Այդ է ճիշտ պատասխանը,— հարեց Շահռուխը ժպտալով, ապա, կարծես, համոզված որ երեցը խոսում է լրջությամբ, ավելացրեց. — այժմ ես կհայտնեմ քեզ իմ այցելության պատճառը: Քո հանցանքը, բարեկամ, ամենածանրն է և աններելին: Ուստի արքայի հրամանը պիտի համարես անդառնալի: Դու կամ պիտի մեռնես և կամ մահմեդականություն ընդունես: Ազատության ուրիշ ելք չունիս:

— Կմեռնեմ, — պատասխանեց երեցը:

— Բայց ես կամենում եմ փրկել քեզ. ես խնայում եմ քո երիտասարդությունը:

— Շնորհակալ եմ:

— Ես խնայում եմ քեզ, նաև, իբրև իմ հայրենակցի, դու պիտանի մարդ ես և ափսոս է որ մեռնես:

— Եթե աստված մահ է սահմանել ինձ համար, մարդիկ չեն կարող այդ մահն արգիլել:

— Բայց դու ասացիր որ ես ամենակարող եմ. ուրեմն հավատա որ պիտի փրկեմ քեզ:

Երեցը զարմացած նայում էր Շահռուխին և չէր կարողանում հասկանալ թե՝ ի՞նչ տարօրինակ հոգածություն է այս որ յուր նախկին հակառակորդը ցույց է տալիս այժմ իրեն:

— Այո, պիտի փրկեմ, կրկնեց Շահռուխը, բայց դրա համար կպահանջեմ քեզնից մի թեթև վարձատրություն:

— Այսինքն:

— Այնպիսի վարձատրություն, որը քո մեռնելուց հետ պիտի հասնե ինձ, բայց ես կամենում եմ որ քո ձեռքով լինի տրված:

— Ես, ինչպես գիտեք, մի աղքատ քահանա եմ և գանձեր չունիմ, պատասխանեց երեցը, կարծելով թե բեկը, իբրև արծաթասեր պարսիկ, կաշառքի համար է խոսում:

— Օ՛, դու ունիս մի գանձ, որ ինձ կարող է լիուլի գոհացնել, — հարեց Շահռուխն աշխույժով:

— Ի՞նչ գանձ է այդ:

— Եվ որը, գուցե, կորցրել է յուր հարգը քո աչքում: Այդպես է աշխարհում առհասարակ: Ամենալավ բանն իսկ ձանձրացնում է մարդուն, երբ նա այդ լավը շարունակ յուր ձեռքում, յուր մոտն է ունենում...

— Բայց ի՞նչ գանձի մասին է քո խոսքը, — ընդհատեց երեցը մի առանձին հետաքրքրությամբ:

— Եվ երբ մի բարիք յուր հարգը կորուսած է, կամ, գոնե, սիրելի չէ այնքան, որքան էր առաջ, լավ է որ այդ բարիքը տալով կյանքդ ազատես քան պահպանելով նրան մեռնես: Մարդու մահվանից հետ, հո գիտես, նրա ունեցածը ուրիշներն են վայելում:

— Բայց ասա վերջապես, ի՞նչ բարիքի մասին է խոսքդ:

— Այն, որն ըստ օրինի ինձ պիտի պատկաներ, բայց դու խլեցիր:

Երեցը հասկացավ չար պարսկի միտքը և վրդովվեցավ: Նրա դալկահար դեմքը շառագունեց և շրթունքները հուզմունքից դողացին:

— Անշուշտ գուշակեցիր որ Վարդենիի մասին է խոսքս, — շարունակեց բեկը, այո, նա է քո փրկության գինը նրան ինձ տալով՝ դու կազատվես կախաղանից:

— Բեկ,( բացականչեց երեցը խուլ ձայնով և, կարծես, զայրույթից խեղդվելով:

— Ինչ, դու համաձայն չե՞ս, դու, մինչև անգամ, հուզվո՞ւմ ես.( հարեց Շահռուխն այնպիսի մի եղանակով որ կարծես խոսում էր հասարակ մի վաճառքի մասին:

— Հրամայիր որ ինձ նորեն իմ արգելարանը տանեն, խնդրեց քահանան:

— Ես քեզ հետ խոսում եմ, իսկ դու արգելարա՞նդ ես վերադառնում:

— Ես չեմ կարող քեզ լսել:

— Թշվառական, դու չես կամենում մեծափառ շահնշահի սենեկապետին լսե՞լ... գոչեց Շահռուխը բարկությամբ:

— Հաճիր հրամայել, որ ինձ հեռացնեն այստեղից, կրկնեց քահանան ավելի հաստատ ձայնով:

—Խորհուրդ եմ տալիս քեզ լսել ինձ. ես քո բարեկամն եմ, խոսեց բեկը՝ նորեն խաղաղելով, — հակառակությամբ ոչինչ ես շահիլ, որովհետև դու անզոր ես, իսկ ես զորավոր, դու գերի ես, իսկ ես՝ հրամայող: Այն վայրկյանից, որ այդ շղթաները ոտքերիդ զարկեցին, քո գույքն ու հարստությունը դարձավ իմ սեփականություն: Ուրեմն այն, ինչ որ ես պահանջում եմ, կստանամ և առանց քեզ, միայն թե՝ ինչպես առաջ էլ ասացի, ցանկանում եմ որ այդ լինի քո կամքով և հաճությամբ, որպեսզի դրա փոխարեն՝ ես էլ քո կյանքն ազատեմ և իմ խղճի առաջ պարտապան չմնամ քեզ ոչնչով:

— Քեզ մինչև վերջը լսեցի, բեկ, և մեծ ուժ գործ դրի լսել կարողանալու համար... այժմ աղաչում եմ վերջին անգամ, հրամայիր հեռացնել ինձ այստեղից, ես չեմ կամենում ավելին խոսել:

— Ապուշ, ես քեզ խոսք եմ ասում, իսկ դու քոնն ես կրկնում:

Իմացիր որ քո առաջ երկու ճանապարհ կա միայն. կամ նամակ պիտի գրես ծնողներիդ՝ և պատվիրես, որ Վարդենին դրկեն ինձ մոտ (իբր թե քո գործի առթիվ հարցուփորձվելու), և ինքդ սպասես ազատություն, և կամ դահիճների հետ պիտի քարշ գաս մինչ շահի դուռ՝ այնտեղ հրապարակով մեր սուրբ կրոնն ընդունելու: Փնտրիր այդ երկուսից որն էլ կամենաս, բայց ընտրիր շուտով, առանց ժամանակ կորցնելու:

Երեցի հուզմունքը հետզհետե աճում էր, նա խուլ հառաչում էր և ծանր շունչ էր քաշում, կարծես թե սիրտը պատրաստվում էր պայթելու:

— Ես քեզ խորհուրդ եմ տալիս ընտրել փրկության ճանապարհը, շարունակեց բեկը տեղից վեր կենալով և երեցին մոտենալով,— ինչ բան է կինը, արժե մի՞թե նրա պատճառով մեռնել կամ կախվել... նա փոխադրական մի ստացվածք է, այսօր քոնն է, վաղը ուրիշինը... գրիր որ դրկեն նրան ինձ և թող դրկեն հենց այս երեկո, իսկ վաղը դու ազատված կլինես...:

— Գարշելի սրիկա, պիտի լռե՞ս թե ոչ, — գոչեց երեցը զայրույթից դողալով և այլագունելով:

— Ի՞նչ, «գարշելի սրիկա՞», այդ դո՞ւ ասացիր, անհավատ շուն, դու մինչև այդտեղ լրբացար... — այս ասելով բեկը մի զորավոր ապտակ իջեցրեց խեղճ կալանավորի դեմքին: Երեցն, որ արդեն ուժազուրկ էր, երերաց, և որովհետև ոտքերը կապված էին, կորցրեց հավասարակշռությունը և գլորվեցավ հատակի վրա:

— Այստեղ եկեք, դուրս հանեցեք այս անզգամին, քարշեցեք նրան շահի դուռը. թող նա այնտեղ, դահճի հարվածների տակ փչե յուր պիղծ հոգին... գոռաց Շահռուխն աղմկարար ձայնով և բանտապետն ու պահապանները ներս թափվեցան իսկույն:

— Այս անհավատ շունը ոչ միայն չի ուզում մեծափառ շահի հրամանը կատարել, այլև հայհոյում է Կըբլեյը-Ալեմին և մեր սուրբ ու մեծ Մարգարեին... դո՛ւրս հանեցեք սրան, դահիճներ կանչեցեք, վարոցներ պատրաստեցեք, թող այսօր նեթ շանսատակ լինի սա, շարունակում էր Շահռուխը գոռալով և փրփրելով:

Պահապանները վեր քաշեցին երեցին կոպտաբար և անողորմ հարվածներ իջեցնելով նրա դեմքին, կրծքին ու թիկունքին, սկսան նորից ձեռքերը շղթայել և պարանոցն անուրներ անցցնել: Ապա դուրս հանելով բանտի բակը, հանձնեցին նրան դահիճների ձեռքը:

Վերջիններս, Շահռուխի հրամանի համաձայն, առաջնորդեցին զոհին դեպի շահի դուռը: Իսկ ինքը, բեկը, ձին աշտանակելով շտապեց արքայի մոտ, յուր այցելության արդյունքը նրան հայտնելու համար:

## ԺԵ

Այն միջոցին որ դահիճները տեր-Անդրեասին շահի դուռը բերին, հայոց երևելիները իրենց առաջնորդի և քահանաների հետ միասին, գտնվում էին արքայական ապարանքի սրահում: Նրանք եկել էին թողություն խնդրելու թշվառ կալանավորի համար: Բայց մինչև նրանց թագավորին տեսնելը՝ Շահռուխն արդեն ներկայացել էր վերջինիս և հայտնել նրան թե՝ կալանավորը ոչ միայն արքայի հրամանը չէ կատարում և մահմեդականություն չէ ընդունում, այլև հայհոյում է վեհափառ շահին և մեծ փեյղամբարին, և թե այդ պատճառով ինքն հանձնել է նրան դահիճների ձեռքը՝ թագավորի դուռը բերելու համար:

Այս հայտնության հետ միասին բեկը բարդեց քահանայի վրա նաև այնպիսի զրպարտություններ, որոնք շահի զայրույթը սաստիկ գրգռեցին: Նա դուրս ելավ անմիջապես հանդուգն կալանավորին տեսնելու և անձամբ հրամայելու՝ որ գանակոծեն նրան յուր իսկ աչքի առաջ:

Պատահելով սրահում հայոց երևելիներին՝ շահը բարկությամբ հարցրեց, թե ինչու համար են ժողովվել:

— Եկել ենք մեծափառ վեհապետիդ ոտքերը համբուրելու և համայն Միսականի ժողովրդյան կողմից թողություն խնդրելու այն քահանայի համար, որ անմտանալով՝ արևափայլ շահնշահիդ արդար զայրույթը գրգռեց:

Այս խոսքերով մոտեցավ թագավորին առաջնորդ վարդապետը և ծունկ չոքելով նրա առաջ՝ կամեցավ ոտքերը համբուրել:

Նույն ձևով գետին խոնարհեցին նաև առաջնորդի հետևորդները:

Շահը զայրույթից կատաղեց:

— Թշվառականներ, ինչպե՞ս եք համարձակվում թողություն խնդրել մի սրիկայի համար, որ հանդգնել է անարգել Իրանի հզոր գահակալին, ձեր թագավորին և վեհապետին, — գոռաց նա վարդապետի վրա:

— Երիտասարդական անփորձությունը, տեր, մոլորեցրել է նրան, եթե մեծափառ շահը հաճի այս անգամ արժանացնել հանցվորին յուր մարդասեր գթության, այնուհետև նա շահնշահի ջերմեռանդ երկրպագուն կդառնա:

— Կարճիր լեզուդ, ապուշ, շահնշահը ունի բյուրավոր երկրպագուներ: Նա կարոտ չէ մի սինլքոր սնազգեստի երկրպագության:

— Բայց խեղճ սնազգեստը, նրա զառամյալ ծնողները և անմխիթար ամուսինը կարոտում են մեծափառ շահնշահի գթության...

— Եթե կիամարձակիս երկրորդել խնդիրդ, քեզ կախել կտամ իսկույն, գոչեց թագավորը զայրագին:

Վարդապետը ետ կասեց, երկյուղից այլագունելով: Բայց նրա հետևորդներից մի քանիսը, որոնք հայտնի մելիքներ և ազնվականներ էին, առաջ անցնելով՝ ծունկ խոնարհեցին թագավորի առաջ և աղաչեցին որ շահը հաճի փոխել հանցավորի պատիժը դրամական տուգանքի (ինչպես նա անում էր հաճախ), և այդ տուգանքը հանձն էին առնում վճարել իրենց սեփականությունից:

Նույնը խնդրեցին նաև հարուստ խոջաները: Չնայելով որ նմանօրինակ խնդիրներ լսելը և այնոնց կատարելը սովորական էր շահի համար (ըստ որում նա շատ անգամ բանտարկում ու պատուհասում էր՝ միայն նեթ տուգանքներ կորզելու նպատակով), այսուամենայնիվ մելիքների խնդիրը նա անտես արավ այս անգամ:

— Հանցավորը պիտի պատժվի, տուգանքը չի փրկիլ նրան, — գոչեց շահը բարկությամբ, և ապա սպառնալով՝ որ նոր խնդիր առաջարկողը անմիջապես կպատժվի, հրամայեց որ ամենքը իջնին ապարանքի առաջ բացվող հրապարակը՝ մեղապարտի կրելիք պատժին ներկայելու համար:

Ինչ նոր պատիժ պիտի կրեր երեցը, խնդրարկու հայերը չգիտեին, բայց և այնպես, նրանցից ոչ ոք ձայն հանել չիշխեց: Թագավորն յուր հետևորդներով դուրս ելավ պատշգամբը, որ նայում էր հիշյալ հրապարակի վրա, իսկ հայ երևելիները իջան նույն տեղը՝ իրենց անվան հասանելիք նախատինքը տեսնելու:

Այն միջոցին որ շահը երևաց դրսում, հրապարակն ամբողջապես լցված էր ժողովրդով: Որովհետև ազուլեցիք տեսնելով տեր-Անդրեասին շահի դուռը բերելիս, հետևել էին նրան գունդագունդ: Շատերն էլ առաջուց ժողովված այդտեղ՝ սպասում էին պատգամավոր հայերի միջնորդության հետևանքին:

Շահը գոհ եղավ այդ բազմությունը տեսնելով, որովհետև ցանկանում էր որ տրվելիք պատիժը երկյուղ ազդե շատերին: Բայց ժողովուրդը ուրիշ նորության էր սպասում: Նա կարծում էր թե՝ շահը հարգելով հայ մեծամեծների միջնորդությունը, բերել է տվել երեցին՝ որպեսզի նրան ներումն շնորհե հրապարակավ:

Եվ ահա պատշգամբից շահի ձայնը լսվեցավ: Նա հրամայեց մոտ բերել հանցավորին:

Տեր-Անդրեասն առաջ անցավ: Նրա տխուր դալկահար դեմքը և շղթաներից ճնշվող քայլվածքը ծանր տպավորություն արավ շրջապատողների վրա, ուստի և շատերի կրծքից հառաչանքներ թռան: Այդ երևի հանցանք էր: Ֆարրաշները ետ մղեցին հառաչել համարձակվողներին և ոմանց էլ հարվածներ հասցրին: Բայց երբ թագավորի ձայնը նորից հնչեց, ամեն մի շարժում յուր տեղը սառեցավ:

— Կատարեցի՞ր դու իմ հրամանը, — հարցրեց շահը երեցին:

— Ես բանտարկվեցա խավարչտին զնդանում և կրեցի այն բոլոր տանջանքները, ինչ որ շահնշահի հրամանը որոշեց... նվաղած ձայնով պատասխանեց քահանան:

— Այս մասին չէր իմ հարցը, պատրաստվեցա՞ր արդյոք դավանածդ կրոնը թողնելու:

— Իմ կրոնը թողնելո՞ւ... այդ մասին չեմ էլ մտածել:

— Բայց ես հրամայեցի քեզ:

— Իսկ ես պատասխանեցի, թե չեմ կարող այդ հրամանը կատարել:

— Եվ պնդու՞մ ես դու քո պատասխանի վրա:

— Պնդում եմ:

— Եվ չի՞ պիտի դառնաս այդ որոշումից:

— Երբեք:

—Դահիճներ, մերկացրեք այդ անզգամին, —գոչեց թագավորը, և ապա դառնալով հայոց մեծամեծներին զայրացած հարցրեց.

— Սրա՞ համար էիք միջնորդում...:

Ոչ ոք չպատասխանեց:

— Գոնե խոստովանո՞ւմ եք հանցավոր լինելնիդ,— հարցրեց նորեն շահը, բայց այս անգամ այնպիսի եղանակով, որից կարելի էր գուշակել թե՝ ինչ փոթորիկ պիտի բարձրանա՝ եթե հայերից մինը համարձակվի արդարացնել իրեն:

— Հանցավոր ենք, տեր, — ձայն տվին վերջիններս գրեթե միաբերան:

— Թող ուրեմն ձեր հանցանքն ևս քավե այս կամակորը, — հարեց թագավորը և ապա դառնալով դահիճներին, որոնք երեցին մերկացրել էին կիսով չափ, հրամայեց,(պառկեցրեք դրան գետնի վրա և հարվածեցեք: Թող գավազանները հասկացնեն դրան այն, ինչ որ շահնշահը անկարող եղավ հասկացնել:

Բռնավոր հրամանը կատարվեցավ: Դահիճները գլորեցին երեցին գետնի վրա և սկսան ձաղկել գավազաններով: Սկզբում խեղճ զոհը աշխատեց տոկալ, կամեցավ կրել տարապարտ պատիժը եկեղեցվո նահատակին վայել համբերությամբ. բայց երբ անգութ հարվածները սաստկացան, ուժազուրկ մարմինը անկարող եղավ այլևս հանդուրժել: Նա սկսավ հեծել և մռնչալ նախ խուլ և ապա բարձր ու աղիողորմ ձայնով... Եվ այդ ձայները, որոնք կրկնվում էին ամեն մի հարված իջնելու ժամանակ, կարծես իբր շանթեր մխվում էին շրջապատող հայերի սրտերը և կեղեքում նրանց: Երեցի հետ միասին հեծում ու հառաչում էին հարյուրավոր մարդիկ, և դրանցից յուրաքանչյուրն՝ հարվածի պատճառած մորմոքիչ ցավը զգում էր յուր վրա:

Փոքր մի ևս, և ահա, ամբոխի մեջ սկսավ խլրտում: Մարդիկ բարձրաձայն գոռում ու գոչում էին. ոմանք խնդրում էին շահին պատիժը դադարեցնել, իսկ ուրիշները հայհոյում ու անիծում էին դահիճներին: Կային և այնպիսիք, մանավանդ անժույժ երիտասարդներից, որոնք ձգտում էին բեկանել զինվորների շղթան և առաջ վազելով՝ հափշտակել զոհը դահիճների ձեռքից: Սակայն մտրակների հարվածներն, որոնք տեղում էին աջ ու ձախ, ետ էին կասեցնում հանդուգն ձեռներեցներին:

Այն միջոցին որ շահը յուր ուշադրությունը դարձուց խլրտող կողմի վրա և պատրաստվում էր հրամայել հալածել աղմկարարներին, ամբոխի միջից դուրս վազեց մի սպիտակահեր ծերունի և դողդոջուն բազուկները դեպի վեր տարածած՝ աղաչում էր ֆարրաշներին թույլ տալ իրեն մոտենալ շահին:

Թագավորը տեսավ ծերունուն և հրամայեց մոտ բերել նրան:

— Ո՞վ ես դու և ի՞նչ ես կամենում, — հարցրեց նա, երբ ծերուկը չոքեց պատշգամբի առաջ.

— Ես այդ դժբախտ քահանայի հայրն եմ, տեր արքա, — պատասխանեց ծերունին լալաձայն, — աստված չէ զրկել քեզ որդիներից և դու կարող ես չափել մի թշվառ հոր կսկիծը, երբ նա տեսնում է յուր առաջ սիրած որդուն գետնատարած, անգութ հարվածների տակ հեծելիս... Գթա, տեր արքա, ապաբախտ հոր արտասուքներին, ազատիր որդուս դահիճների ձեռքից, բավ համարիր նրան յուր տառապանքները և աստված կօրհնէ քեզ քո գթասրտության համար...:

— Դադարեցրեք, — հրամայեց շահը դահիճներին, ապա դառնալով ծերունուն՝ ասաց. — կամակոր որդի ես ծնել և անհնազանդության վարժեցրել, արժանի ես, ուրեմն, այն կսկծին, որ կրում ես սիա ծերությանդ օրերում...: Բայց եթե, արդարև, ծանր է քո կսկիծը, գնա, մոտեցիր որդուդ և խրատե նրան իմ հրամանը կատարել, թող նա յուր մոլար կրոնը թողնելով՝ դառնա Մահմեդի ուղիղ հավատին: Այն ժամանակ ես նրան ոչ միայն կրելիք պատիժներից կազատեմ, այլև կհասցնեմ մեծ պատվի ու փառքի, իմ իշխաններից մեծագույնին կփեսայացնեմ և իմ արքունիքում պաշտոնատար կկարգեմ:

Ծերունին գլուխը խոնարհեց:

— Հա, ի՞նչ ես ասում, ընդունո՞ւմ ես պայմանս թե ոչ:

— Տեր արքա, խնայիր իմ ծերությանը, աղաչում եմ. խնայիր անզոր ծնողին, թախանձեց ծերունին արտասուքը զառամած այտերի վրա ծորելով:

— Չլսեցի՞ր ինչ ասացի, ծերուկ, — բարկացավ շահը:

— Լսեցի, տեր իմ, բայց...:

— Ի՞նչ:

— Անհնարին պայման է առաջարկածդ...

— Թշվառական... ինչպե՞ս ես ուրեմն համարձակվում ներումն հայցել:

— Աստված, որ զրկել է մեզ ամեն իրավունքներից, թողել է գեթ մի մխիթարություն, տեր արքա, այդ խնդրելու և հայցելու իրավունքն է, մի կապտիր այն մեզանից, — մի զրկիր մեզ այդ միակ...

— Շատախոսում ես, ծերուկ, — ընդհատեց թագավորը, — գնա, համոզիր որդուդ կատարել իմ հրամանը, ես խնայում եմ նրա երիտասարդությանն և առնական գեղեցկությանը, թող ինքն ևս խնայե իրեն, թող արքունիքը գերադասե բանտից և արքայական շնորհները՝ անարգ զանակոծությունից:

Ծերունին լուռ էր, բայց հայացքը սևեռած թագավորի վրա:

— Գնա և համոզիր որդուդ, — հրամայում եմ քեզ:

Ծերունին անշարժ էր:

— Եթե մի վայրկյան ավելի դանդաղես՝ կհրամայեմ քեզ ևս ձաղկել, — գոչեց թագավորը:

— Չեմ դանդաղիլ, տեր իմ, ասաց ծերունին և շուռ գալով դեպի որդին՝ բարձր ձայնով գոչեց.

— Անդրե, իմ սիրեցյալ զավակ, թող դահիճների փոխարեն՝ դևեր կոչեն դժոխքից. թող փայտի փոխարեն՝ վարոց բերեն երկաթից, թող հարվածեն քեզ անխնա, դու մի սասանիր, կրիր քո խաչը, կրիր անտրտունջ, հային վայել համբերությամբ, մեռիր, որդյակ, բայց մի ուրանար մեր լույս հավատը, մեր Լուսավորչին...

Ծերունին դեռ խոսում էր, երբ Շահը որոտաց:

— Լռեցրեք այդ անզգամին:

Հսկահասակ մի սարվազ հարձակվեց ծերունու վրա և բռունցքի շեշտակի հարվածով գետին գլորեց նրան:

— Չէ, չի ուրանալ... մեր սուրբ հավատը... մեր լույս հավատը... մրմնջում էր դեռ ծերունին, մինչ կատաղի սարկավագը անգթաբար հարվածում ու կոխկռտում էր նրան:

Դահիճներն այս տեսնելով՝ իրենք էլ երեցի պատիժը նորոգեցին: Բայց հազիվ թե մի քանի հարվածներ իջեցրին և ահա ամբոխի մեջ բրդեց մի խուլ աղմուկ, որ հետզհետե սպառնական կերպարանք առավ: Հանկարծ զինվորների շղթան կտրվեցավ, ֆարրաշների շարքը խանգարվեց և ամբոխն աղաղակելով հորդան տվավ դեպի առաջ:

Ինչի՞ էր ձգտում հուսահատ ժողովուրդը, ո՞ւմ դեմ էր խիզախում, ո՞ւմ հետ պիտի կռվեր, ինքն էլ չգիտեր, նա այդ վայրկյանին չէր էլ մտածում, նա հուզվել, զրգռվել էր անօրեն բռնության դեմ և կամենում էր անպատճառ սիրած հովվեն ազատել: Բայց ո՞ւմ ճանկերից, չէ՞ որ հակառակորդը հզոր Շահաբասն էր... Մի քանի վայրկյան ժողովուրդն ու զինվորները խառնվեցան իրար: Հարվածներ տեղացին, մարդիկ գլորվեցան, մինչև անգամ, դահիճներից մի քանիսը փախան:

Բայց շուտով թագավորի ահարկու ձայնը որոտաց,

իրամանատարները ներքև վազեցին և մի գունդ սարվազներ արշավասույր ու սուսերամերկ հրապարակը մտան:

Այդքանն արդեն բավական էր որ հուզումը դադարեր: Հարձակվողներն, արդարև, ետ կասեցան, զինվորները հրապարակը գրավեցին և շահատակության գործը վերջացավ նրանով, որ մի քանի հոգի ծանր հարվածներ առին, մի քանի տաք-գլուխներ ձերբակալվեցան, իսկ զանակոծված երեցին, կիսամեռ վիճակի մեջ, նորեն բանտը տարին:

## ԺՁ

Օրը երեկոյացավ: Հայոց թաղերը հետզհետե խավարում էին: Ոչ ոք այլևս չէր մտածում թե՝ շահը դեռևս հյուր է Ագուլիսում. թե ամեն ոք պարտավոր է լուսավորել յուր տունը, կտուրն ու սարվույթը, թե պետք է բակերում խարույկներ բորբոքել և ընկեր, հարևան դրանց շուրջը ժողոված՝ մինչև կես գիշեր խրախություններ անել, թե ժողովուրդը խմբերով փողոցները պիտի պտտեր և փողերով, թմբուկներով օդը թնդացներ, թե՝ միով բանիվ, ամեն ոք պարտավոր էր մասնակցել որևէ հրապարակական զվարճության և չի պիտի գտնվեր մի անկյուն, ուր մարդիկ տխրեին, թեկուզ այդ անկյունը լիներ սգավորի տուն:

Այդպես էին տեսել ագուլեցիք մինչև այդ օրը և շահն ամեն անգամ յուր ապարանքի ապակեզարդ փենջարեից նրանց հրապարակական խրախությունները տեսնելով՝ ուրախացրել էր և յուր գոհունակությունը հայտնել շրջապատող իշխաններին:

Բայց այսօր քաղաքը կարծես սուգի մեջ է. հայոց թաղերը խավար, փողոցները դատարկ, երաժշտության ձայները լռած և միայն թյուրքերը ու ֆռանկ կոչված հայերի աննշան թաղերն էին, որոնք իրենց աղոտ լուսավորությամբ հիշեցնում էին շահին թե՝ բուն հայերն, ուրեմն չեն կամենում ուրախանալ:

— Այս ի՞նչ է, խան, հայերը կարծես կոտորվել են. նրանց թաղերում կենդանության նշույլ չէ երևում, — հարցրեց Շահն Ամիրգյունեին, որ եկել էր թագավորին «բարի երեկո» մաղթելու:

Խանը նայեց ապակեզարդ փենջարեի միջով և այնպես ձևացրեց իբր թե նոր է այդ բանը նկատում: Բայց և այնպես չկարողացավ մի հարմար բացատրություն գտնել հայերին արդարացնելու համար:

— Գուցե կրոնական սուգի օ՞ր է, խան, — հարցրեց շահը հեգնելով:

— Չգիտեմ, տեր իմ, բայց եթե հաճիս հրամայել, իսկույն կիմանամ, պատասխանեց Ամիրգյունեն, ընդ նմին պատրաստվելով դուրս գնալ և հրաման արձակել որ կատարվող անկարգության առաջն առնվի:

— Եթե շահն հաճի լսել, ես կբացատրեմ պատճառը, — խոսեց Շահռուխը, որ կանգնած էր իշխանների հետ:

— Բացատրիր, — հրամայեց թագավորը:

— Հայերը չեն ուրախանում այն պատճառով՝ որ շահը ձաղկել տվավ ըմբոստ քահանային: Այդ ցույցով նրանք ցանկանում են վրեժխնդիր լինել մեծափառ արքային:

— Հավանական չե՞ս գտնում այս բացատրությունը, — հարցրեց Շահը Ամիրգյունեին:

— Եթե իմ արեգակնափայլ տերը հավանական է դրանում...

— Բոլորովին հավանական, ընդհատեց շահը զայրագին, և ապա դառնալով Շահռուխին ասաց,— այս հանդուգն ժողովուրդը մի նժարի մեջ է դրել թե մեղապարտ քահանային և թե յուր թագավորին, քեզ եմ հանձնում, բեկ, սանձահարել դրանց... վաղն նեթ շտապիր բանտարկյալի մոտ և աշխատիր խոստովանել տալ նրան թե ովքեր են եղել յուր մեղսակիցները: Անշուշտ, վաթսուն աշակերտների գլուխները նա միայնակ չէ գերծել: Բրածեծն ուտելուց հետո երեցն այժմ հեշտությամբ կխոստովանե ճշմարտությունը: Ապա անմիջապես կալանավորել տուր ցույց տված մարդկանց և հրամայիր գանակոծել նրանց հրապարակով: Թող այնուհետև հայերը մի մարդու փոխարեն՝ շատերի սուգը պահեն:

— Իսկ թե չխոստովանե՞, տեր իմ, — հարցրեց բեկը:

— Ձաղկել կտաս նրան ամեն օր, մինչև որ նա կտիպվի կամ ճշմարտությունը խոստովանել, կամ հավատն ուրանալ և կամ, վերջապես, հարվածների տակ կմեռնի:

Գողին մութ գիշեր էր հարկավոր և տրվեցավ: Հետևյալ առավոտ Շահռուխն շտապեց դեպի բանտ: Նա դուրս հանեց երեցին զնդանի հրապարակը, ուր պատրաստ կեցած էին ոչ միայն վարոցավոր դահիճներն, այլև մի վաշտ զորք, որ պաշտոն ուներ ամբոխի խառնակության առաջն առնելու, եթե այն տեղի ունենար:

— Եկա քեզ հայտնելու շահի բարի կամքը, ասաց Շահռուխը

երեցին, երբ կանգնեցրին նրան յուր առաջ. — նա գթացավ քեզ վրա և կամենում է որ դու անպատճառ ազատվիս թե կապանքներից և թե զնդանից:

— Շնորհակալ եմ, թող աստված երկար կյանք պարգևե նրան, — պատասխանեց երեցը կիսաձայն:

— Բայց նա ցանկանում է որ կապանքներից ազատվելուցդ առաջ հայտնես նրան այն մարդկանց անունները, որոնք գործակից եղան քեզ աշակերտների գլուխները գերծելու գործում:

Երեցի գունատ շրթունքները շարժվեցան և նրա դալկահար դեմքի վրա խաղաց մի սառն ու արհամարհական ժպիտ:

— Այս անգամ, անշուշտ դու խելոք կլինիս և ուրիշների պատճառով չես մատնիլ քեզ նոր տանջանքների, — հարեց Շահռուխը:

— Հրամայիր, բեկ, որ նորեն տանջեն ինձ... ես իմ ասելիքը ասել եմ արդեն շահի առաջ: Ես գործակիցներ չունիմ: Մի հուսաք բնավ թե մատնության գնով կհոժարիմ երբևիցե ազատել ինձ տանջանքներից:

— Եթե գործակիցներդ քո բարեկամներն են և դու խնայում ես նրանց, դու ազատության ուրիշ ճանապարհ ունիս. թողիր կրոնդ և դարձիր մեր հավատին: Այդ քայլը կբախտավորեցնե քեզ:

— Մի խոսիր այդ մասին, բեկ: Եթե տասն անգամ ավելի երկարացնեիք իմ կյանքը, քան որքան վիճակված է ինձ ապրել և ընդ նմին շրջապատեիք ինձ այն արքայական բարիքներով, որ վայելում է Իրանի հզոր գահակալը, ես դարձյալ իմ հավատը չի պիտի ուրանամ, անարգանաց այդ աստիճանին ոտք չի պիտի դնեմ:

— Քեզ մնում է վերջապես մի երրորդ ճանապարհ, — այս ասելով Շահռուխը մոտեցավ երեցին և կամացուկ ձայնով շշնջաց նրա ականջում — խելոք եղիր, մի համառիր, տուր ինձ նրան, զոհիր նրան և դու կփրկվիս...:

— Հեռացիր, բեկ, դու քո թագավորի ամենաարժանավոր ծառան ես... ես ավելի սիրով իմ տանջանքները կտանեմ՝ քան քո պիղծ շունչը, որ մոտենում է ինձ...:

— Գետին գլորեցեք և ջարդեցեք այդ անզգամի համառ ոսկորները, ով չէ ուզում մարդու պես ապրել, նա շան պես պիտի սատկի, գոչեց Շահռուխը կատաղությամբ և դահիճները գետին տարածելով թշվառ երեցին, սկսան գանակոծել նրան անգթաբար:

Չնայելով որ բանտը գտնվում էր ավանի մի հեռավոր անկյունում, այսուամենայնիվ, այդ օրն էլ ժողովված էր այդտեղ մեծ բազմություն, որ ներկա եղավ երեցի տանջանքներին, լսեց նրա արձակած աղիողորմ ձայները, սիրտ կտրատող մռնչյունը, հուզվեցավ, արտասվեց և սակայն յուր ցասումը արտահայտել չհամարձակեցավ, որովհետև տեսավ որ սուսերամերկ զինվորները փոքրիկ առիթի են սպասում յուր վրա հարձակվելու:

Եվ երեցին գանակոծելուց դադարեցին այն ժամանակ, երբ խեղճի ձայնը բոլորովին կտրվեցավ: Ապա նորեն շղթայի զարնվելով՝ կիսամեռ վիճակի մեջ բանտը տարին նրան:

Իսկ այնուհետև, գրեթե ամեն օր դուրս էին բերում նրան նույն հրապարակը և միևնույն ձևով ստիպում որ յուր գործակիցների անունները հայտնե, կամ քրիստոնեական հավատը ուրանա: Երեցը, ինչպես միշտ, մնում էր անհողդողդ: Ուստի և նորեն գանակոծում ու նորեն բանտ էին տանում: Նրա մարմինը թեպետ արդեն ծյուրվել, ուժազուրկ էր եղել և մի զորեղ հարվածից կարող էր անշնչանալ, բայց նրա հոգին տակավին զորեղ և արիությունն անպարտելի էր: Նույնիսկ յուր տանջանքների մեջ նա գտնում էր սփոփանք, այն մտածությամբ թե՝ համայն Սիսականի ժողովուրդը ցավում է յուր համար և համակվում յուր վշտով, թե դահիճների ամեն մի հարվածն՝ յուր մարմնին ցավ պատճառելուց առաջ մորմոքում ու կսկծեցնում էր յուր տանջանքները դիտող հայ մարդկանց սրտերը... նա մխիթարվում էր մանավանդ այն հավատով, որ յուր տանջանքների գնով փրկել է դահիճների ձեռքից հարյուրավոր հայ մարդիկ և արգելք եղել «մանկաժողովին», որ ամեն հայի տուն լաց ու կոծով պիտի լցներ: Եվ այս ամենը այնքան էր զորացնում հայրենասեր երեցի հոգին, որ նա մոռանում էր յուր տանջանքները և հաճախ անզգայանում դեպի կապանքների խստությունը:

Եվ սակայն յուրմով բարերարյալ հայերն ևս պարապ չէին նստած: Երբ նրանք տեսան թե հայ մեծամեծների միջնորդությունը ապարդյուն անցավ, մտածեցին դիմել շահի նախարարների և ավագանու բարեխոսության: Դրա համար իհարկե հարկավոր էր մեծաքանակ գումար, որպեսզի կարողանային իշխաններից յուրաքանչյուրին գոհացնել ըստ արժանվույն: Այդ նպատակով առաջավոր հայերը դիմեցին ժողովարարության, որի արդյունքը եղավ սպասածից ավելի: Որովհետև աղքատը չխնայեց յուր լուման, հարուստը՝ յուր ոսկիները, իսկ կանայք և աղջկունք՝ իրենց զարդերը:

Ավագանին, իհարկե, չկարողացավ մերժել հայերից առաջարկված նվերները, զի ըստ արժանյացն ու քանակին կարի գրավիչ էին, ուստի և հանձն առավ բարեխոսել երեցի ազատության համար: Բայց երբ նրանք միահամուռ ներկայացան թագավորին և իրենց խոնարհ խնդիրն առաջարկեցին, վերջինս զայրացավ, որովհետև գուշակեց որ այդ իշխանները դիմել են իրեն ոչ թե կարեկցության զգացումից դրդված, այլ գրավված հայոց առատ ոսկիներից: Այդ պատճառով ոչ միայն նրանց խնդիրը չընդունեց և աղաչանքներին չզիջավ, այլև երդվեց յուր գլխով՝ որ երբեք չի ներիլ ստահակ քահանային մինչև նա սրտանց չի ուրանալ հավատը և թլփատվելով՝ մահմեդական չի դառնալ:

Հայերի հույսը բոլորովին կտրվեցավ: Այլևս միջնորդելու ճանապարհ չէր մնում: Այդ պատճառով գործող անձինք աշխատելուց դադարեցին և թշվառ քահանայի վիճակը թողեցին բախտի կամքին:

Եվ սակայն հենց այդ հուսահատության միջոցին երևան եկավ մի ուրիշ ուժ, որ հույս ներշնչեց լքված սրտերին: — Դա հայ կինն էր, որ գալիս էր յուր ժառանգական պարտքը կատարելու, այն է՝ տագնապի րոպեին այր մարդուն օգնության հասնելու: Եվ նա ասպարեզ եկավ ի դեմս խոջա-Անձրևի կնոջ՝ Սառա-խաթունի, որն այդ միջոցին գտնվում էր Ագուլիսում և որին ոչ միայն ճանաչում էր Շահաբասը, այլև հարգում իբր արժանավոր կնոջ և նրան իրեն «մայր» էր անվանում:

— Դուք արդեն ձեր պարտքը լիուլի կատարեցիք, թույլ տվեք որ մենք էլ մերը կատարենք, — ասաց Սառան ամուսնուն, երբ վերջինս հայտնեց նրան նախարարների միջնորդության անհաջողությունը:

— Ի՞նչ կարող եք անել — հարցրեց Անձրևը:

— Այն՝ ինչ որ դուք արիք, — պատասխանեց Սառան, մենք ևս կերթանք միջնորդելու:

— Եվ ոչինչ չեք շահիլ, — հարեց խոջան:

— Բայց չենք էլ կորցնիլ ավելի՝ քան ինչ որ կորուսել ենք. եթե շահը մինչև անգամ անտես անե մեր խնդիրը, գեթ մեզ կմնա այն մխիթարությունը թե՝ մենք անգործ չնստեցինք, երբ այր մարդիկ գործում էին:

Խոջա Անձրևը չհակառակեց, բայց ցանկացավ այդ մասին առաջնորդ վարդապետի և հայ մեծամեծների կարծիքը հարցնել:

Վերջիններս ոչ միայն հուսադրական գտան Խաթունի առաջարկությունը, այլև գովեցին նրան այդպիսի հաջող միտք հղանալուն համար:

Եվ Սառան մտավ հայ ընտանիքները՝ հրավեր կարդալու, յուր սեռի ներկայացուցիչներին:

## ԺԷ

Կալանավոր երեցի հաստատակամությունը տեսնելով՝ շահն յուր համբերությունը կորցրել էր արդեն: Ուստի երբ Շահռուխը խորհուրդ տվավ նրան արձակել յուր վերջին վճիռը, այն է՝ կամ բռնի մահմեդականացնել կամ գլխատել քահանային, նա սիրով ընդունեց այդ խորհուրդը և հրաման տվավ բեկին մունետիկ շրջեցնել քաղաքում և հայտնել բոլորին թե՝ հանցապարտ երեցին երկու օր ժամանակ է տրվում իսլամի ուղղափառ հավատն ընդունելու և թլփատվելու. հակառակ դեպքում նա պիտի գլխատվի:

Երբ մունետիկները արքայի հրամանը հայտարարեցին, հայերը երկյուղից սարսափեցան: Բայց հայուհիները, որոնք Սառա-խաթունի հրավերը ընդունել էին սիրով, հույս տածեցին թե՝ պիտի հաջողին Շահաբասի ներողամտությունը վաստակելու: Ուստի նույն օրն ևեթ, ահագին բազմությամբ դիմեցին շահի ապարանքը, առաջնորդ ունենալով իրենց խոջա-Անձրևի՝ շահից հարգված կնոջը:

Թագավորն, որ փենջարեի առաջ նստած խոսում էր յուր իշխանների հետ և, ընդ նմին, ավանի ձորալանջերը դիտում, զարմացավ երբ հանկարծ ապարանքի բակը կանանցով լցված տեսավ:

— Այս ի՞նչ է, ովքե՞ր են, ի՞նչ են ուզում, — հարցրեց նա իրար հետևից, առանց սակայն յուր աչքերը բակը խռնվող կանանցից հեռացնելու:

Իշխաններից մինը դուրս թռավ իսկույն պատճառն իմանալու և վերադառնալով՝ հայտնեց թագավորին հայուհիների գալստյան նպատակը:

— Հայտնիր նրանց թե՝ իմ վերջին հրամանը հայտարարված

է արդեն, թող ոչ ոք չհանդգնի հանցավորի մասին իմ առաջ խոսելու, — հրամայեց թագավորը:

Բայց հազիվ բանբերը շուռ եկավ դուրս գնալու շահը կանգնեցրեց նրան:

— Չէ, խնդրարկու կանանց չպետք է այդ ձևով վերադարձնել իմ շեմքից, նրանք իրավունք ունին նույնիսկ այս դահլիճը խուժելու, հավատալով որ այր մարդիկ չի պիտի վռնդեն նրանց... Ինքդ դուրս գնա, խան, դարձավ շահն Ամիրզյունեին, և հասկացրու նրանց քաղցրությամբ որ ես իմ վերջին ու անդարձ հրամանը արձակել եմ արդեն:

Ամիրզյունեն իսկույն տեղից ելնելով՝ իջավ խնդրարկուների մոտ, սկսավ խոսել և համոզել նրանց, բայց կանայք այդտեղից հեռանալ չկամեցան:

— Բարի խանի հովանին թող անպակաս լինի մեր գլխից, դարձավ Սառան Ամիրզյունեին. շահի հրամանը հայտնի է մեզ, բայց մենք ցանկանում ենք որ մեր խնդիրը ևս հայտնի լինի նրան: Հայտնիր շահին թե՝ նրան կամենում է տեսնել յուր մայրը... ասա որ ոչ մի որդի յուր դռան շեմքից չի հեռացնիլ մորը, առանց նրա խնդիրը լսելու:

Ամիրզյունեն կանգ առավ մի վայրկյան, և որովհետև ինքը ևս ցանկանում էր որ շահ ընդունե խնդրարկուներին, ուստի յուր հորդորը չշարունակեց, այլ վերադառնալով թագավորի մոտ՝ հաղորդեց նրան խոջա-Անձրևի կնոջ խոսքերը:

— Իմ մա՛յրը, ո՞վ է իմ մայրը, խան, ես նրան վաղուց եմ թաղել, մի՞գուցե զառանցում ես դու, — հարցրեց շահը զարմանալով:

— Ոչ, տեր իմ, այդտեղ մի կին քեզ յուր որդին է անվանում և պահանջում է որ դու չհեռացնես նրան քո տան շեմքից առանց յուր խնդիրը լսելու, — ասաց խանը, ձևացնելով՝ իբր թե, չէ ճանաչում Անձրևի կնոջը:

— Կանչիր նրան այստեղ, — հրամայեց շահը շաթիրին և վերջինս դուրս վազեց:

Մի քանի վայրկյանից հետո ներս մտավ Սառան, հետն ունենալով մի խումբ ավսարդ (տարիքավոր) կանայք և մի նորատի գեղեցկուհի, նրանք ամենքն էլ հագած էին հարուստ զգեստներ և ազատ էին քողերիցն, ըստ որում Շահը չէր սիրում որ կանայք յուր դեմը ելնեն քողարկված:

— Սառա-խաթունը... այդպես էլ գուշակում էի... իսկ դու, խան, մի՞թե չճանաչեցիր նրան, — հարցրեց թագավորը:

— Վաղուց է չէի տեսել, շշնջաց Ամիրգյունեն:

— Քանի վեհափառ շահը հյուր է մեր երկրում, խանի աչքերը չեն կարող հասարակ մարդկանց նշմարել. շահնշահի փառքը ստվերի մեջ է թողնում նրա ծառաներին ու աղախիններին, — հարեց իսկույն Սառան՝ առաջանալով դեպի թագավորը և երկրպագելով նրան: — Բայց խանի աչքերը պիտի նշմարեին մորը, — նկատեց թագավորը ժպտալով:

— Եթե խանը հավաստի լիներ թե շահը չի մոռացել այդ մորը,— վրա բերավ Սառան:

— Մոռանալ, երբեք, շահը չի մոռանում արժանիք ունեցողներին: Ես լավ հիշում եմ թե՝ որպիսի հոգածությամբ էիր հսկում դու Ջուղայում ինձ համար պատրաստվող խրախության վրա: Թե ինչպես էիր հոգում որ քո եղբոր, խոջա-Խաչիկի տանը ամեն ինչ իմ աչքերը տեսնեն քաղցր և հաճոյական: Ես չեմ մոռացել թե՝ ինչպես քո մի խելոք ու ազդու խոսքով դու զրկանք պատճառեցիր ինձ... և սակայն այդ զրկանքը փոխանակ ատելի անելու՝ սիրելի դարձրեց քեզ իմ աչքում... — Ո՞վ է ձեզանից այդ դեպքը հիշում, — դարձավ Շահն իշխաններին:

— Ես չեմ մոռացել, տեր իմ, — հառաջեց Ամիրգյունեն:

— Պատմիր: Թող իշխանները լսեն, — ասաց թագավորը ժպտալով:

— Երբ ես ու Ջիլֆըղար խանը առաջին անգամ մտանք Ջուղա՝ որպեսզի այդտեղ ընդունելություն պատրաստենք քեզ համար, տեսանք որ տեղացի հայերը ամեն ինչ պատրաստել էին մեր ցանկացածից ավելի: Բայց երբ ուշադրությամբ դիտում էինք այդ պատրաստությունները՝ տեսնելու համար թե՝ չկա արդյոք դրանց մեջ արքայից անհաճո մի թերություն, Ջիլֆըղար խանը նկատեց.

— Այս շքեղ պատրաստություններին պակասում են մի քանի հատ գեղեցկուհիներ, որոնց հայ ժողովուրդը նվեր պիտի բերե շահին...:

Հայոց համար, ըստ երևույթին, ծանր ու անսովոր ընծայաբերություն էր այդ: Այնուամենայնիվ, նրանք մեր պահանջը մերժելու փորձ անգամ չարին: Ամենալավ ընտանիքներից ընտրվեցան յոթ գեղանի օրիորդներ, որոնց և ինչպես կհիշես, ներկայացրին արքայից խոջա-Խաչիկի ապարանքում...:

— Այժմ ես կշարունակեմ, ընդհատեց թագավորը,— բոլոր ընծաներից ավելի թանկագինն այդ գեղեցկուհիներն էին: Բայց երկու զորավոր խաների պատրաստածը այս տկար կինը ետ խլեց մի խոսքով: Աղջիկները ներկայացել էին ինձ քողերով: Երբ ես հրամայեցի բանալ դեմքերը, իսկ նրանք դժվարանում էին, Սառա-խաթունը բացականչեց. — «Բացեք երեսներդ, ձեզ հրամայում է թագավորը և ձեր եղբայրը»: Երևակայիր, խան, այդ եղբայր բառը զինաթափ արավ ինձ, սիրտս այդ ժամանակ քնքուշ էր և դյուրազգաց: Երբ աղջիկներն իրենց քողերը բացին, տեսա որ չքնաղ են հյուրիների չափ: Բայց ես որոշեցի չժառանգել ոչ մեկին: Իմ հյուրընկալ տիրուհին նրանց ինձ «քույրեր» անվանեց, ի՞նչպես կարող էի խալամի համար նվիրական այդ անուններն անարգել...

— Այո, խաթուն, դրանք իմ քույրերն են, իսկ դու այսօրվանից կկոչվես ինձ մայր, ասացի ես հանդիսաբար, և այդ օրից, ահա, այս հայուհին իմ մայրն է:

— Ավաղ, տեր իմ, եթե իմ վարմունքով զրկանք եմ պատճառել քեզ, ապա ուրեմն իզուր եմ պարծենում թե քո մայրն եմ ես, ասաց Սառան:

— Զրկա՞նք, ո՞չ. լավ է յոթ քույր ունենալ քան յոթ կին: Յոթ քույրերից սիրվելը երջանկություն է, իսկ յոթ կանանց զգվանքը՝ դժոխք: Քույրն յուր սիրո համար վարձ չի պահանջում, մինչդեռ կինը կթունավորե սիրտդ, եթե անվարձ թողնես յուր մի ավելորդ զգվանքը:

— Եթե այդպես է, ապա քո մայրն աղաչում է քեզ ծնկաչոք...:

Այս ասելով Սառան ծնկան իջավ թագավորի առաջ, նույնն արին և յուր հետևորդները:

— Եթե հանցավորի համար է խնդիրդ, չի պիտի լսեմ, — ընդհատեց հանկարծ թագավորը:

— Քեզ խնդրում են այժմ հազարավոր մայրեր, քեզ պաղատում են հազարավոր քույրեր, լսիր նրանց, տեր իմ, նայիր նրանց արտասուքներին, — բացականչեց Սառան՝ ձեռքերը կողկողագին դեպի թագավորը տարածելով:

— Լսիր, կին դու, խոսել սկսավ շահը մեղմով, — անցյալ հիշատակները ինձ մի փոքր զբաղեցրին և ես մոռացա թե ինչու համար ես դու այստեղ: Ես քեզ հարգում եմ, իբրև մի կնոջ, որին մի անգամ «մայր» անունն եմ տվել, ուստի և չեմ կամենում խոսել քեզ հետ խստությամբ: Բայց գիտցիր որ ես չէի խնայիլ նույնիսկ իմ հարազատ մորը, եթե նա ժտեր ներումն խնդրել ինձանից մի ապիրատի համար, որ յուր թագավոր որդուն անարգել է հրապարակավ...

— Աստված, որ թագավորների թագավորն է և համայն տիեզերքի արարիչը, ներում է հանցավորին երբ նա զղջում է և քավում յուր մեղքերը: Կալանավոր քահանան վաղուց զղջացել է յուր արածի համար, իսկ նրա կրած չարչարանքները քավել են արդեն նրա հանցանքը: Ես համարձակվում եմ ներումն խնդրել, որոհետև հավատում եմ թե՝ իմ թագավոր որդին կցանկանա հետևել յուր արարիչ աստծուն:

Շահը մի վայրկյան լռեց և աչքերը շուրջ հածելով՝ կարծես, կամենում էր իշխանների ցանկությունը գուշակել:

Հանկարծ Շահռուխն առաջ գալով՝ կեղծ կարեկցությամբ ասաց.

— Որքա՛ն ցավալի է, տեր իմ, որ հարգարժան խաթունը յուր խնդիրն առաջարկում է քո երդումից հետո: Եթե նա վաղ ներկայանար...:

— Օ՛, անհնարին է, մայր իմ, բացականչեց շահը, կարծես քնից վեր թռչելով, անհնարին է, ես երդվել եմ աստուծո և իմ իշխանների առաջ: Ես չեմ ներիլ հանցավորին, մինչև որ նա յուր հավատը չուրանա:

— Աստված կներէ երդմանդ՝ բարի գործ կատարելուդ համար, ասաց խաթունը:

— Անհնարին է, ես երդվել եմ իմ գլխով:

— Հազարավոր բերաններ կօրհնեք, քեզ սրտագին և քո մեծափառ գլուխը ազատ կմնա չարիքից:

— Ես վերջին խոսքն ասացի, հանցավորը կամ պիտի յուր հավատն ուրանա և կամ նշանակված օրը գլխատվի:

— Գթացիր, տեր իմ, գեթ այս թշվառին, որի մահն ու կյանքը գտնվում է քո ձեռքում...այս ասելով խաթունը բարձրացավ տեղից և առաջ քաշեց պառավների ետևը կծկված գեղեցկուհուն:

Վերջինս ծունկ չոքեց թագավորի առաջ և աղաչավոր հայացքը ձգեց գահի պատվանդանին:

— Ո՞վ է սա, — հարցրեց թագավորը՝ հետաքրքրությամբ՝ դիտելով երիտասարդ կնոջը, որի գեղեցկությունը կրկնապատկվել էր դեմքի վրա ունեցած անուշ տխրության և աչքերում փայլող արտասուքի պատճառով:

— Սա ամուսինն է այն դժբախտ քահանայի, որին մեծափառ շահը կամենում է գլխատել, — պատասխանեց Սառան:

— Սա այն աղջիկն է, որ սահմանված էր Կըբլեյը-Ալեմի ազիզ հարեմի համար և որին, սակայն, իմ ձեռքից խլեց հանցավոր քահանան, — հարեց Շահռուխը, զրեթե շշնջալով:

Թագավորն սկսավ ավելի ևս ուշադրությամբ նայել գեղեցկուհուն և մի վայրկյան լռությունից հետո ասաց.

— Սրտանց ցավում եմ որ ահավոր երդումն արի. Ապա թե ոչ այս հանըմի արցունքների համար կներեի նրա ամուսնուն:

Այս ասելով թագավորը վեր կացավ տեղից և կամենում էր հեռանալ: Ոչ ոք պատճառը գուշակել չկարողացավ:

Լսիր վերջին խնդիրս, տեր իմ, — բացականչեց Սառան:

— Ես հեռանում եմ, որովհետև չեմ կամենում հրամայել՝ որ դու հեռանաս... հեռանում եմ, ոչինչ այլևս չլսելու համար, — ասաց շահը: Եվ այս խոսքերն արտասանվեցան այնպիսի եղանակով, որ Սառա-խաթունը ետ քաշվեց երկյուղից: Բայց նրա փոխարեն գոչեց դեպի շահը երիտասարդ տիրուհին.

— Մեծափառ արքա, զեթ ինձ լսիր մի վայրկյան:

— Դո՞ւ էլ ես կամենում խոսել, — դարձավ թագավորը դեպի նորատի կինը:

— Հրամայիր, տեր, որ իմ ամուսնու հետ միասին ինձ ևս գլխատեն, որովհետև նրա մահից հետո ես չեմ կարող ապրել:

Թագավորը հառեց աչքերը երիտասարդուհու վրա և դիտեց նրան մի վայրկյան, ապա ժպտալով ասաց.

— Դու պատվի ես արժանի և ոչ գլխատման, ես քո վիճակը կկարգադրեմ և դու զոհ կլինես ինձանից...:

Այս ասելով թագավորը դուրս ելավ իսկույն. Շահռուխը հետևեց նրան: Երբ նրանք մտան առանձնարանը, շահը դարձավ Շահռուխին:

— Այս ինչ հրաշալի գեղեցկուհուց ես զրկել ինձ, բեկ:

— Ոչ թե ես, այլ Ամիրգյունե խանը, տեր. եթե նա հանած չլիներ ինձ պաշտոնից՝ այս աղջիկը վաղուց Սպահանում կլիներ, պատասխանեց Շահռուխը, ուրախանալով որ դեպքը հաջողում է իրեն չարախոսել Ամիրգյունեից:

Բայց շահը կարծես, չլսեց բեկի պատասխանը, նա ուրիշ մտքով էր զբաղված: Գեղեցկուհու արտասովոր աչքերը նրա գութը շարժելու փոխարեն ցանկական կրքերն էին վառել:

— Ով անմիտ երիտասարդություն... — բացականչեց նա

հանկարծ․ — ինչպես հեշտությամբ կարողանում էի այն ժամանակ զրկանքներ պատճառել ինձ․ որպիսի ունայն պարկեշտությամբ հեռացրի Ջուղայեցի գեղեցկուհիներին, և այն՝ այս պառավի մի խոսքով… մի՞թե իրավունք ունեի այդքան անմտաբար վերաբերվիլ դեպի կյանքը, որ այնքան կարճ է և որն ստացել ենք աստծուց լիուլի վայելելու համար… Այժմ միայն, երբ արդեն անցնում են առնական տարիքս, ես մտաբերում եմ իմ գործած սխալները և հազիվ կյանքի հաճույքները գնահատում… ուշ է, այո, բայց և այնպես, դեռ մահը շուտ չի հասնիր վայելենք կյանքը, որքան կարող ենք, վայելենք, քանի հրապուրիչ է նա մեզ համար…:

— Անշուշտ, տեր իմ, — վրա բերավ Շահռուխը, — այդ իսկ պատճառով խորհուրդ տվի քեզ գալ Ագուլիս: Բայց ափսոս անզգամ քահանան ծածկել է գեղեցիկների մեծագույն մասը և այն՝ այնպիսի ճարպիկությամբ որ իմ հետազոտություններն իսկ ապարդյուն անցան:

— Եվ սակայն, յուր չար բախտից, սա չէ կարողացել սեփական գեղեցկուհուն թաքցնել, — նկատեց թագավորը:

Շահռուխը հասկացավ շահի միտքը և շտապեց հեռացնել նրա ուշադրությունը գեղեցիկ տիրուհուց, որին ինքը յուր սեփականությունն էր համարում:

— Այդ գեղեցկուհին, տեր իմ, անցցրել է արդեն տարիքը․ նա արժանի չէ շահնշահի բարեհաճ ուշադրության, ասաց նա հոգածող եղանակով:

— Շահն յուր սեփական աչքերն ունի, բեկ, մի՞գուցե այդ հարսը քեզ էլ է գրավել, — նկատեց թագավորը ժպտալով:

— Քավ լից,  տեր իմ, ես միայն քո հաճույքի խոնարհ ծառան եմ, — պատասխանեց Շահռուխը նույնպես ժպտալով:

— Գիտեմ քո զաղտնիքները: Բայց դու անհոգ կաց․ ես չեմ զրկիլ քեզ: Այդ գեղեցկուհին միայն մի շաբաթ կվայելե իմ շնորհը․ իսկ այնուհետև ինքդ կարող ես խնամել նրան՝ ինչպես որ կցանկանաս: Միայն թե քահանան շուտ պիտի գլխատվի: Քանի նա այսպիսի գեղեցիկ կին ունի, հարկ չկա այլևս պատիժը հետաձգել:

— Բայց եթե այդ կինը տհաճություն պատճառե քեզ յուր տխրությամբ…

— Որքան միամիտ ես․ կա՞ միթե աշխարհում ավելի քաղցր հաճույք քան այն՝ որ մարդ վայելում է արտասվող կնոջն յուր գրկում սեղմելով... բացի այդ, բեկ, ես դեռ չեմ պատահել մի կնոջ, որ ավելի ջերմությամբ չլիներ գրկած ինձ հենց այն պատճառով, որ ես խլել եմ նրան յուր ամուսնուց: Կինը, որ ուժի երկրպագուն է, ավելի սիրում է զինքը բռնաբարողին քան յուր հաճությունը մուրացողին...

— Եթե այդպես է, ուրեմն մենք այդ հարսին ժամանակ կտանք միայն մի տասն օր:

— Ամուսնու մահը սգալո՞ւ, — հարցրեց թագավորը:

— Այո:

— Հինգ օրն էլ բավական է, որքան քիչ լա նա, այնքան գոհ կլինի մեզանից: Դու այժմ շտապիր մունետիկ շրջեցրու քաղաքում: Վաղը մինչ կեսօր ամեն ինչ պիտի վերջանա:

— Իսկ եթե քահանան հոժարվի ընդունել մեր հավատը:

— Այն ժամանակ թող նա տեր լինի յուր կնոջը, որի փոխարեն, անշուշտ, հյուրիներ կտան մեզ ջեննաթում:

Շահռուխը գլուխը խոնարհեց շահին և դուրս գնաց:

Մունետիկի ձայնը լսվեցավ նաև այն թաղում, ուր ապրում էին հայր Մատթեոս Երազմոսը և պապը նվիրակ՝ հայր Պողոս Չիտտագինին: Մունետիկի հայտարարությունը Անդրեաս երեցի գլխատման մասին, արդարև, առաջին անգամ դող հանեց նրանց սիրտը: Գերապայծառ հայրերը խորհեցին և զգացին իբրև կարեկից քրիստոնյաներ, բայց այդ առ ժամանակ միայն: Որովհետև քիչ հետո հայր Մատթեոսն ասաց.

— Մենք իսկապես ցավելու իրավունք էլ չունինք. զի լավ է այր մի մեռանիցի ի վերայ ժողովրդյանս և մի ամենայն ազգս կորիցէ:

— Ընդհակառակը, պետք է որ ցավենք, որովհետև այդ երեցի մեռնելով է որ ազգը կորչում է, — նկատեց Չիտտագինին:

— Դու ուրեմն չհասկացար ինձ: Ես այս ազգի հոգևոր և ոչ թե մարմնավոր կորստյան մասին եմ խոսում: Չէ որ այս քահանան էր մեր գործունեության խոչընդոտը: Բայց ահա նա այժմ բարձվում է մեջտեղից և գործելու ասպարեզը մնում է ազատ...

— Այդպես էլ հասկացա ես, ուստի և նկատեցի թե՝ հենց այժմ է կորչում ազգը:

— Ի՛նչպես, մի՞թե նա կկորչի...եթե մեր փարախը մտնե. — հարցրեց Երազմոսը:

— Հենց այդ է ցավը որ մեր փարախը չի մտնիր: Որովհետև

եթե այդ քահանան հայրենի հավատի վրա նահատակվի, նա այնուհետև հայոց համար կդառնա մի պաշտելի սուրբ, մի աննման հերոս, որ յուր անձը զոհել է ժողովրդի փրկության: Եվ ահա, այնուհետև նրա խոսածներն ու քարոզածները կդառնան հայոց համար երկնային պատգամներ... դու այլևս չես կարող ազատ շրջել քո թեմում կամ քարոզել հայ ժողովրդին դառնալ քո փարախը, որից տեր-Անդրեասը սովորեցրել է նրան հեռանալ: Այդ քահանայի նահատակությունը հայ եկեղեցու հաղթանակն է. պետք է աշխատել արգելք լինել այդ բանին...

Հայր Երազմոսը սկսավ մտածել: Չիտտագինիի դիտողությունը իրավացի էր: Պետք էր ուրեմն աշխատել արգելման ճանապարհը գտնել: Եվ ահա մի փոքր լռությունից ետ նա ասաց.

— Եթե այդպես է, գերապայծառ հայր, քեզ վրա ծանրանում է մի օրինական պարտք, դու պիտի աշխատես կատարել այն փութով:

— Այսի՞նքն:

— Այս անգամ ևս դու պիտի հանդես գաս սրբազան պապի փառավորյալ անունով: Պետք է մի անգամ ևս ցույց տաս հայ ժողովրդին տիեզերական քահանայի զորությունը:

— Ի՞նչ պիտի անեմ, հարցրեց Չիտտագինին՝ հայացքը սևեռելով հայր Երազմոսի վրա:

— Շահին ներկայացել են բազմաթիվ խնդրարկուներ կալանավոր քահանայի մասին բարեխոսելու: Ներկայացել են հայոց մեծամեծները, առաջնորդն ու քահանաները. Ամիրգյունե խանը, շահի ավագանին և, մինչև անգամ, ազուլեցվոց կանայքը: Բայց թագավորը մերժել է ամենքին: Մնում է այժմ որ դու հանդես գաս սրբազան պապի և Ֆրանգի ու Սպանիո թագավորների կողմից, (որոնց օրինական նվիրակն ես դու), և խնդրես Շահաբասից տեր-Անդրեասի ազատությունը: Շահը, հավատացած եմ, մի հասարակ քահանայի պատճառով չի մերժիլ աշխարհի ամենազոր պետերի լիազոր նվիրակին: Դու կազատես կախաղանից նրան, որին ազատել չկարողացան բոլոր հայերն ու պարսից ավագանին: Այդ հաղթանակը կբարձրացնե հայ ժողովրդի աչքում երիցս երանյալ քահանայապետի անունը նրա ծառաների, այն է՝ նվաստներիս վարկի նշանակությունը:

Հայր Չիտտագինին, որ ուշադրությամբ լսում էր կարգապետին, բանավոր գտավ նրա առաջարկությունը:

— Արդարև, մեր միջամտելու ժամանակ է, — ասաց նա, — շահը չի մերժիլ իմ խնդիրը, որովհետև նա ինքն է առիթներ որոնում՝ բարեկամության ապացույցներ ներկայացնելու սրբազան պապին: Մեր հաղթանակն ապահովված է, գիտեմ, մենք կազատենք քահանային, բայց այդ բարիքը թեթևագնի չի պիտի վաճառենք: Դու նախ պիտի տեսնվիս մեղապարտի հետ և խոսք առնես նրանից՝ որ յուր ազատությունը ստանալուց ետ՝ նա ոչ միայն մեզ դեմ գործելուց դադարե, այլև ինքն անձամբ մտնե ունիթորների կարգը և ծառայե մեզ հավատարմությամբ: Այս պայմանով միայն ես կներկայանամ շահին և կազատեմ այդ երեցին կախաղանից:

— Իսկ եթե նա այդ առաջարկությունը չընդունե՞:

— Անկարելի է որ դիմադրե: Նա այնքան շատ է տանջվել այս յոթյակում, որ սրտանց կփափագե ազատվել բանտից և, նամանավանդ, անարգ կախաղանից: Աշխարհից բաժանվիլը այնքան էլ հեշտ չէ, մանավանդ, երիտասարդ մարդու համար, որ հույսեր, ակնկալություններ ունի, որ կարող է կյանքի բարիքները վայելել...

— Իցե թե այդ ամենը առ ոչինչ գրեց նա:

— Այն ժամանակ...

Հայր Չիտտագինին սկսավ մտածել և չգիտեր ինչպես որոշել: Մի քանի վայրկյան լուռ խորհելուց հետո՝ վերջապես ասաց. — այսուամենայնիվ, մենք պետք է ազատենք երեցին: Դա այնպիսի մի առիթ է, որից չշահվիլը կլինի անմտություն: Երեցին ազատելով՝ մենք կկատարենք մի գործ, ձեռք կբերենք մի հաղթանակ, որով թե սրբազան պապի անունը կհռչակվի և թե մեր վարկը հայոց աչքում կբարձրանա: Այդ հաղթանակը կծառայե մեզ նաև իբրև զենք, որով մեր ամենից համառ հակառակորդներն իսկ կընկճվեն:

— Եթե այդպես է, ուրեմն ես մի ժամից կայցելեմ տեր-Անդրեասին և հարկ եղածը կխոսեմ նրա հետ, — ասաց հայր Երազմոսը:

— Այո՛, պիտի այցելես և խոսես, պիտի աշխատես համոզել... իսկ ես կերթամ շահի դուռը՝ մեծամեծների հետ տեսնվելու: Անշուշտ վաղ առավոտ կներկայացնեն ինձ շահին, — հարեց Չիտտագինին:

Քիչ ժամանակից հետ դուրս եկան տանից երկու հայրերը: Նրանցից մինը դեպի բանտն ուղղվեցավ, իսկ մյուսը՝ դեպի Դուռը:

## ԺԹ

Օրհասական առավոտը լուսացավ: Երկինքը պարզ էր և անամպ: Արևը, որ ծագում էր Ալանգեոզի ետևից, յուր պայծառ ճառագայթներով ողողել էր արդեն Ագուլյաց ձորի ձյունապատ լանջերը և ավանի բոլոր բարձրադիր բնակությունները: Ձորի խորքը միայն և Դաշտ ավանը մասամբ՝ ծածկված էին դեռ մշուշով, որ վաղորդյան շողերի առաջ դեղին՝ իսկ ստվերապատ վայրերում կապույտ գույն առնելով՝ դարձել էր անթափանցիկ: Ագուլիսում, սակայն, ամենքը ոտքի վրա էին, այդ ժամանակ: Ավանի մեջ տիրում էր անսովոր կենդանություն. փողոցները լցվել էին անցորդներով և մարդիկ ու կանայք՝ ծերեր թե երիտասարդներ, խումբ խումբ ժողովված դիմում էին դեպի բանտը: Նրանցից ոմանք գնում էին ծանրաքայլ, ուրիշներն՝ շտապով, բայց ամենքն, առհասարակ, տխուր և հուսահատ, շատերն էլ ցասկոտ դեմքով, որովհետև գնում էին հայ եկեղեցուն ու ավանը հասանելիք անարգանքն իրենց աչքով տեսնելու:

Բանտի առաջ տարածվող տափարակի վրա կանգնած էր բարձր կախաղանը, որի վրա տակավին բանում էին հյուսները, ըստ որում գործը նախընթաց երեկոյից սկսելով՝ դեռևս չէին ավարտել: Սարվազները խարազանով ցրվում էին ամբոխը, որ հետզհետե ստվարանալով՝ խռնվում էր կախաղանի շուրջը և դեպի հյուսներն ուղղած լուտանքներով արգելք լինում նրանց աշխատության:

— Անամոթներ, անիծյալներ, ո՞ւմ համար եք այդ կախաղանը շինում... ինչո՞ւ եք պղծում ձեր արհեստը, ավելի լավ չէ այդ ուրագներով ձեր գլուխը ջարդեք՝ քան թե դրանցով դներին ծառայեք: Չգիտեք որ վարձերնիդ դժոխքում պիտի ստանաք, որ ազգ ու ազգատոհմով գեհենը պիտի թափվիք...:

Այս և նման լուտանքներ շարունակ ամբոխը տեղում էր դեպի հայ հյուսները, իսկ վերջինները և բանում, և արդարացնում էին իրենց.

— Այ բարի մարդիկ, այ քրիստոնյաներ, ինչո՞ւ եք մեզ հայհոյում, մենք հո մեր կամքով չե՞նք եկել այստեղ, մեզ զոռով են դուրս հանել տանից և զոռով էլ քարշ տվել այստեղ: Աստուծո սիրուն համար՝ մի՛ անիծեք մեզ, խեղճ բանվորն ինչ անի ֆարրաշբաշու հրամանի դեմ, ամեն մեկիս մեջքերին մտրակի տասնյակ հարվածներ են իջել, մեր ցավն արդեն բավական է, դուք ինչո՞ւ եք մեզ տանջում...

Չնայելով այս միջանկյալ արգելքներին՝ այսուամենայնիվ, կախաղանի գործը վերջացավ: Շուտով եկան մի քանի խումբ զինվորներ, որոնք փայտակերտը շրջապատեցին, որպեսզի պատժի գործադրության ժամանակ՝ ամբոխի շարժման առաջն առնեն: Բայց վերջինը շարունակ ստվարանում էր և ընդարձակ տափարակը հետզհետե գրավում: Ագուլիսն ու Դաշտը գրեթե դատարկվել էին, ամեն ոք ցանկացել էր վերջին անգամ տեսնել անզուգական հովվին, կամ ներկա լինել նրա հերոսական մահվան: Եվ այդտեղ խռնվել էին ոչ միայն հասարակ մարդիկ, այլև բոլոր նշանավոր հայերն՝ իշխաններ, մելիքներ, դատավորներ, ամբողջ հայ հոգեվորականությունը, և, մինչև անգամ, կուսանոցի միանձնուհիք՝ շրջապատված կանանց բազմաթիվ խմբերով:

Այստեղ էին նաև, տեր-Անդրեի ծնողներն և նրա երիտասարդ ամուսինը, երեքն էլ վշտահար, ընկճված և դալկադեմ: Սրանց շրջապատել էին Ագուլիսի ընտիր և անվանի ընտանիքները, որոնք և մխիթարում ու սիրտ էին տալիս նրանց, որովհետև պառավն ու հարսը շարունակ լալիս և կոծում էին իրենց: Ծերունին միայն անխռով էր: Եվ թեպետ նրա զառամյալ դեմքի վրա ևս գլորվում էին արցունքներ, սակայն նա խրատում էր կնոջն ու հարսին՝ բնավ չվհատվել և տրտունջ չհայտնել:

— Մի՛ լաք, — ասում էր նա, այլ աղոթեցեք աստծուն, որ ուժ տա մեր որդուն՝ քաջությամբ փորձության այս բաժակը ըմպելու, աղոթեցեք, որ նա արիացնե Անդրեին անտրտունջ նահատակվելու և մեր եկեղեցու անունը աշխարհի առաջ փառավորելու: Մեր որդին, այո՛, կարող էր այսուհետև հիսուն տարի ևս ապրել, բայց նա կմեռներ առանց յուր համար պարծանաց մի հիշատակ թողնելու, մինչդեռ այսօր մահ ընդունելով՝ նա դառնում է մարտիրոս և դասվում սուրբերի կարգը... միթե սրանից ավելի մեծ մխիթարություն կարող է լինել մի ծնողի համար, որ ցանկանում է ունենալ բարեհիշատակ զավակ...

Այս, խոսքերն, արդարև, ազդեցություն արին պառավի և հարսի վրա. նրանք լալուց դադարեցին:

Բայց հանկարծ բացվեցան բանտի դռները և երևաց

դահիճների կարմրազգեստ խումբը, որ յուր մեջ առած բերում էր երեցին: Պառավն ու հարսը նշմարեցին նրան. զարհուրեցնող պատկերը կանացի սրտերը խորտակեց, երկուսն էլ միանվագ ճիչ արձակեցին և նվաղելով ընկան շրջապատող կանանց ձեռքերի վրա: Այնուհետև ամեն կողմ տիրեց խուլ շշուկ, «բերում են» խոսքը հնչեց իբր թնդյուն և ժողովուրդը հուզված՝ ծովի ալիքների պես, հորդան տվավ առաջ:

Բայց զինյալ վաշտերը անհոգ չէին այդ միջոցին, նրանք խռնվողներին ետ մղեցին իսկույն, որովհետև սկսան անխտիր հարվածել: Խիզախողները, հարկավ, ետ փախան տագնապով և կախաղանի հրապարակը մաքրվեցավ ամբոխից:

Եվ ահա այդ ժամանակ դահիճները եկան կանգնեցին կախաղանի առաջ: Դահճապետը տեր-Անդրեասի թևից բռնելով՝ հանեց նրան փոքրիկ հողակույտի վրա, ամենքին տեսանելի կացուցանելու համար:

Բյուրավոր աչքեր ուղղվեցան այդ վայրկենին դեպի անձնվեր երեցը, բյուրավոր սրտեր հառաչանք արձակեցին, տեսնելով նրան նիհար, դալկադեմ և դահիճներով շրջապատ: Բայց հոգվո արիությունը չէր ընկճված նրա մեջ և այդ ցոլանում էր յուր դեմքի վրա: Նա ողջունեց ժողովրդին քաղցր ժպիտով և ուրախացավ՝ լսելով նրա բերանից օրհնության մրմունջներ, որոնք ուղղվում էին յուր սիրելի անվանը:

Շուտով առաջ եկավ պատժարար վերակացուն, որ նստած էր աշխույժ նժույգի վրա և հանելով ծոցից շահի հրամանագիրը, բարձր ձայնով կարդաց:

Այդ հրամանագրի մեջ թված էին երեցի այն հանցանքները, որոց հետ պատմությանս ընթացքում ծանոթացանք, ապա որոշված էր այն անարգ պատիժը, որ կրում են այդ տեսակ հանցավորները: Դրա հետ միասին հիշատակված էր նաև շահի կողմից սպասվելիք ներումն ու վարձատրությունը, եթե երեցը հանձն առներ քրիստոնեությունը թողնել և ընդունել մահմեդականություն:

Երբ հրամանագրի ընթերցումն ավարտվեց, առաջ եկավ պարսիկ կրոնապետը, որ մինչ այն կանգնած էր մեկուսի և սկսավ խոսել երեցի հետ:

— Քեշիշ, դու երիտասարդ ես և դեռ կարող ես երկար ապրել: Կյանքը ամենամեծ շնորհն է, որ աստված է տվել մարդուն: Անմիտ է նա, ով չէ կամենում օգտվել այդ շնորհից: Լսիր դու ինձ, քեզանից ավելի տարիքով և փորձված ծերունուս. ընդունիր իմ խորհուրդը, որ բարի է և իմաստուն: Այստեղ քեզ սպասում են երկու տեսակ վարձատրություն, — մինը կախաղանն է, որին արժանանում են գողերը, մարդասպանները և ամենից անարգ հանցագործները, մյուսը՝ արքայական ողորմածությունը, որին պիտի հետևին փառք, պատիվ, հարստություն և երջանկություն: Առաջինը պիտի ընդունես քրիստոնյա մնալով, երկրորդին պիտի արժանանաս՝ իսլամը դավանելով: Խելոք եղիր, ուրեմն, և խնայիր քեզ, պարզե ձեռքդ դեպի այն վարձատրությանը, որ պատվավոր է և որը պիտի տա քեզ Մահմեդի սուրբ օրենքը...:

— Իզուր է հորդորդ, ով մարդ, ընդհատեց երեցը կրոնապետին, եթե մինչև այսօր կրածս տանջանքները չեն քաղցրացրել իմ աչքում կյանքն ու նրա բարիքները, ապա կախաղանը չի պիտի անե ավելին: Նա, ընդհակառակն, վերջ կտա իմ տանջանքներին, որն հավետ ցանկալի է ինձ: Ձեր կրոնը սովորեցնում է ձեզ վայելել բարիքներն այս անցավոր աշխարհում, մերը սովորեցնում է՝ վայելել նույնը այն կյանքում, ուր ամեն ինչ անանց, ամեն ինչ հավիտենական է: Ես պիտի հետևեմ իմ կրոնի ուսման. որովհետև նա է բարին և ճշմարիտը: Միակ շնորհը, որ դու կարող ես անել, այդ այն է, որ խորհուրդ տաս քո կրոնի պարծանք եղող այս դահիճներին վայրկյան առաջ կատարել իրենց վրա դրված պարտքը...:

— Այս մարդը չի դադարում հայհոյելուց, հրամայիր կախել նրան, — դարձավ կրոնապետը վերակացուին:

Բայց վերջինս, որ խնայում էր քահանային ոչ միայն նրա երիտասարդության և արտաքին գեղեցկության պատճառով, այլև նրա համար, որ գաղտնի հրաման ուներ՝ ստիպել նրան ամեն կերպ՝ հավատն ուրանալու, մոտեցավ քահանային և սկսավ հորդորել նրան՝ կատարել արքայի ցանկությունը:

— Շահն առանձնապես պատվիրել է ինձ հայտնել քեզ, որ խոստացված վարձատրության տասնապատիկը պիտի ստանաս, եթե յուր ցանկությունը կատարես: Արի, մի համառիր, խնայիր քեզ, քո ծնողներին և ամուսնուն, և պաշտիր ընդհանուր աստվածը ոչ թե քո, այլ մեր հավատով: Դրանով դու ոչինչ չես կորցնիլ, բայց կշահես կարի շատ...:

Այս և նման խոսքերով նա երկար հորդորում էր երեցին, բայց տեսնելով որ սա անհողդողդ է, դիմեց շրջապատող հայերին.

— Ձեր բոլորի մեջ չկա՞ այսպիսի մի տղամարդ, ինչո՞ւ գոնե դուք չեք խնայում նրան, ինչու չեք գալիս և չեք հորդորում որ թողնե սա յուր մոլորությունը: Մի՞թե պատվով ապրելը գերազանց չէ անպատիվ մահից:

Թեպետ վերակացուն խոսում էր իբրև կենցաղասեր պարսիկ, այսուամենայնիվ, գտնվեցան և հայեր, որոնք նրա հրավերն ընդունեցին և մոտենալով քահանային՝ խորհուրդ տվին նրան՝ ուրանալ հավատը, գոնե առերես, որպեսզի ազատվի կախաղանից:

— Մի՞թե այդպես չարին և հայ նախարարները, երբ Հազկերտը նրանց բանտարկեց Տիզբոնում, — շշնջաց երեցի ականջին զրագետ մելիքներից մինը:

— Այո՛, մելիք, այդպես արին հայոց նախարարները, պատասխանեց տեր-Անդրեն՝ տխուր ժպտալով, — սակայն նրանք մի ամբողջ հայրենիք ունեին ազատելու, ուստի և ուրացան: Բայց իմ ազատելիքը մի թշվառ մարմին է, որն այսօր կա և վաղը չի լինիլ: Արժե՞ արդյոք որ ես դրա համար իմ հավատն ուրանամ և, իբր չար օրինակ, կենդանի շրջեմ իմ ժողովրդի առաջ...:

— Առերես ասացի, տեր հայր, միայն առերես. — շշնջաց մելիքը:

— Եվ ոչ իսկ առերես: Մի՞թե չես հիշում Քրիստոսի պատվերը. «որ ուրասցի զիս առաջի մարդկան, ուրացայց և, ես զնա առաջի հոր իմո, որ հերկինս է». — ասաց նա յուր աշակերտներին:

Մելիքը կախեց գլուխը և հեռացավ: Հեռացան նրա հետ և ուրիշներ:

Վերակացուն տեսնելով որ ոչ մի հորդոր չէ ազդում քահանայի վրա, հրամայեց իջեցնել կախաղանի կարթերը և ապա երեցին փայտակերտ պատվանդանի վրա հանելով՝ կանչել տվավ այդտեղ նրա ծնողներին և ասաց նրանց.

— Ահա մի քանի վայրկենից ձեր աչքով պիտի տեսնեք թե ինչպես այս կարթերը խրվում են ձեր որդու փափուկ մարմնի մեջ, թե ինչպես այս օղակը սեղմում է նրա սպիտակ պարանոցը և մարմինը քաշելով տանում դեպի վեր և, անշնչացնելով՝ օրորում օդի մեջ... պիտի տեսնեք թե՝ ինչպես արյունը ժայթքում է նրա սիրուն բերանից և գեղեցիկ դեմքը այլակերպվելով՝ սարսուռ է ազդում յուր վրա նայողին...: Խղճացեք ուրեմն ձեր որդուն, խրատեցեք նրան ձեր ծնողական իշխանությամբ, գուցե նա թողնե յուր համառությունը:

Պառավը, որ հազիվ էր ոտքի վրա կանգնում, տեսնելով որդուն կախաղանի առաջ և շրջապատված դահիճներով, որոնցից ոմանք սրերն էին շողացնում, ոմանք՝ կարթերն ու խեղդանը պատրաստում, չկարողացավ այլևս ոտքի վրա մնալ. — «Անդրե, սիրելի զավակ, մի՞թե ես քեզ դրա համար ծնեցի...» մրմնջաց նա աղիողորմ ձայնով և թուլանալով ընկավ գետնի վրա:

Երեցը հրաման առնելով իջավ փայտակերտից և ծնկան գալով մոր առաջ գիրկն առավ նրան:

— Մի՛ տխրիր, մայր իմ, որ սրա համար ծնեցիր ինձ, — ասաց նա արտասվագին, — այլ ուրախացիր, որովհետև որդիդ մեռնում է՝ միայն ապրելու համար... Երբ ես քո առաջ կարդում էի Շամունեի պատմությունս, դու հիանում էիր նրա քաջությամբ և երանում նրան այն պատճառով՝ որ յուր յոթ որդիներին հորդորեց նահատակվիլ հայրենի հավատո համար. ահա հասավ ժամանակը, մայր իմ, որ դու նմանվիս Շամունեին... օն, ուրեմն, քաջացիր և օրհնիր իմ ճանապարհը, թող հայ մայրերը օրինակ առնեն քեզնից, թող ամենքը սովորեն սուրբ գործի համար զոհել...

Երեցի խոսքերը ազդեցին մոր վրա, նա գրկեց որդուն, սեղմեց կրծքին և լալով ասաց.

— Օրհնում եմ քո ճանապարհը, Անդրե. գնա մեռիր... եթե աստված մահ է սահմանել քեզ համար, ապա լավ է որ մեռնես մեր սուրբ հավատի համար, գնա, ես չեմ տխրում...: Երեցը համբուրեց մորը ջերմագին և խլվելով նրա գրկից դիմեց ծերունուն:

— Դու ևս, հայր իմ, անշուշտ չես տխրում.-ասաց և գրկախառնվեց:

— Տխրի՞լ, քավ լիցի, ուրախության օր է այսօր, Անդրե. մի՞թե հայրը կտխրի յուր որդու անմահության համար... օրհնում եմ աստծուն, որ արժանի արավ ինձ քեզ հայր լինելու, օրհնում եմ այն օրը երբ դու ծնվեցար, օրհնում եմ այն ժամը, երբ դու շունչ առիր: Դու, այո, պատիվ բերիր քո հորը և փառք՝ քո ազգին, թող օրհնեն քեզ, ուրեմն, բոլոր հայ բերանները, և նրանց օրհնությունը ամրացնե քո սիրտը, արիացնե հոգիդ՝ աներկյուղ մահվան առաջ դիմելու: Մի օր ծնվել ես, մի օր պիտի մեռնեիր, այս կախաղանը չի պիտի զարհուրեցնե քեզ, դիմիր դեպի նրան քաջությամբ և մեռիր անտրտունջ, որպեզի փառավորես քո ազգի և եկեղեցվո անունը և դասակից լինիս այն սուրբերին, որոց պատմությունը հաճախ կարդում էիր մեր առաջ...:

— Անպիտան ծերուկ, դու դեպի բարին հորդորելու փոխարեն, հակառակն ես գործում, — գոռաց հանկարծ վերակացուն, որին հասկացրել էին ծերունու խոսածները, և դառնալով դահճապետին՝ հրամայեց իսկույն բաժանել հորն ու որդուն, որոնք գրկախառնված՝ հրաժեշտի համբույր էին տալիս միմյանց:

Դահճապետը կատարեց վերակացուի հրամանը և երեցին նորից հանեց փայտակերտի վրա:

— Այժմ արդեն պատրաստ եմ, արեք ինձ հետ ինչ որ հրամայված է ձեզ, — գոչեց երեցն հանդիսավոր և գոտին լուծելով՝ սկսավ մերկանալ:

— Մի վայրկյան ևս, և մահը կմոտենա քեզ, խելոք եղիր և ապրիր... — այս խոսքերով նորեն առաջացավ կրոնապետը և սկսավ հորդոր կարդալ երեցին:

Վերջինս չէր պատասխանում:

— Առայժմ մեծ գործ չունիս կատարելու, շարունակեց կրոնապետը, — բարձր ձայնով ասա, «լա իլլահ յուլ ալլահ, Մուհամմեդ ռեսուլ ալլահ...» և ամեն ինչ կվերջանա:

Երեցը լուռ էր:

— Կրկնիր այս խոսքը երեք անգամ, բայց կրկնիր անկեղծորեն և դու կապրես, — պնդեց կրոնապետը:

Երեցը դարձուց երեսը կրոնապետից և ձեռքերը երկինք ամբառնալով՝ սկսավ բարձրաձայն սուրբ հանգանակը կարդալ. — «Հավատամք ի մի աստված, արարիչն երկնի և երկրի, երևելյաց և աներևութից...»:

Հազարավոր ժողովուրդը յուր միավորված ձեռքերն ամբառնալով՝ սկսավ երեցի հետ նույն «Հավատամքը» մրմնջալ:

Երբ կրոնապետն իմացավ որ քահանան քուր եկեղեցվո դավանությունն է կարդում, բարկացված գոչեց,

— Աղա՛ վեքիլ, այս մարդը փեյղամբարին ու նրա քարոզած կրոնն է հայհոյում, ինչո՞ւ չես հրամայում լռեցնել սրան:

Վերակացուի ակնարկելով՝ դահճապետը վազեց դեպի քահանան և սուրը շողացնելով նրա գլխին՝ գոչեց,

— Լռի՛ր, թշվառական, — ապա թե ոչ՝ գլուխդ թռցնում եմ իսկույն:

Դահճապետի սրի հետ միասին մի քանի ուրիշ սրեր ևս շողացին քահանայի շուրջը, բայց նա անքթիթ և բարձրաբարբառ շարունակում էր «հանգանակը»:

Եվ որովհետև հրամայված էր կախել երեցին, ուստի ոչ ոք սրի հարված չտվավ նրան, սրերը շողացնում էին միայն վախեցնելու համար: Բայց երեցն անհողդողդ էր:

— Մոտեցրեք կարթերը և խրեցեք դրա կողերի մեջ, իջեցրեք խեղդանը և պարանոցն անցցրեք, թող այս համառ քրիստոնյան յուր աղոթքի մյուս կեսը կարդա օդի մեջ... — հրամայեց վերջապես վերակացուն և դահիճները դժոխային եռանդով գործի դիմեցին:

Բայց ահա, հենց այդ վայրկենին, երևաց հեծյալների մի խումբ որ սպիտակ դրոշը ծածանելով՝ արշավասույր դեպի պատժարանն էր դիմում:

Երբ այդ մասին հայտնեցին վերակացուին, նա հրամայեց դահճապետին սպասել մի վայրկյան, որովհետև իմացավ որ եկողները շահի կողմիցն են:

Երբ հեծյալները մոտեցան հրապարակին, դրոշակիրը բարձր ձայնով գոչեց,

— «Կըբլեյը-Ալեմից ներումն հանցագործին»:

Այս խոսքերը դաշտի մեջ հնչեցին իբրև ավետաբեր հրեշտակի ձայն, հրճվանք ու ցնծություն տիրեց բոլորին և ժողովուրդը ոգևորված աղաղակեց՝ — «Ապրի թագավորը, ապրի շահը...»:

Բայց երեցի դեմքը, որ մինչև այն ժպտուն էր և պայծառ, հանկարծ մռայլվեցավ, ներման լուրը, կարծես թե, հարված տվավ նրան: Եվ ոչ ոք չգիտեր թե ինչու տխրեց նա:

Սակայն պատճառը կարի մեծակշիռ էր: Նա տեսավ որ հեծյալներին առաջնորդում են հայր Երազմոսը և հայր Չիտտազինին: Նա գուշակեց որ արքայական ներումը ստացվել է նրանց շնորհիվ, ուստի և տխրեց, ինչպես քաջամարտիկ մի հաղթական, որի ձեռքից հանկարծ խլում են հաղթության շքադիր դափնին...

Դրոշակիրը առաջ գալով՝ ներման հրովարտակը հանձնեց վերակացուին: Վերջինս համբուրելով այն՝ բացավ և սկսեց կարդալ.

«Բարձրյալ է աստված, որին պատկանում է երկնային թագավորությունը և որի հզոր աջը հովանի է անմահների մեջ բնակող իմ արդար հոր Խուդավենդիի վրա»:

«Ես մեծ և հզոր Աբաս, թագավոր Երանի և Փարսիստանի, արքա Էրմենիստանի և Գյուրջիստանի, տեր և հրամայող «բոլոր այն երկրների, որոնք աստուծո ամենակարող օգնությամբ պիտի խոնարհին իմ սուրի առաջ:

«Հայտնում եմ իմ սիրելի նպատակներին՝ որ զիջանելով խալիֆաների խալիֆ և կաթողիկոսների կաթողիկոս մեծ և բարձրապատիվ Հռովմա պապի, այլև Ֆռանգի և Սպանիո հզոր թագավորների արժանահարգ վեքիլ խալիֆ-Պողոս Մարիա-Չիտտագինիի խնդիրքին և աղաչանքին, ներում եմ Անդրեաս կոչված հայ քեշիշի գործած մեծ հանցանքը և, ի շնորհս իմ հոր, անմահ Խուդավենդիի, ազատում եմ նրան կախաղանից, հրամայելով որ այսուհետև նա լինի հնազանդ արժանահարգ վեքիլ խալիֆ Պողոսին և նրա ընկեր՝ պատվարժան խալիֆ Մատթեոս կարգապետին, այլև լինի նրանց խրատների լսող կատարող, որովհետև իմ առաջ այդ երկու խալիֆները երաշխավոր են կանգնել յուր համար: «Գրվեցավ Ագուլիսում, իմ թագավորության 31-րդ տարում, «Ջեմազի-յուլ-էվալ ամսո 20-ին Հիջրի 1034 թվին»:

Հրամանի վրա դրոշմված էր արքայական կնիքը:

Երբ վերակացուն ընթերցումն ավարտեց, պարզեց հրովարտակը տեր-Անդրեասին՝ համբուրելու համար:

Երեցն առավ այն և առանց փայտակերտից իջնելու՝ հրաման խնդրեց վերակացուից մի քանի խոսք ասելու:

Վերջինս կարծելով, թե երեցը կամենում է յուր շնորհակալիքը հայտնել մարդասեր շահին, իրավունք տվավ նրան խոսելու:

— Ժողովուրդ հայոց, — գոչեց նա բարձրաձայն, — անշուշտ ուրախացաք որ արեգակնափայլ շահը ներեց ինձ իմ հանցանքը, և այդ՝ շնորհիվ «խալիֆների խալիֆ և կաթողիկոսների կաթողիկոս» Հռովմա պապի նվիրակ Չիտտագինիի: Անշուշտ ձեզանից յուրաքանչյուրը շնորհակալ եղավ յուր սրտում գերապատիվ հորը յուր մարդասեր արարքի համար:

Այժմ ինձ լսեցեք:

Երեկ երեկո այցելեց ինձ բանտում ունիթորների կարգապետ հայր Մատթեոս Երազմոսը և առաջարկեց ինձ՝ թողնել իմ հարազատ հայադավան եկեղեցին և մտնելով ունիթորների կարգը, ընդունել կաթոլիկություն, հպատակել պապին և նրա նվիրակ եպիսկոպոսի միջնորդությամբ ստանալ իմ ազատությունը:

Ուրեմն, նա ինձ առաջարկում էր այն, ինչ որ ինքը, մեծափառ շահը: Մինը պահանջում էր թողնել քրիստոնեությունը և լինել մահմեդական, մյուսը առաջարկում էր՝ թողնել հայությունը և լինել կաթոլիկ... Արդյոք այս երկու առաջարկներն էլ միևնույն կշիռը չունի՞ն, երկուսն էլ միաժամանակ չէին պահանջում որ ես դավաճանեմ իմ ազգին, իմ հայրենական եկեղեցուն: Հարկավ այդպես է: Ուստի ես բացե ի բաց մերժեցի հայր Երազմոսին և նախատեցի նրան՝ յուր անարգ առաջարկի համար: Բայց ահա, ինչպես տեսնում եք, պապի իմաստուն ծառաները չեն զոհացել իմ մերժմամբ. նրանք խնդրել և ստացել են շահից իմ ազատության հրամանը, որպեսզի կարողանան ձեզ ասել թե՝ «տեսեք, հայեր, որքան հզոր և կարող է պապը, որքան մեծ ու անսահման է նրա իրավունքը. — այն մահապարտը, որին ազատել չկարողացան բոլոր հայերը ու պարսից ավազանին, ազատեց մի Չիտտազինի, լոկ Հռովմա պապի անունով... Եկեք, ուրեմն, հայեր, խոնարհեցեք այդ զորության առաջ, թողեցեք ձեր ազգությունը, ձեր եկեղեցին, ձեր լույս հավատը, սուրբ Էջմիածինը և դարձեք ծառա Հռովմա գահին...»: Օն և օն, հայոց ժողովուրդ, մի ուրախանաք այս նենգամիտ շնորհով, որն այսօր մի հոգի փրկելով՝ վաղը հարյուրը պիտի կորցնե. այսօր մի տեր-Անդրեաս ապրեցնելով՝ վաղը նման տասին պիտի մեռցնե, — չեմ ասում սրով, այլ հոգվով ու սրտով...: Մի ընդունեք ուրեմն այս շնորհը, մի զոհանաք այս մարդկանց ձեզ արած ծառայությամբ: Զոհեր տվեք աներկյուղ, եթե այդ պահանջում է ձեր եկեղեցվո ազատությունը. թողեք որ տեր-Անդրեասները մեռնին, եթե անհրաժեշտ է որ նրանց ժողովուրդը ապրի: Եթե մեր հոյակապ նախարարները, աշխարհային զանձերով ճոխացած իշխանները զոհում էին իրանց անձը եկեղեցվո և ժողովրդի փրկության համար, ապա ո՞վ է տեր-Անդրեասը, որ փախուստ տա այդ պարտքից... Եթե հայոց եկեղեցին խաչվում է ամեն օր, եթե հայոց կաթողիկոսը կապված է շղթաներով, ինչու նրա սպասավորը ազատ պիտի շրջի, աստուծո լույսն ու արևը ազատ փայելե... Այո, ես կմեռնեմ, և իմ մահը թող անեծք լինի այն հայի համար, որ յուր ազգն ու եկեղեցին դավաճանելու գնով կցանկանա ապրել...

Իսկ դուք, ո՛վ պատվելի հարք, տեր-Մատթեոս, Երազմոս և

տեր Մարիա-Չիտտագինի, որ առաքված եք այստեղ հայոց եկեղեցին քանդելու և նրա ավերակների վրա Հռովմա դրոշը բարձրացնելու, գիտացեք որ ոչ միայն անարգ գործ եք կատարում, այլև վաստակում եք իզուր: Չի հայոց եկեղեցին զորավոր է և նա յուր հիմքը փորող բազուկները կջախջախե: Նա զորավոր է ոչ թե աշխարհական արքաների պաշտպանությամբ, այլ յուր անձնվեր որդվոց նահատակությամբ, և նա չի ընկճվիլ, չի հաղթահարվիլ, թեկուզ Հռովմա պապը և Ֆռանգի թագավորները՝ քրիստոնեության թշնամի Շահաբասի հետ միացած աշխատեն նրան կործանելու համար: Կգա ժամանակ, երբ մեր այս Սյունիքում, ուր դուք այսօր հաստատվել և ամեն կողմ ցանցեր եք սփռել, ձեր հետքն անգամ չի երևալ, և հայոց հայրենական եկեղեցին կլինի միակ հովանավորողը յուր հարազատ զավակների: Օն, ուրեմն, ետ վերցրեք ձեր բերած հրովարտակը, դժպհի են ինձ ձեր շնորհին ու բարիքը, խարդախյալ փրկությունից ավելի՝ ես մահն եմ զերադասում...»:

Այս ասելով երեցը պատառոտեց արքայական հրամանագիրը և պատառները ցրվեց մեջ:

Մի հանկարծական աղաղակ բրդեց չորս կողմը: Հայերը սարսափեցան, պարսիկները կատաղեցին և կրոնավորներն սկսան հայհոյանք տեղալ մեղապարտի վրա:

Դահճապետը, որ մինչ այն անուշադիր էր դեպի երեցի խոսածները, որովհետև հայերեն չէր հասկանում, տեսնելով հրովարտակի պատառոտվիլը, հանեց իսկույն դաշույնը և խոյացավ քահանայի վրա:

— Այդ ի՞նչ հանդգնություն է, գարշելի արարած, — գոչեց նա զայրագին և դաշույնը թափով երեցի փորը խրեց:

Քահանայի աղիքը դուրս թափվեցան իսկույն: Երեցը, որ տակավին կանգնած էր անհողդողդ, սկսավ ձախ ձեռքով արյունաշաղախ ընդերքը ժողովել փորի մեջ, իսկ աջով խաչակնքել երեսը և աղոթել:

Դահիճներն անընդհատ հարվածներ էին տալիս խաչակնքող ձեռքին և աղոթող բերանին, բայց նա անշարժ էր: Թվում էր թե մարմինը, որի վրա հարվածներ էին տեղում, այլևս իրենը չէր, թե հոգին անզգա էր մարմնո տանջանքներին:

Վերջապես մոտեցավ պատժարար վերակացուն և հրամայեց կախաղան հանել նրան:

— Այո՛, կախեցեք, բայց ոչ իբրև հասարակ հանցավորի, այլ

իբրև մեծ ոճրագործի, կախեցեք գլխիվայր, որպեսզի տանջանքը ժամերով տևի, — հրամայեց նա:

Դահիճներն իսկույն գետին գլորեցին երեցին և սրերով պատառեցին նրա սրունքների ջիղերը, ապա երկաթե կարթերը նրանց մեջ անցցնելով քաշեցին դեպի կախաղանը:

Այսպիսով թշվառ զոհը գլխիվայր կախված՝ ճոճում էր օդի մեջ, իսկ փորոտիքը թափվելով՝ ծածկել էին կուրծը, որով նա նմանվում էր սպանդանոցում կախված մորթազերծ ոչխարի, միայն այն զանազանությամբ՝ որ վերջինս անշնչացած լինելով՝ չէր զգալ յուր ցավերը, մինչդեռ կախված երեցը հեծում էր սոսկալի տանջանքների ներքո: Եվ նրա հեծության ձայնակցում էր ժողովուրդը լալագին հառաչելով: Այն իսկ պատճառով վերակացուն հրամայեց ցրել ամբոխը, որպեսզի գրգռում չառաջանա: Զինյալ վաշտերը կատարեցին տված հրամանը: Իսկ զրահավորների մի ուրիշ խումբ կախաղանը շրջապատեց՝ երեցի մահվան սպասելով:

Սակայն այդ մահը շուտ չհասավ: Արի նահատակը ծանր ու սոսկալի տանջանքներ կրեց, բայց կրեց անտրտունջ և յուր հեծության մեջ անգամ՝ աստուծո անունն օրհնելով:

Արևը մայր մտնելու մոտ նա յուր արդար հոգին ավանդեց:

Երբ շահն այս բոլոր եղելությունն իմացավ, կատաղեց ինչպես վիրավոր գազան և յուր հրովարտակի անարգանաց վրեժը հրամայեց առնել նահատակի դիակից:

Գցեցեք նրան շինություններից դուրս, բաց դաշտի վրա, ոչ ոք թող չհամարձակի ամփոփել այդ դիակը, մինչև որ շներն ու գիշերային գազանները չցրվեն նրան ամբողջապես, հրամայեց շահը և այդ հրամանը կատարվեցավ իսկույն:

Նահատակի մարմինը վերցնելով կախաղանից ձգեցին հեռու, ամայի դաշտը:

Բայց հայերն անմիջապես պահապաններ կարգեցին, որպեսզի նրանք գիշեր ու ցերեկ հսկեն դիակի վրա, մինչև որ մեծամեծները հաջողեն հրաման առնել շահից սուրբի մարմինն ամփոփելու համար:

## Ի

Անցավ հինգ օր և սակայն նախատակի դին դեռ անթաղ ընկած էր ամայի դաշտի վրա: Հայերի խնդիրն ու աղաչանքը մնում էր անուշադիր: Ժողովուրդը հետզհետե հուզվում, գրգռվում էր: Մելիքները դիմեցին Ամիրգյունեին և խնդրեցին նրան՝ զգուշացնել շահին, որ պատճառ չդառնա անտեղի հուզման, գուցե և կոտորածի, որովհետև ժողովուրդը սաստիկ սրտմտած էր իրեն հասած անարգանքի համար և կարող էր հեշտությամբ անխոհեմ քայլեր անել:

Բայց շահը ոչ միայն անուշադիր թողեց խանի խնդիրը, այլև հայերին ավելի կսկծացնելու համար հրամայեց Շահռուխին հարեմ բերել տեր-Անդրեասի կնոջը:

— Թող տեսնենք այժմ թե՝ աղվեսների զայրույթը ի՞նչ վնաս կարող է տալ ահավոր վագրին, որ յուր քաղցը հագեցնելու համար ավերում է նրանց խաղաղ բնտանիքը, — ասաց շահը ծիծաղելով:

Բայց Շահռուխն, որ ավելի հեռատես էր, այլև, ծանոթ հայերի գրգռված դրության, հարմար չգտավ անձամբ դիմել քահանայի տունը, կամ այնտեղ ուղարկել յուր մարդկանցից մեկին, որովհետև հավատացած էր, որ այդ նպատակով Խցաձորի թաղը մտնող պարսիկը կենդանի չէր մնալ, զինու զորությամբ տիրուհուն դուրս հանելն էլ անխոհեմություն էր համարում: Այդ պատճառով նա որոնեց և գտավ մի պառավ թրքուհի, որ մեծ հմտություն ուներ երիտասարդուհիներ կախարդելու, և հայտնելով նրան շահի ցանկությունը, պատվիրեց գնալ քահանայի կնոջ մոտ և ամեն հնար գործ դնել համոզելու նրան գալ շահի կոչին:

Պառավը, որ հույս ուներ մեծ պարգևներ ստանալու, հանձն առավ գործը ուրախությամբ և դիմեց քահանայի տունը:

Նորատի այրիին նա գտավ միայնակ, ուստի և սկսավ խոսել հետը անմիջապես, բայց ճարտար զգուշությամբ:

Ամենից առաջ նա ցավ հայտնեց տիրուհուն նրան հասած դժբախտության համար, ապա մխիթարական շատ խոսքեր խոսեց և վերջը, երբ այրիին գտավ բավական ամոքված, հայտնեց յուր գալստյան «բարի» նպատակը:

Մանկամարդ տիրուհին, որ դեռ երեցի բանտարկության օրերում չափազանց շատ լացել էր սիրած ամուսնու համար և յուր վիճակը դառնապես ողբացել, քահանայի նահատակությունից հետ՝ գտնվում էր մի անբնական դրության մեջ: Նա կարծես այլևս չէր զգում յուր ցավը, չէր լալիս առաջվան պես, արտասուքի աղբյուրները ցամաքել էին նրա աչքերում և ներքին գոհունակության մի զգացում պայծառացրել էր դեմքը: Նա այլևս չէր մասնակցում սկեսուրի կամ սկեսրայրի ողբերին և չէր ընկերակցում նրանց, երբ վերջիններս լալով դիմում էին իշխաններին՝ սիրեցյալ որդու մարմինը ամփոփելու հրաման հայցելու: Վարդենին զբաղված էր մի ուրիշ և, յուր կարծիքով, ավելի մեծ գործով...: Թագավորի անօրեն բռնությունը, ազգին ու եկեղեցուն հասած անարգանքը և այդ ամենի առաջ անմռունչ խոնարհող հայերի փոքրոգությունը հանդուգն միտք էին ծնեցրել մանկամարդ կնոջ մեջ, — նա մտածում, էր վրեժխնդիր լինել յուր շուրջը կատարվող բռնությանց համար...:

Բայց մի՞թե կարող էր: Չէ որ դա մի երազ, նյարդերի գրգռումից առաջացած մի ցնորք էր: Ո՞վ էր կինը, ի՞նչ կարող էր անել նա...: Միթե բռնության այդ օրերում, երբ ամենից զորավոր բազուկները մնացել էին անշարժ, մի թույլ էակ պիտի հանդգներ վրեժխնդրության համար մտածել: Հարկավ՝ ոչ: Բայց և այնպես, Վարդենի տիրուհին զբաղվում էր այդ մտածությամբ:

Այն օրից սկսած որ նա երազում տեսել էր թե՝ Շահռուխ բեկը յուր գլխի զարդը պոկելով փախչում է, նա միշտ երկյուղի ու վարանման մեջ էր լինում, որովհետև գուշակում էր որ այդ մարդն, անշուշտ, մի չարիք պիտի բերե յուր գլխին: Եվ ահա, երբ այդ գուշակությունը իրականացավ, ծանրագույն վշտերի հետ միասին ծնունդ առավ նրա սրտում և այս տարօրինակ, կնոջ հոգուն անընտել զգացումը, որն և հետզհետե նրա ամբողջ էությունը գրավեց: Մանավանդ երբ իմացավ թե շահը հրամայել է անթաղ թողնել նահատակին, թե նա մերժում է ամեն միջնորդություն, էլ տկար հոգին ապստամբեցավ բռնության դեմ, կնոջ քիչ մտածող գլուխը և շատ զգացող սիրտը համաձայնության եկան կատարելու մի գործ, որն չէին ձգտում ձեռնարկել առնական խոհուն գլուխները, հեռատեսությամբ չափելով իրենց տկարությունը և հակառակորդի զորությունը և, հետևապես, խնայելով այն զոհերը, որ պիտի տային իրենց անխորհուրդ ձեռնարկությամբ:

Բայց մանկամարդ տիրուհին ինչ ուներ կորցնելու: Չէ որ յուր միակ հարստությունը, միակ երջանկությունը, յուր փառքն ու պարծանքը առել տարել էին և նա այժմ նստած էր յուր տան ավերակների վրա... ավելի լավ չէր թողնել աշխարհը և գնալ յուր սիրած հոգու հետևից: Եվ նա, այո՛, որոշել էր մեռնել, նա չէր կեղծել շահի առաջ ասելով թե՝ «իմ ամուսնու մահից հետ ես չի պիտի կարենամ ապրել»:

Բայց նա ուզում էր նախ հերոսանալ և ապա թե մեռնել: Նա կամենում էր նախ սատակել այն հրեշին, որ յուր տունը կործանեց և ապա թե բռնել այն ճանապարհը, որ տանում էր սիրելու մոտ...

Այս իսկ պատճառով, երբ պառավ թրքուհին Շահռուխից բերած նորությունը հայտնեց, մանկամարդ այրին յուր սրտում ուրախացավ, որովհետև նրա առաջարկությունը շահավոր գտավ յուր նպատակի համար: Բայց նա սկզբում կեղծեց, իբր թե, չէ կարող շահի «երջանկացնող» առաջարկն ընդունել յուր վշտի մեծության և վերքերի տակավին նոր լինելու պատճառով: Եվ երբ պառավը յուր քաղցր զրույցներով սկսավ համոզել նրան, թե արքայական առատ շնորհները շուտ կմոռացնեն իրեն յուր վշտերը, թե պետք է փութալ օգուտ քաղել շահի բարեհաճ տրամադրությունից, ապա թե ոչ՝ ընդդիմությունը ոչ միայն նրան բարիքներից կզրկե, այլև, կարող է չարիքներ հասցնել, տիրուհին ասաց,

— Չկա ինձ համար ավելի մեծ բախտավորություն, քան մեծափառ շահնշահի շնորհին արժանանալը: Բայց ես չեմ կարող ելնել այստեղից քո ընկերակցությամբ, որովհետև ազգակիցներս կքարկոծեն ինձ: Ես կգամ Շահռուխ բեկի մոտ միայնակ, սակայն ոչ իմ հագուստով, այլ ծպտյալ: Այդ պատճառով խնդրում եմ հայտնել իմ կողմից բեկին, որ նա ինձ համար պատրաստել տա մի ձեռք զինվորական հագուստ և ուղարկի այն քո ձեռքով: Այդ շորի մեջ ոչ ոք չի ճանաչիլ ինձ (մանավանդ որ հայերը հեռու են պտտում զինվորներից) ուստի և ապահովապես կմտնեմ ես բեկի մոտ: Այնուհետև թող նա ինքը ներկայացնե ինձ շահին ինչ ձևով որ կկամենա:

Տիրուհին պառավին ավելի հիմարացնելու համար՝ խնդրեց որ նա անձամբ յուր չափը վերցնե, որպեսզի պատրաստվելիք հագուստը մեծ չգա վրան և չմատնե իրեն: Բացի այդ, նա պատվիրեց խնդրել Շահռուխին որ յուր գալու ժամանակ հեռացնե տան բակից բոլոր զինվորներին, որպեսզի վերջիններս յուր ներս գալը չնկատեն: Երբ կնոջ հոգեկան աշխարհը մի զորեղ ցնցումից ենթարկվում է հեղաշրջման (բարվո առթիվ լինի այն թե չարի), այլևս նախկին ունակությունները դադարում են նրա սրտի վրա իշխելուց, նոր զգացումներին առաջնորդում է նոր աշխարհայացք և նա հանգիստ խղճով գործում է այն՝ ինչ որ բուռն զգացմունքները թելադրում են իրեն: Այդ դեպքում հաճախ նա ոտք է կոխում ոչ միայն համեստության, այլև առաքինության վրա, կամ, ընդհակառակն, եթե երկչոտ է, արիություն է զգենում, և այդ բոլոր դեպքերումն էլ խիղճը մնում է խաղաղ, որովհետև զգացումները շշնջում են նրա ականջին թե՝ այժմ է նա միայն «լավագույնը» գործում:

Ահա այսօրինակ հոգեկան հեղաշրջման պետք էր վերագրել և մանկամարդ այրիի վարմունքը:

Երբ պառավը ավետեց Շահռուխին Վարդենի «հանըմի» համաձայնությունը, բեկն ուրախացավ և հիշեց իսկույն շահի կանանց մասին հայտնած կարծիքը: — «Իմ տերը չի սխալվում, շշնջաց նա ինքիրեն, կնոջն, արդարև, կարելի է հրապուրել նույնիսկ յուր ամուսնու դագաղի առաջ...»:

Եվ բեկն իսկույն դերձակ կանչել տալով՝ հրամայեց որ մի ավուր մեջ խնդրված հագուստը պատրաստեն:

Հետնյալ առավոտ պառավը տիրուհուն հանձնեց մի կապոց, որի մեջ գտնվում էին թե պատրաստված շորերն, որոնք շահի թիկնապահների տարազն ունեին, և թե արծաթյա մի կամար, գեղեցիկ դաշույն և մի թեթև կաճյա, որով նորատի զինվորականը պիտի ծածկվեր:

Այս ամենը տեսնելով տիրուհին հրճվեցավ, նա, մինչև անգամ, մոռացավ յուր վիշտը, ընդունելով թե՝ վրեժն արդեն լուծված է:

Այնուհետև նա սկսավ յուր կատարելիք գործի համար պատրաստվիլ: Եվ թեպետ յուր կյանքում սուր չէր առել ձեռը և չգիտեր իսկ թե՝ ինչպես պետք է հարվածել՝ մահ պատճառելու համար, այսուամենայնիվ համոզված էր թե պիտի սպանե Շահռուխին, որին յուր դժբախտության միակ պատճառն էր համարում:

Բայց որպեսզի յուր հարվածի մեջ չվրիպե, նա կանչեց յուր մոտ ծերունի ժամհարին (որ եկեղեցու բակի ձյունը սրբելուց հետ՝ պատրաստվում էր մտնել յուր խուցը), որպեսզի նրանից մի քանի բան սովորե: Ծերունուն իհարկե, նա չի պիտի հայտներ գաղտնիքը, բայց կարող էր նրան խոսեցնելով յուր նպատակին հասներ:

— Արի, մահտեսի, տաքացիր, ձեռքներդ սառած կլինին, հետո բան պիտի հարցնեմ, — ասաց տիրուհին, երբ ծերուկը մտավ նրա մոտ:

— Այո, շատ աշխատեցա, մեծ ձյուն կար բակում, մինչև որ հավաքեցի, ձեռքերս փետացան... բայց ի՞նչ ժամանակ է տաքանալու մասին խոսել, քո վիշտն այքան մեծ է, տիրակին, որ ես զարմանում եմ թե ի՞նչպես ես կարողանում ուշադրություն դարձնել ինձ վրա...

— Այո, մահտեսի, շատ մեծ է. և հենց բոլոր օրը դրա վրա եմ մտածում: Բայց մի հանգամանք մտատանջություն է պատճառում ինձ, նրա համար եմ քեզ կանչել...

— Ի՞նչ հանգամանք, — հարցրեց ծերուկը հետաքրքրությամբ:

— Ասում են որ լուսահոգին մի քանի ժամ շարունակ կենդանի է մնացել կախաղանի վրա, ի՞նչ է դրա պատճառը, չէ որ դահճապետը պատռած է եղել նրա փորը, ինչու նա իսկույն չէ հոգին ավանդել...

— Ինչո՞ւ համար ես այդ հարցնում:

— Կամենում եմ պատճառն իմանալ, այդ բանը անհանգստացնում է ինձ:

— Դու երևի կասկածո՞ւմ ես նահատակի արդար լինելու մասին, — բացականչեց ծերուկը հուզվելով:

— Քա՛վ լիցի... բայց, ուզում եմ իմանալ, բացատրիր ինձ պատճառը, աղաչում եմ:

— Միշտ այդպես է լինում, երբ պատառում են փորի թաղանթը, բայց թե դաշույնը հասած լիներ լյարդին...

— Իսկույն կմեռներ, այնպես չէ՞:

— Այո... իսկ թե հարվածը ուղղեին սրտին...

— Ի՞նչ կլիներ այն ժամանակ:

— Այո, երանի թե այդպես էլ անեին...— հարեց ծերուկը և ձեռքով աչքի արտասուքը սրբեց:

— Բայց ի՞նչ կլիներ այն ժամանակ, — կրկնեց տիրուհին յուր հարցը:

— Մահն իսկույն կհասներ և խեղճը չէր տանջվիր

— Ի՞նչպես. որտե՞ղ է լինում սիրտը, — հարցրեց տիրուհին հետաքրքրությամբ:

— Այստեղ, ձախ ծծի տակ, — ցույց տվավ ծերունին. —

բավական է որ դաշույնը հինգ մատնաչափ խրվի այստեղ, և մարդ իսկույն կանշնչանա:

— Իսկո՞ւյն:

— Այո մինչև անգամ ձայն արձակել չի կարող: Տիրուհին հասել էր նպատակին: Նա շուտով զրույցը վերջացրեց: Եվ երբ ծերունին մարմինը տաքացնելով՝ դուրս գնաց սենյակից, ինքը սկսավ հագնվիլ:

Մի քանի ժամից ետ ս. Հովհաննու բակից դուրս եկավ մի մանկահասակ զինվոր, կաճյայով ծածկված և մորթե գլխարկը աչքերին քաշած: Առանց անցորդների պատահելու նա ուղղվեց դեպի փողատան և արագ քայլերով Շահռուխ բեկի տան ճանապարհը բռնեց:

Բեկը գործ էր դրել ամեն զգուշություն, որպեսզի ծպտյալ թիկնապահին ոչ ոք չպատահի: Նա հեռացրել էր բակից նաև զինվորներին, որոնց սրատես աչքից չէր կարող թաքչել «կինը», թեկուզ նա հագված լիներ զինվորական տարազով: Իսկ ինքը նստած պատուհանի առաջ՝ անհամբերությամբ սպասում էր «նրան»:

Սակայն այդ սպասելը յուր մեջ ուներ նաև մի անհանգստություն, որից, մինչև անգամ, բաբախում էր բեկի սիրտը... նա սպասում էր «նրան» այնպես, ինչպես յուր կյանքում չէր սպասել ոչ ոքի: Բազմախորտիկ ճաշը, որ նա վայելել էր համեմած հայկական շարաբով, գրգռել էին նրա հեշտասիրական զգացումները: Նա պատկերացնում էր յուր երևակայության մեջ այն վայրկյանը, երբ ներս պիտի մտներ տենչալի գեղեցկուհին, այն րոպեն՝ երբ ինքը պիտի գրկեր նրան և շահին ներկայացնելուց առաջ՝ հագեցներ վաղուց հետե ունեցած յուր տենչանքը...:

Եվ ահա, վերջապես, տան բակը մտավ սպասված հյուրը և թեթև քայլերով մոտեցավ մուտքին: Շահռուխը դիմավորեց նրան ժպտերես:

«Մանկահասակ թիկնապահն», որ մինչև բեկի տունը հասնիլը ծանր տագնապներ էր անցուցել, մերթ արիացել, մերթ վհատվել էր, մերթ հուզմունքից քրտնել, մերթ երկյուղից դողացել էր, տան բակը մտնելուն պես քաջացավ, աներևույթ մի ուժ կարծես զորացրեց նրան, «արագ և հաստատուն բազկովդ» շշնջաց, ասես, մինը նրա ականջում, և նա ներս ընկավ իբրև մի մարմնացյալ սրտմտություն:

Բեկը, որ զմայլված էր տիրուհու կերպարանքին, ըստ որում

այրական հագուստի մեջ նա ավելի էր գեղեցկացել, նրա դեմքի այլայլությունը վերագրեց նրա ամոթխածության, և այդ հանգամանքը ավելի ևս գրգռեց յուր հեշտասիրությունը:

— Ով Ալ-Ջեննաթի փերի, վերջապես դու ինձ մոտ ես, — բացականչեց նա հափշտակությամբ և այնինչ պագշոտ հայացքը այրիի աչքերին ուղղած՝ տարածել էր թևերը նրան գրկելու համար, երիտասարդուհին արագությամբ բարձրացրեց դաշույնը, որ մերկացրած պահած էր կաճյայի տակ, ու ամենայն ուժով խրեց բեկի կուրծքը: Անակնկալ հարվածը իջավ ուղիղ սրտին: Կարծես ծերունու խոսքն էր, որ ներշնչաբար դաշույնը ուղղեց հարմար տեղի վրա: Բեկը, որ ետ քաշվելու միջոց չունեցավ, հազիվ մի հառաչ արձակեց և ճարպոտ դեմքը ծամածռելով՝ գլորվեցավ հատակի վրա:

Վարդենին, որ մինչ այդ արիությունը չէր կորցրել, դուրս քաշեց դաշույնը բեկի պարարտ կրծքից և դնելով այն պատյանի մեջ, մի վերջին, վրիժառու հայացք ձգեց մեռնողի վրա և արագ քայլերով դուրս գնաց այդտեղից:

Բակում նրան պատահեց սպասավորներից մինը, որը, սակայն, ուշադիր չեղավ իրեն: Ուստի և այրին խույս տվավ աննկատ:

## ԻԱ

Հանդուգն սպանության լուրը հասավ շահին և սարսափեցրեց նրան: Ո՞վ կարող էր, արդյոք, ձեռք բարձրացնել արքայի սենեկապետի վրա, — այս էր առաջին հարցը որ նա արավ, երբ ավազանին շրջապատեց իրեն: Եվ սակայն ստացած պատասխանները չգոհացրին նրան: Միակ ճշմարտությունը, որ բոլորը միաբերան հաստատեցին, այն էր՝ որ ասում էին թե Շահռուխի բնակարանից շտապով հեռացողը եղել է արքայի թիկնապահներից մեկը:

Այդ պատճառով ինքը Շահաբասը անձամբ հարցաքննեց յուր բոլոր թիկնապահներին, մահու սպառնալիք կարդալով նրանց, եթե կհանդգնեին ճշմարտությունը ծածկել: Բայց և այնպես նրանցից ոչ ոքի հանցավոր չգտավ:

Այն ժամանակ շահը պահանջեց Ամիրգյունեից, իբրև երկրի

գլխավոր կառավարիչ՝ քանննչորս ժամվա ընթացքում գտնել հանցավորին:

Խանի դրությունը ծանր էր: Նա համոզված էր որ այդ սպանությունը կատարել են հայերը, բայց թե ովքեր իսկապես, չէր կարողանում գուշակել: Վերադառնալով տուն, նա պատրաստվում էր հրավիրել հայոց գլխավորներին, որպեսզի նրանցից ճշմարտությունը իմանա, երբ նրան հայտնեցին թե մի հայուհի կամենում է տեսնել իրեն:

— Թույլ տվեք գա, — հրամայեց խանը: Եվ նրան ներկայացավ Վարդենի տիրուհին, ձեռքին բռնած շորերի մի կապոց, որը և դրավ խանի առաջ:

— Ո՞վ ես դու, և ի՞նչ է այս, — հարցրեց խանը անփույթ եղանակով:

— Ես Անդրեաս երեցի կինն եմ և Շահռուխ բեկի սպանողը, շշնջաց տիրուհին:

— Ինչպես... դո՞ւ, անկարելի է, — բացականչեց խանը, աչքերը հառելով այրիի վրա:

Վերջինս նայեց յուր շուրջը և տեսնելով որ սենյակում իրենցից զատ ոչ ոք չկա, բարձր ու հաստատուն ձայնով ասաց.

— Այո՛, խան, ես սպանեցի այն հրեշին, և ահա ապացույցը:

Այս ասելով Վարդենին բացավ կապոցը և ցույց տալով խանին բեկի կողմից իրեն դրկված հագուստը, կամարը և արյունոտ դաշույնը, սկսավ մի առ մի պատմել եղելությունը:

Խանը ոչ մի այն չբարկացավ այրիի անկեղծ խոստովանությունը լսելով, այլև հիացավ նրա քաջության վրա և գովեց իբրև ամուսնասեր կնոջ:

— Դու մի բարի գործ ես կատարել, — ասաց նա, — որովհետև չարերին պատժելը նույնպես բարիք է: Բայց ինչո՞ւ, աղջիկս, դու եկար քեզ մատնելու: Չէ՞ որ ճշմարտությունն իմանալուց ետ ես չեմ կարող ծածկել այն իմ արքայից:

— Ես գիտեի որ իմ գործած սպանության համար հալածանք պիտի հարուցաներ շահը իմ ազգակիցների դեմ, այդ պատճառով եկա ճշմարտությունը հայտնելու, որպեսզի պատիժը կրեմ միայն ես: Եթե իմ հոգելույս ամուսինը չգործած հանցանքը յուր վրա առավ՝ շատերի փոխարեն մեռնելու համար, ինչպես կարող եմ ես չհետևել նրան և թույլ տալ որ անմեղները պատժվին իմ փոխարեն:

— Դու մի ազնիվ ու արդար կին ես, դու չես սպանել

Շահռուխին, այլ աստված քո ձեռքով պատժել է նրան… դու ուրեմն պիտի ապրես, ես կաշխատեմ ազատել քեզ:

— Կյանքը այսուհետև արժեք չունի ինձ համար, ասաց տիրուհին:

— Ընդհակառակն, աղջիկս, նա այժմ կքաղցրանա, որովհետև ամուսնուդ արյան վրեժը լուծեցիր: Հեռացիր այստեղից և թաքնվիր: Ես քո մասին կխոսեմ շահի հետ:

— Իմ հաշիվը, խան, ես վերջացրել եմ աշխարհի հետ, մի՛ նեղացնիր քեզ իմ պատճառով:

— Չէ, դեռ պարտք ունիս կատարելու, դու պիտի ապրես քո ամուսնու ծնողներին ծառայելու համար:

Խանի վերջին խոսքը կարծես սթափեցրեց մանկամարդ այրիին, նա հիշեց զառամյալ սկեսուրին ու սկեսրայրին և կյանքը, ասես թե, հարգելի դարձավ յուր աչքում, — «նրա արդար հոգին կնայե երկնից և կիրճվե տեսնելով որ ես ապրում եմ յուր խեղճ ծնողներին ծառայելու համար…», մտածեց Վարդենին այդ րոպեին և համոզվեցավ թե, արդարև պարտավոր է դեռ ապրել:

— Միայն իմ այդ պարտքը կատարելու համար կկամենամ որ դու ազատես ինձ, խան, — ասաց տիրուհին:

— Կազատեմ, գնա և իմ կողմից ասա խոջա-Անձրևի կնոջը, որ քեզ տանե Ցղնա և մի առժամանակ պատսպարե յուր տանը: Կարող է պատահել որ շահը պտրե քեզ, բայց ես չեմ ցանկանում որ նրա խուզարկուները գտնեն քեզ այստեղ:

Վարդենին զգացված շնորհակալություն արավ խանին և դուրս գնաց: Իսկ վերջինս շտապեց Շահաբասի մոտ:

— Մարդասպանը գտա, տեր իմ, — ասաց Ամիրգյունեն, գլուխ տալով թագավորին:

— Հայերից մինն է, այնպես չէ՞, — հարցրեց թագավորը շտապավ:

— Հայուհիներից մինը, տեր իմ, — հարեց խանը:

— Հայուհիներից մի՞նը, այդ անկարելի է, — բացականչեց շահը:

— Այո՛, տեր իմ, այն էլ խիստ մանկամարդ հայուհիներից…

— Մանկամարդ… պատմիր, պատմիր, այդ շատ հետաքրքրական է:

Եվ Ամիրգյունեն սկսավ մի առ մի պատմել թագավորին Վարդենի տիրուհուց լսածները:

— Վաղ առավոտ, ուրեմն, կախեցեք միննույն կախաղանից այդ հանդուգն կնոջը, — ասաց թագավորը:

— Ոչ, տեր իմ, նա պիտի ապրի, ես այդ խոստացա նրան, ասաց Ամիրզյունեն:

— Խա՛ն, դու հիվանդ չե՞ս,—զայրացած և զարմացաք հարցրեց թագավորը:

— Կամենում ես ասել թե՝ գուցե՞ խելագարվել եմ ծերությանս օրերում:

— Հապա ի՞նչ պատասխան է այդ, որ դու տալիս ես ինձ:

— Ես, տեր իմ, խոստացա այն կնոջը ապրեցնել, հուսալով քո մեծանձնության վրա: Բացի այդ, ես թանկ եմ գնահատում քո հանգստությունը, ուստի կամենում եմ որ դու արքայական ներողամտությամբ վախճան դնես այն անարգանքներին, որ մեր կողմից հասնում է այս տիրասեր ժողովրդին: Որքան էլ մենք նրանց չնչին արարածներ համարենք, այսուամենայնիվ, պիտի խոստովանենք, որ նրանք էլ մեզ նման զգայուն մարդիկ են, նրանք էլ մսից ու արյունից են կազմված և մեզ պես էլ ունին պատվո զգացում: Մրջյունները որքան էլ փոքր են ու չնչին, այսուամենայնիվ, կարող են տապալել կաղամախը, եթե շարունակ նրա արմատը փորեն… Դու առ ոչինչ գրեցիր սկզբում իմ զգուշացումները, բայց ահա դեպքն ինքն է վկայում թե՝ ես իրավունք ունեի զգուշացնելու: Եթե մի տկար հայուհի կարողանում է հաղթանդամ Շահռուխին ոչնչացնել, ապա շատ զորավոր հայեր կարող են ուրիշ շատ բաներ անել: Չպետք է ուրեմն մենք նրանց համբերությունը սպառենք: Ժողովրդի հուսահատությունից առաջանում է հեղեղ, որ տապալում է ամենազորավոր ամբարտակներն անգամ…:

Այս եղանակով երկար խոսելով՝ խանը վերջապես համոզեց շահին ոչ միայն ներել մանկամարդ տիրուհուն, այլև հրաման տալ ամփոփել նահատակի մարմինը, որպեսզի ժողովրդի հուզումը դադարի:

— Ինչ վերաբերում է Շահռուխի սպանության, թող ամենքն իմանան, թե այդ բանն արել է քո թիկնապահներից մինը, որը և, իբր թե, փախել է արդեն, — ասաց խանը շահին, — որովհետև ամոթ է հռչակել թե՝ այդ հաստամարմին պարսիկը սպանվել է մի մանկամարդ հայուհուց:

Թագավորը բանավոր գտավ նախարարի խորհուրդը և հրամայեց դադարեցնել սկսված քննությունը:

Երբ նահատակի մարմինն ամփոփելու հրամանը հայտարարվեց, հայերը լցվեցան ուրախությամբ: Ագուլիսն ու Դաշտը նորեն իրար անցան և ժողովուրդը գունդագունդ դիմավորեց սուրբի մարմնին, որը Միսականի բազմախումբ հոգևորականությունը զարդարուն դագաղի մեջ բերում էր դեպի քաղաք:

Նահատակի մարմինը, որ ձյունով ծածկված լինելուն պատճառով մնացել էր անապական, օծեցին անուշահոտ յուղերով և դրին Խցաձորի սուրբ Հովհաննես եկեղեցում: Մի քանի օր շարունակ թե Ագուլիսից ու Դաշտից և թե Միսականի հեռավոր կողմերից գունդագունդ գալիս էր բազմամբոխ ժողովուրդ՝ նահատակ երեցի նշխարներն համբուրելու: Եվ այդ բոլոր ժամանակ մատուցվում էր հանդիսավոր պատարագ և զենվում էին զոհեր:

Որոշված օրը փառահեղ հանդիսավորությամբ ամփոփեցին անզուգական երեցի նշխարները ս. Հովհաննես եկեղեցու ս. Ստեփաննոս կոչված խորանի տակ, ձախակողմյան ավանդատանը: Եվ սուրբ շիրիմը ծածկեցին մի պարզ տապանաքարով, որի վրա չփորագրվեցան ոչ ներբող, ոչ հիշելիք և ոչ իսկ սուրբի անունը, այլ միայն զույգ խաչազարդ, իբրև նշան անզուգական անձնվիրության... :